批判式教學碰上新世代青年

大中華社會觀察

批判式教學碰上新世代青年

中港台教育研究

許寶強 編著

CITY UNIVERSITY OF
HONG KONG PRESS
香港城市大學出版社

編　　輯	陳明慧
實習編輯	郭嘉晞（香港城市大學媒體與傳播系四年級）
	關喜义（香港城市大學中文及歷史學系四年級）
封面設計	譚家威
排　　版	蘇少嫻

Création
城大創意製作

©2018 香港城市大學

本書版權受香港及國際知識版權法例保護。除獲香港城市大學書面允許外，不得在任何地區，以任何方式，任何媒介或網絡，任何文字翻印、仿製、數碼化或轉載、播送本書文字或圖表。

國際統一書號：978-962-937-360-3

出版

香港城市大學出版社
香港九龍達之路
香港城市大學
網址：www.cityu.edu.hk/upress
電郵：upress@cityu.edu.hk

©2018 City University of Hong Kong

Critical Pedagogy for the New Generation:
Case Studies in Mainland China, Hong Kong and Taiwan
(in traditional Chinese characters)

ISBN: 978-962-937-360-3

Published by

City University of Hong Kong Press
Tat Chee Avenue
Kowloon, Hong Kong
Website: www.cityu.edu.hk/upress
E-mail: upress@cityu.edu.hk

Printed in Hong Kong

目錄

前言

許寶強

嶺南大學文化研究系客席副教授

約十年前，我在一個偶然的機會下獲邀參與了香港中學課程改革的諮詢工作。由於兒子是第一批修讀高中新課程的學生，因此對「課改」在中學的具體執行狀況，也就多了點關注，其後我甚至主動申請資助，到不同中學訪問師生、觀課試教，並閱讀相關文件，製作問卷以搜集數據，嘗試更深入了解學校教育的具體操作和可能產生的效果。根據這數年的研究，我發現香港的學校教育其實與官方文件所描述的相距甚遠，學生學到的，恐怕是一種為了應付老師和家長的「交功課」心態及做事習慣，而這在很大程度上源自教育當局的象徵政策（symbolic policy）和犬儒操作（許寶強 2015）。

從受訪中學可以看到，很多由認真、勤勉的教師所製作的教材、詳盡的課堂講授，往往未能產生預期的良好教育效果，不少學生只是被動地回應，甚至假裝學習。這迫使我思考：我在大學課堂上所做的，與這些中學同工有分別嗎？

在當代的大學裏，儘管教學是學者的主要任務，但除了教育學系之外，其他學科的教授很少系統地檢討、分析和書寫其教學經驗，更遑論關心課程、考評、教學法等問題。關心教育的朋友，包括積極投身文化批判和把社會改造理解為大學教育的主要目標的教師，真的能夠對大學體制內的課程、考評、教學法不感興趣嗎？倘不，我們應該怎樣系統地回顧及檢視這些切身的教育議題？

另一方面，隨着現代社會的急促變動，通訊科技和社交媒體逐漸改造人們的身體習慣和視野，新一代大學生的興趣、關注、

能力和面對的問題，也跟過去的學生不大一樣。在這急促變化的年代，在不同崗位的教育工作者，包括積極投身文化批判和參與社會改革的大學教師，應如何回應新一代大學生的訴求和處境，延續以改造社會為目標的教育工作？

這些都是本書希望探討的問題。集港、台、中學者書寫三地的相關經驗，反思當批判式教學碰上新世代青年時，大學的教育工作者應如何繼續有意義的教學工作。本書收集的文章所描述的教學經驗的時空脈絡，不盡相同，部分的案例於早年發生，一些受訪的對象也是較早年畢業，但這些脈絡相異的教學狀況，除了可作對比參照外，它們都共同植根於自上世紀啟動的新自由主義全球文化大計下，不斷改造大學的知識生產和教育方向。影響至今，令愈來愈多間大學變成追逐量化排名的機構，與有意義的學習空間離得愈來愈遠。

換句話說，儘管本書討論的經驗案例，發生自不盡相同的時空脈絡，但它們其實都在直接面對和嘗試回應新自由主義全球文化大計對大學的改造，以至形成當下中港台教育工作者都共同面對的困局和可資利用的空間，因此與今天兩岸三地的大學教育仍然息息相關；而這些文章所作的分析、所提出的種種教學的試驗，相信也可以為當代關心教育問題的讀者，提供相關的參照。儘管本書以地域分類編排，但收錄的文章，其實都共同關注兩岸三地高等教育的兩個重要面向，包括大學和大學師生的階級背景及兩極分化狀況；大學課程內容及教學法的執行和成效。此外，儘管沒有足夠的篇幅鋪開討論，但本書的作者都或多或少觸及到兩個關乎教育的根本問題：一、有關大學對師生規管的轉變。二、有效學習的重要前提——學習者的主觀能動性（agency）。這篇〈前言〉將分別以這幾方面作切入點，介紹本書作者的關注及視角，並以編者自身的經驗，補充一些相關的思考。

階級分化下的大學教育

　　上世紀80年代開始席捲全球的「新自由主義」劫貧濟富文化大計（許寶強 2014），經過三四十多年，導致社會急促分化，階級走向兩極，大學不僅愈來愈喪失了為低下階層提供向上流動的功能，甚至於收生過程中和之後的教學考評，進一步強化了階級的兩極分化。以香港為例，表1是八所主要大學的低收入學生（以獲發助學金計算）佔全體學生的比例，從中可見，低收入學生佔其整體學生人數的比例在過去十年大幅減少。而國際排名較高的大學，低收入學生則較少，這些數字指向的，是香港的大學生源在過去十年出現了社會背景兩極化的趨勢。葉蔭聰在本書中也指出，香港的大學畢業生雖然不愁就業，但長工時及低工資令不少大學生對前景不樂觀。

表1　八間香港教資會資助大學低收入學生比例及院校排名
（以下人數以每10名全日制本地學生計）

院校	06/07學年	15/16學年	變化	排名 （實際國際排名*）
香港大學	2.7人	1.5人	-1.2人	1（43）
科技大學	3.6人	2人	-1.6人	2（49）
中文大學	3.5人	2.2人	-1.3人	3（76）
城市大學	4.4人	2.5人	-1.9人	4（119）
理工大學	4.2人	2.9人	-1.3人	5（192）
浸會大學	4.3人	3人	-1.3人	6（351-400）
教育大學	4.5人	3.5人	-1人	NA
嶺南大學	4.5人	3.5人	-1人	NA

*出處：《泰晤士高等教育》世界大學排名 2016-2017

資料來源：https://www.hk01.com/社會新聞/44956/八大排名愈高窮學生愈少-港大清貧生-跟同學差距一頓飯見端倪

學生源頭兩極化的現象，並非香港獨有，台灣與中國內地也出現類似趨勢。黃孫權的文章就指出，台灣約七成的大學生都需要借貸求學，當中教育資源較少的私立大學學生靠學貸求學的人數，是教育資源較多的公立大學的四倍；而「出身良好與中產階級家庭的孩子負擔少而能進公立大學，出身貧苦家庭的孩子負擔更多卻只能到比公立大學條件更差的私立大學就讀」，導致大學教育不僅逐漸失去了階級流動的功能，更有擴大階級分化的傾向，郭耀中也提出了類似的觀點，並以台灣世新大學學生的高借貸率作補充。廉兮的文章中觸及的「蘿蔔理論」[1]，也從側面印證，中產階級的意識形態逐漸主宰了當代台灣大學生的價值觀，複製鞏固了大學支撐階級兩極分化的趨勢。

中國內地方面，黃燈的文章透過具體細緻的觀察，也呈現了大學逐漸喪失了社會流動功能的事實。更令人不安的是，不少來自低收入階層、就讀於「二本大學」（編按：一般指內地省屬大學，「一本」為內地重點大學）的本科生，由於經濟的壓力與缺乏與高收入子弟類近的家庭支援，往往在求學過程中弄至身心俱疲，而畢業後也難有光明的出路，部分甚至患上抑鬱等精神疾病。在這樣的社會狀態下，應如何從事大學教育，尤其是旨在改造社會的批判性教育，正是本書幾位作者的共同問題和關注。

應如何理解這兩極分化的現象，是在哪一種社會脈絡下造成的？一種標準的左翼分析，認為大學失卻社會流動的功能，甚至成為了階級分化的幫兇，主要在於教育愈來愈商品化，又或是大學愈來愈受私營企業影響。這樣分析並非完全無的放矢，卻過

---

1 本書的另一作者羅小茗在她的另一本著作中（羅小茗 2015），也指出了中國的大學生的類似價值觀。

於一般化，未能更具體地呈現不同社會及體制脈絡對大學教育的影響，以至細緻分析長時期存活於這些社會脈絡下的主體的情感、意識和身體習慣，因此無法準確地理解大學的教育過程與強化階級分化之間的複雜聯繫。

本書因此採取一種微觀文化政治的進路，希望透過作者的多年教學經驗，仔細觀察當代大學生在高等院校的學習（或不願學習）的過程，更細緻及脈絡化地理解大學如何喪失階級流動功能，以至成為再生產既有的階級意識形態之地。一種傳統的階級分析認為，高等院校以至中小學的主要功能，從課程內容、考評升學到教學方法，是複製既有的由資本主導的社會階級結構（參閱 Gintis & Bowles 2011；Apple 2003、2004；Freire 2000），與這種主要從宏觀視角出發的左翼分析不同，本書的作者更願意從師生的學習以至生命故事出發，疏理作為教與學主體的情感、意識和身體習慣[2]，從中分析再生產階級分化的意識形態與情感基礎，這與晚近以教育作為對話對象的文化研究（cultural studies）的進路[3]，十分接近。

以台灣的四篇文章為例，廉兮的原住民教學故事，清楚說明了部落青少年難以投入以現代城市為中心的學校教育，與部落中不同年齡的多元家庭成員缺乏生活與工作節奏的交集有關，而政府投放的社區支援亦用不得其所，難以有效協助部落社群處理各種生活問題，自然也無法促進對部落青少年的有意義的教育；而以警政介入部落家庭所面對的問題，反映了個別化社會問題，

2　有關教與學主體的情感、意識和身體習慣的理論討論，可參閱Probyn 2001及2004。

3　可參閱Giroux 1997、Morris 2008、Hui & Chan 2006、Hui & Pang 2011。

進一步把責任推給「受害者」。鍾秀梅有關原住民災難記憶的課堂，引述學生經歷了「災難學習之旅」後的感悟，從中我們可以發現學習主體的情感和意識的變化。黃孫權的文章，記錄了他與學生在田野學習中的經歷和互動，也批判地反思「生活」與「政治」的分割與扣連，儘管強調歷史與社會脈絡，以至希望把政治經濟學帶回教學課程之中，但黃孫權並沒有否定作為學習主體的學生「生活」的重要性，因為學生「就是來自社會，來自那些我（老師）以為他們需要理解的田野」。換句話說，旨在改造社會的教育工作，無法不面對以至嘗試介入學生的微觀生活和文化政治，在衣食住行中思考社會革命，正是他成立一個「共藝術合作社」的原因。最後，郭耀中以個人與大學這體制相關的身份——研究生、工運參與者及兼任教師，以及當中的經歷，嘗試說明維持階級分化的當代社會及大學制度脈絡，以至當中他觀察到的新一代大學生的情感政治。

　　來自香港與中國內地的文章，也呼應台灣朋友的關注。筆者的文章記錄嶺南大學文化研究畢業生所訴說的就學四年的轉變；劉健芝的文章描述的同學於參與耕作和探訪福島以後的反思；薛翠報告自己學生下鄉的經歷；潘家恩讓同學分享自己的「留守故事」；上述這些都道出了學生接受了不同的教學安排後，認知、情感和身體習慣的改變。這些改變，並非基於課堂的講解，或向學生引介了批判的理論或知識，而是在於通過讓學生經歷一些有助擴闊他們的視野、價值的學習過程，才得以轉化他們的微觀生活世界。

　　這些不約而同的研究取態，呼應波蘭尼（Michael Polanyi 1974）所提出的著名的個人知識（personal knowledge）的理論。波蘭尼認為，有效的學習或教育就是掌握或生產知識的過程，學

習主體浸淫其中,才有可能發生。就像學游泳,必須親自跳進水裏,又或要學懂思考或閱讀,而唯一的方法是不斷嘗試思考和閱讀,他人(包括教師)無法代勞。換句話說,學習基本上是一種個人經歷,要了解大學的教與學的效果,唯一方法是嘗試觀察、聆聽和感受每個學生的獨特經歷。

大學課程內容及教學法的執行和成效

本書值得留意的,是來自港台的作者都很少談及他們在課堂上的教授內容,多是反思課室以外的教學活動的成效;相反,來自中國內地的作者,則相對重視檢討課程內容,這大概與兩岸三地不同的歷史與社會脈絡有關。

羅小茗的文章直接分析了內地的大學體制及師生的習性如何限制了教學法的實踐,文章又指出大學制度的安排和空間的規管與運用,比課程內容中的文化批判,更實在地影響教育的成效,而掌握了文化批判理論的師生,很多時對改變既有的教學安排不僅無能為力,更往往把批判語言轉化為反對改變的藉口,令走出課堂的教學設計難以持續。缺乏教學空間的轉化改造,令到教師消極地對待大學教育,或鞏固了過去把教學問題外在化的慣性批評,即把責任歸咎於行政管理或市場邏輯。

然而,儘管大學的體制和空間並不特別有利於批判性的教與學,但教師仍可以在有限的空間下於課堂內外開展有意義的教學實驗。例如,黃燈老師在指出了大學(尤其是二本的)再難以發揮階級流動功能,老師亦困於各種規管評核,難以保持對教學的激情和認真,失去了百年樹人的快樂後,仍然在艱難的

環境中，儘量尋找教學的可能性，展示了在課堂的斗室之內，也可以透過走近學生的興趣和能力，「進入學生的內心世界，接納他們真實想法和困惑」，成功地鼓勵學生討論和學習被認為是「無用」的人文學科，讓師生得以共同成長；潘家恩的「鄉村與現代」課程，也依據相近的教學法，嘗試鼓勵同學離開「文件語言」和「總理視角」，「用自己的話『貼着』文本……和現實經驗進行討論」，把「三農問題」帶回現代大學的課室，在一定程度上改變了學生的城市中心視角；而儘管羅小茗的分析偏向指出內地大學體制和空間的局限，但她仍然在這有限的空間中作出各種教學嘗試，包括辦網站和月會，並直接面對當中碰到的困難，深入反思，建基的恐怕仍然是在體制內辦有意義的教學活動的欲望。

相對於中國內地的作者較集中於在課程內容和課堂教學活動尋找出路，港台的作者則比較傾向透過走出課堂，以講授以外的教學法嘗試超越大學體制和空間的限制。例如台灣鍾秀梅的災區田野考察、黃孫權從跨兩岸三地的田野考察到蹲點藝術生活合作社，以至廖汾的新移民「街頭民主教室」和「部落家園教習」，均努力鼓勵並協助學生穿越大學之牆，走向諸眾的空間和田野，與庶民於在地的脈絡中平等共學，希望藉此促進學習主體的「自內解殖」。而郭耀中則透過向學生訴說一些社會現場小故事，「不只讓學生有臨場感，更有機會把他們拉出原本安逸或困頓的生活小圈圈中」。

本書中在大學任教的香港作者，同樣樂意鼓勵學生走出課室。劉健芝自1990年代便開始穿越國界、走入農村，向不同地區的庶民學習，並陸續在任教的科目課程內引入拉美、南亞等地的另類發展經驗，還投放時間和資源安排同學到江西、河北和北京

等地實習，又或於大學的校園內鼓勵學生學習耕種，甚至在2016年促成幾位同學訪問核災後的福島，考察核災對當地社會和自然生態的影響。花上不少心力在這些「正常」課堂以外的學習活動上，為的是讓學生能經歷一次event（事件），希望循此能為學習主體的生成改變提供機會。與之類似，薛翠在1990年代也跟劉健芝一起跑進中國內地的農村，之後不斷嘗試在其任教的大學引領青年學生走訪江西、河北、北京，以至考察印度喀拉拉邦的民眾科學運動，為的是嘗試打破城/鄉、身/心、人/自然的隔閡，希望改造學生的城市中心的現代意識和身體習慣。

兩岸三地的這些大學體制內的另類教學嘗試，是否產生到預期的教育效果？對教育工作者來說，課程和教學活動的成效並不容易量度，一方面是由於教育工作的效果往往需要一段頗長的時間才會逐步浮現，也就是「十年樹木、百年樹人」之意；另一方面亦由於衡量的標準也不容易設定。然而，儘管量度成效有點困難，但如果教育工作者自身不做點檢討工作，最終只會任由外行——政權或商界——引進狹隘的量化標準，規管指引教師的教學活動。因此，本書的幾位作者都嘗試透過閱讀回饋、深入訪談和仔細觀察等方式，希望理解學生經歷了各種教學活動之後，學習或否學（unlearn）了些什麼。除了一些與教師設計教學活動的目標相對一致的效果，例如對部分學生會產生稍稍打開城市中心或現代化偏見的成效，這些教學活動也會產生其他一些不經意的效果，例如實習勞動的含糊性造就了葉蔭聰文章所指的「自我指導的學習者」，又或是筆者的文章所匯報的不同學生在相同的教學環境裏領受了頗有差異的影響。

大學對師生規管的轉變與學習者的主觀能動性

羅小茗的义章是本書中較直接地分析當代中國內地大學對師生規管的變化。然而，儘管沒有直接討論，但其他文章提及的另類教學實驗，其置身的脈絡，顯然與大學對師生的規管的制度性安排密切相關，甚至可以說是教師對當代的大學規管制度的一種回應。以下我嘗試以香港的高等教育為例，稍為補充當代大學對師生規管，如何影響學生的學習質素，以至尋找另類教育實踐的必要性。

經歷了數十年新自由主義文化大計的洗禮，全球各地大學都愈來愈被捲入「國際化」的排名拼比大潮，兩岸三地也不例外，尤以香港為甚。「國際化」的競爭遊戲所重視的是容易量化可比的出版指標；相反，讓學習發生 (to let learn) 的教學工作，着重的是學習者於過程中的身心體智成長與價值轉變，這些變化難以約化為量性的指標，更遑論用於齊常地 (normalized) 比較不同學生/學校於不用面向和發展階段的成長。但由於「國際化」的排名指標主宰了當代大學的資源分配以至教師的續聘升遷，因此大學學者傾向花更多時間來應付出版及申請研究資金等容易量化及短期「可見」成效的工作，照顧學生及促進學習便往往淪為次要甚至是被忽視的工作。

「國際化」的競爭遊戲不僅規管着大學教師工作的焦點和時間分配，亦同時直接左右教與學的微觀過程，影響學生的學習動機和成效。大學管理層投入「國際化」競爭，也同時意味着接受脫離在地社會脈絡的標準化教學內容、方法和評核指標，以至由標準化和大規模生產（大班教學）而間接導致以行政方便為主導的時間表編排、選科的錯配、必修科目和強制學生參與的教學活動的增加。正如我在另一篇文章指出：

大學設置的必修科愈多，意味着因材施教的學習彈性愈小；上課、考試、學年進度等以行政考慮為優先的僵化時間表安排，也減少了學習者因應自身的狀況而選擇學習軌道及速度的可能性；而由於課程要求與時間表缺乏彈性，因此學生選科時也像選擇主修一樣，充斥着各種策略性的盤算，往往並不以學習興趣為優先的考慮；與此同時，他們真正想學習的科目的學額，卻可能早被策略選科者佔滿。面對一班興趣、動機、能力參差，上課目標各異的同學，也增加了教師促進不同學生學習（to let learn）的困難。最後，以量度最終的學術表現而設的考評及功課，不僅無助校正學習的方向，更往往因其外加的壓力，成為了學生想以最少精力及儘量減少不快而應付過去的負擔。（許寶強 2017）

「國際化」競爭對香港的大學教育的影響，最直接體現於課堂上使用的教學語言。英語授課成為了所有香港大學的語文政策，但在九成以上人口的第一語言是粵語的社會脈絡下，香港本土的大學生被迫以不太流利的第二語言上課，不僅會降低學習成效，更嚴重的是打擊學生的自信、削弱他們的學習動機。不幸的是，在「國際化」競爭論述成為了大學發展的統治性共識後，在大學的政策製訂過程中認真地討論課堂上的教學語言變得十分困難。英語授課成為了有助學生學習英語、提高「國際競爭力」這「不證自明」的「事實」，無視學習主體的動機、自信和能力的重要性，也忽略香港九成以上人口用粵語作日常溝通的獨特語言環境，更遑論批判地檢視與評核一直以來英語教學的形式和方法是否有效。

大學管理課程發展和教學質量的委員會，除了相關行政部門的成員外，主要由來自不同學系的教師組成。然而，受制於各種體制邏輯、運作流程、學科規訓的偏見，例如每年只有幾次會議，每次的會議約兩小時，需要處理的事項有十多二十項，用來

解決一些瑣碎的日常行政事務還勉強可以，再加上教師委員的學術背景和對教育認知與關注的程度往往差異甚大，而且不一定願意或有時間仔細閱讀會議文件，因此要認真地討論一些與教育相關的重要或根本議題，例如教學語言的政策及其效果，只會緣木求魚；結果是大學管理課程發展和教學質量的委員會的討論質量，並不見得特別高，很多時只在重複一些社會的成規定見，例如把用英語教學等同有助所有學生學好英語，又或隨意地把「鼓勵學生進行有效的溝通」剔出要求課堂轉以粵語授課之合理理由之列。

這些會議的議程主要循行政考慮出發，為的是回應由上而下的規管，例如大學資助當局在「國際化」框架下提出的各種「因應世界潮流」的要求，諸如「果效為本學習」（outcome-based learning）或「服務研習」（service learning），又或解決日常管理問題。前者包括要向「外界」保證頒發學位的「競爭力」，於是主動或被動地引入了各類考評的規管或限制，例如要求學生在畢業前必須應考及通過英語或普通話等語文標準試，又或必須完成一定時數的「服務研習」或「多元學習經歷」，以至交論文時得透過網絡的防抄襲軟件才被接受等等。這些安排所依據的不是為了促進學習的原則（以教育學的術語表述是「形成性評估」，formative assessment），而是為了向「外界」展示「最終成果」，以「證明」大學的存在價值。

如果說大學的行政管理邏輯和方式愈來愈邊緣化對學習的關注，那麼學習者自身在特定的社會脈絡下產生的需求，則在另一個方向上削弱了學習過程的主觀能動性（agency）。在「國際化競爭」、「贏在起跑線」等統識論述（hegemonic discourses）主宰下，學生就讀大學的目標主要不是為了興趣或想解決特定的問題，而

是想求取學位，以增加「人力資源市場」上的價值。學生習慣了中小學的被動式學習，同時為了取得大學畢業證書，他們往往願意配合大學由上而下訂定的規管及限制，積極或犬儒地完成各種考評要求、學校功課，以及參與服務研習和獲取足夠的「多元學習」時數，延續「學習」主要是為了滿足他人需求的習慣。再加上政治經濟脈絡的急促改變，導致不少來自低收入社群的學生需要做兼職賺取學費和生活費，結果產生各種因應時間等現實考慮而出現的策略性選擇主修科目和策略性選課等情況，甚至儘量以最少的投入，應付及完成課程與老師的要求，距離自發主動的學習愈來愈遠。

另一個問題是資訊科技的改變，正逐漸改變新一代學生的閱讀和學習習慣，這也為大學的教育工作者帶來重大的挑戰。簡單地引入互聯網技術於日常教學活動之中，並沒有面對及處理一個根本的問題，也就是在資訊爆炸的年代，當注意成為最稀缺的商品，如何能為學習者創造空間，讓他們願意及能夠慢下來，專注於需要花時間思考和積累的深度閱讀，而非只剩下「速食」「讀圖」的溝通方式。

本書作者在不同的社會及制度脈絡中，努力作出各種教學嘗試，正是為了回應這些新的教育挑戰。

參考書目

許寶強（2015）。《缺學無思——香港教育的文化研究》。香港：牛津大學出版社。

許寶強（2017）。〈有校而不學 無牌才讀書〉，《明報》，2017年4月30日。

羅小茗（2015）。《末日船票：日常生活中的文化分析》。上海：上海人民出版社。

Apple, Michael (2004). *Ideology and Curriculum,* 3rd ed. New York: Routledge.

Apple, Michael (2003). *The State and Politics of Education*. New York: Routledge.

Freire, Paulo (2000). *Pedagogy of the Oppressed*. New York and London: Continuum.

Gintis, Herbert & Bowles, Samuel (2011). *Schooling in capitalist America: educational reform and the contradictions of economic life*. Chicago, Illinois: Haymarket Books.

Giroux, Henry A. (1997). "Is there a place for cultural studies in colleges of education?" In *Education and Cultural Studies: Toward a Performative Practice*, Henry A. Giroux and Patrick Shannon, eds. New York and London: Routledge. pp. 231–247.

Hui, Po-keung & Chan, Stephen (2006). "Contextual utility and practicality: Cultural research for the school community in Hong Kong," *Cultural Studies Review, 12*(2): 165–182.

Hui, Po-keung & Pang, Chak-sang (2011). "Doing cultural studies in the Hong Kong educational context: A tale of two action research experiments," *Cultural Studies, 25*(1): 109–122.

Morris, Meaghan (2008). "Teaching versus research?: Cultural studies and the new class politics in knowledge," *Inter-Asia Cultural Studies, 9*(3): 433–450.

Probyn, Elspeth (2004). "Teaching bodies: Affects in classroom," *Body and Society, 10*(4): 21–43.

Probyn, Espeth (2001). "2001 conference commentary," *The Australian*; Higher Education Supplement, 12 December 2001, 31.

Polanyi, Michael (1966). *The Tacit Dimension*. Chicago: The University of Chicago Press.

Polanyi, Michael (1974). *Personal Knowledge — Towards a Post-Critical Philosophy*. Chicago: The University of Chicago Press.

鳴謝

除了第六章外，本書收集的文章，均曾在2016年夏天由香港嶺南大學文化研究系資助及主辦的學術研討會上發表，特此鳴謝香港嶺南大學文化研究系的支持，尤其是Josephine 與Amber的高效行政及技術支援，同時感謝麥嘉蕙同學幫忙編校及統一文章初稿格式。

編者除了感謝本書多位作者於百忙之中抽空完成文章和參與之前的研討會外，還想多謝曾參與研討會發表文章（因各種原因沒有收入本書）、作主持和評論的朋友：吳永毅、陳柏偉、滕威、井迎瑞、陳清僑、戴錦華、陳清僑、陳允中、曹文傑，尤其是曹文傑，他十分系統地整理會議的主要發言。城市大學出版社編輯高效和高質的編務安排，尤其是Chris的耐性和細心，是本書能於書展前出版的關鍵，衷心感激。老朋友羅金義教授的穿針引線、建設性提點，也是本書的幕後英雄，在此一併致謝。

最後，本書由書寫到出版，見證了編者於嶺大文化研究的一項重要的崗位轉移：由擔任了23年的全職位置，轉為兼任的客席副教授。多年的工作，讓我能不斷學習成長，除了各屆的學生和曾共事的教學同事外，更重要的是辦公室行政同事——Josephine、珊珊、Selina、Jenny、兩位Karen、Amber、Chester、Vitinie和Virginia等的卓越支援。

謹以此書獻給過去二十多年在嶺大文化研究課程一起共學共事的所有師生和同事。

作者簡介

(按作者姓氏筆劃序)

許寶強　嶺南大學文化研究系客席副教授、民間辦學團體「流動共學」執委。從事香港教育研究。近著有《缺學無思——香港教育的文化研究》。

郭耀中　台灣大學建築與城鄉研究所博士生，世新大學通識教育中心兼任講師。目前的關注領域為：工人運動、都市空間歷史、文化行動。

黃孫權　高雄師範大學跨領域藝術研究所助理教授，研究領域包含文化行動，跨領域藝術與都市社會運動。

黃燈　廣東金融學院財經傳媒系教授，從事當代文學、文化研究與批評。關注社會轉型期鄉村困境、教育等問題。

廉兮　東華大學教育與潛能開發學系副教授、多元文化教育中心主任。從事台灣教育研究，研究領域包括批判教育學、解殖的多元文化教育論述與實踐、反敍說與行動研究。

楊友仁　東海大學社會系教授。研究領域為都市社會學，中國研究，音樂行動主義，近合譯有《社會科學的研究方法——批判實在論的取徑》。

葉蔭聰　嶺南大學文化研究系助理教授。研究領域包括香港及中國內地的新自由主義論述及實踐。

劉健芝　嶺南大學文化研究系副教授，群芳文化研究及發展部文化與可持續生計項目負責人，全球大學創始人之一。

潘家恩　重慶大學人文社會科學高等研究院助理教授、文學與文化研究中心主任；研究領域為中國鄉村建設、社會運動、鄉村文化研究。

薛翠　西南大學中國鄉村建設學院副教授。研究領域包括發展中國家研究、國際鄉村建設運動、性別與文化研究。

鍾秀梅　成功大學台灣文學系副教授。研究領域為客家研究、婦女研究、社會運動與全球化研究。著有《發展主義批判》、《台灣客家婦女研究》、《大橋推手李應鏜與他的時代》。

羅小茗　上海大學文化研究系副研究員，研究方向為城市文化研究、日常生活研究、課程改革。

台灣經驗

台灣經驗

1

接壤：
校園內外的解殖教習

文 ｜ 廉兮
　　東華大學教育與潛能開發學系副教授

引言

在資本主義全球化中，年輕一代要面對激烈競爭的就業市場和零碎片段的勞動條件。青年離鄉離農、飄泊他鄉，成為由資方主導的勞力市場上便宜好用的新血時，鄉村也面臨人口老化、偏鄉小校裁併校，社會貧富更趨兩極分化。

在台灣日益敗壞的勞動環境裏，學校如只談論提升競爭力，標榜訓練學生成為社會精英，則無異於強化新自由主義市場化與私有化的規訓和馴化。若兒童與少年的價值養成過程，是一個同化於資本主義經濟秩序，不斷貶抑與遺忘勞動人民史觀的教育歷程，我們的社會如何能發展抵抗新型態的殖民剝削，並關注共同生活的社會團結需要？在偏離現實、不能守護家園的教育制度裏，我們的青年將帶着怎樣的眼光，去認識自己與他人在這個世界裏的關係和作用？我們該如何看待和理解這塊土地上的共同歷史與生活經驗？

本章嘗試以大學教育工作者的角度，探討庶民主體的解殖教習可能空間。在庶民勞動、多元社區與家庭生活的視域中，構連庶民主體的歷史視域。在社會實質關係中，支持在地勞動的尊嚴，發展人民互助共生的情誼。以教育介入社會困局，在個體與群體的欲望接壤行動中，創造教育越界的公共抵抗陣地，走一條自內解殖的實踐之路。

陣地戰

我們目前正活在安東尼奧・葛蘭西（1971）所說的「陣地戰」——透過團結不同的社會運動，去反抗全球化資本主義的集體奮鬥——為

了展開他所稱的「游擊戰」：即是，協同努力來挑戰及轉化這種狀態，為社會創造一個替代的價值矩陣。陣地戰的一部分就發生在我們的校園裏。（Peter McLaren 2016，191頁）

2014年3月18日，黑色島國青年衝進台灣立法院，社運團體組織街頭論壇。318的前夕——3月5日，在台灣東部的大學教室裏，有一段大學生的課堂對話，為這場持久而艱難的反全球資本主義陣地戰揭開序曲。

「蘿蔔理論」——學生給我上的第一堂課

東華大學教育學院一門大一必修課由我教授，課名是「教育經典」。2014年，我選擇《學校敢勇於建立新的社會秩序嗎？》（喬治・科奧茲 George Counts 2014）和《伏流潛行：女性社運工作者練功手記》（張育華、王芳萍、拔耐・茹妮老王 2014）這兩本書作為閱讀與討論的材料。我計劃將社會重建的教育理論，連結到台灣的歷史和社會經驗，引導大學生看看來自不同家庭經濟條件、學歷背景與族群性別身份的青年們，如何參與由下而上的社會變革，共同發展具有勞動意識的草根民主力量。

開學第一周我集中介紹課程內容，也藉此初步認識系裏的大一新生。進入第二周，我以紀錄2001年《中國時報》裁撤中南部編輯中心，引發員工抗爭的紀錄片：《那一天，我丟了飯碗》，作為開啟社會想像的討論。我想藉着這部紀錄片讓學生從勞工的視角去看專業工作的職場處境，我帶着滿心期待大一學生所代表的青年理想主義色彩，設想影片會激起大學生對勞工受剝削的同仇敵愾，藉以反思學校教育缺乏勞動人權意識的討論。

紀錄片結束後，學生踴躍發言，但我漸漸感到頭皮發麻、如坐針氈。那個學期我的第一堂震撼教育是這樣開始的：

同學一：時代不同，過去是父權時代，現在是兩性平等時代。我不是那個時代的人，我沒有親身體驗，無法下定論。也許有些勞資不平等，但畢竟是過去了。希望現代不要再有這樣的事情。

同學二：勞資關係也是管理者與被管理者的關係，是誰在壓榨誰也說不定。

同學三：假設勞方是賣體力，資方是買方，就像是買蘿蔔，如果有人不想買蘿蔔，那是買蘿蔔的人的錯嗎？人家不要買，你還一直要人家買，勞方太暴力了。

同學四：如果你用很低的價格買大量的蘿蔔，讓人過勞死的話，這樣對嗎？

同學五：企業應提出對勞方照顧的條件，但也不能因這群人無法工作就要求企業去養他們。

同學六：舉我媽的例子，她是銀行裏的小職員，朝九晚五地工作。她付出多少努力、就獲得多少回報。影片中沒有說勞工付出多少勞力來要求，買方沒有必要去養你，你是被裁員。事出必有因，那些勞工要拿出理由來證明你要養我！

學生的課堂發言延續到課後的心得筆記[1]，有些學生繼續以「蘿蔔理論」[2]支持購買服務的邏輯。我意識到學生課堂上的

---

1. 學生於次周課堂作業中說明：「如果資方依照條文規定給予解聘金，待業期間之福利，我覺得是可被接受的，假如說你家晚餐習慣有蘿蔔上菜，而有一天，媽媽不想煮蘿蔔了，而買了別的菜，蘿蔔店的老闆就來你家門口說，你怎麼不買蘿蔔了！這樣我們這麼生活下去。這個問題可以移植到裁聘問題上，勞方賣勞力到勞力市場，資方則到勞力市場買取勞力，相對的，在商品市場，資方賣商品給消費者，消費者則到商品市場買商品。」

2. 學生日後在課堂討論與作業書寫都開始互相引用該觀點，並稱之為「蘿蔔理論」。

觀點反映他們在資方主導的勞動市場中的關係與經驗。有一些學生慣了從管理者的角度分析文本與社會事件，也有一些來自勞動家庭的學生，扛着上大學的經濟壓力在校內外打工，即使知道被壓低薪資，但為了賺取學費與生活費，也只好接受大學街上的勞力市場現實。雖然他們很早就成為零售業職場達人，購買服務的邏輯也早進入他們的身體記憶裏，但《伏流潛行》中勞動者反抗的故事，召喚了這些學生重看自身的勞動經驗。女學生莉莉[3]寫下：

> 回想之前高中畢業的時候，我曾經到義美食品工廠打工，那是我第一次了解到原來賺錢是真的很不容易，面對在生產線上不間斷流動的各種食品，為了追求速度，員工的手不停歇的在生產線上工作，賺取辛勞的血汗錢。（學生閱讀筆記 2014年03月5日）

當同學們侃侃而談資方購買服務的正當性時，不擅辭令、來自勞動家庭的莉莉寫下她對階級抵抗的認識：

> 在還沒看這本書之前，面對勞工議題也是像作者一開始一樣，帶着一種旁觀者的角度看待，看到電視上的那些抗爭遊行，常常覺得這些抗爭似乎與我沒有太大的相關，也未曾設身處地仔細想想他們抗爭的原因，看完這本書之後，從中看見了勞工與資方之間的不對等的階級關係與資源的落差，例如：勞工法的知識背景，導致勞工時常遭到剝削壓榨。
>
> ⋯⋯現在回頭看過去那一段「台灣錢淹腳目的」經濟輝煌的時代，除了看見表面上那些帶領台灣經濟起飛屬於管理階層的資本家那一群人，我更加由衷地佩服在那時代的努力辛勤工作的那一群底層勞工們，普遍的勞工意識尚未盛行之下，他們在面臨資方的各種要求以

---

3. 化名。

及對待，可以看見他們的地位是那麼地卑微不受尊重，但是他們的求生存的意志是那麼的堅韌，為了養活自己的家，在這樣的階級不對等的體制下努力掙一口飯吃，有人說台灣的經濟是這些中小型企業撐起的，我並不這麼認為，我會說——台灣的經濟是由底層勞工階級撐起的。如果沒有這群勞工，哪來的管理階層？（學生閱讀筆記：2014年03月23日）

「太陽花運動」擾動着大學課堂，在我和學生、學生與學生之間，都存在不同的社會想像，價值與立場的衝突也拉扯與牽動着彼此的神經。在全國媒體關注台北立法院的抗爭與變化時，課堂充斥着不同政治立場與觀點的攻防煙硝味。一些人批評學運青年目無法紀、製造社會對立，另一群學生支持改變，並到台北聲援學運、加入街頭論壇。

學期中我和東部環境運動團體與民間組織合作，在校內舉辦服貿論壇[4]。邀請國發會、花蓮縣政府政策承辦人員，以及經濟學者談自由貿易示範區（簡稱自經區）對現有農業的衝擊。民眾與師生討論花蓮如果設立自經區，可能會帶來怎樣的改變。論壇中探討了旅遊業、花蓮藝品店與民宿業的關係。學生也開始分享他們的經歷，例如大學街上經營學生餐飲的小店陸續關閉，新開的店家改賣玉石；大學生被房東終止合約，房東把房間租給經營陸客團的旅遊業者；同一棟大樓裏住着大學生和來來往往的陸客，彼此存在着巨大的社經文化距離。學期接近尾聲時，來自澳門的學生文新[5]寫下：

---

4. 【2014 花東論壇：花蓮自由經濟示範區——幸福經濟的機會與威脅？】

5. 化名。

眼見2004年澳門賭權開放至今，澳門生活指數不升反減，在過往都還沒開始買房子的人，至今已經買不起了。眼觀這十年來，人均收入大幅上升，但當中的大部分收入都掌握在有錢人手中，而中產階層收入卻不能應付生活所需，有人說寧願回到以前的澳門生活……在台灣的工人運動歷史下，澳門人又應如何爭取自己應有的權利？又如何為自己的將來出一分力？

學生結束了他們在大學的第一年課程，帶着一些對社會與自身與教育關係的認識前行。在系所課程的編制中，這門課是我接觸本系學生唯一的一門課。從既有課程結構來看，這不利於我和學生持續發展協作對話。但從大學學習的過程與目的來看，既然大學生不會把所有時間放在課堂學習上，那麼我和學生可以協作學習的地方也就不止於課堂之內了，大學校園內外都可以是教育實踐的現場。因此，在課程結構之外，去創造和學生接觸的教習空間顯得更為必要。

重返庶民自身的歷史與教育

「第三世界」這個概念，並不是一個文化範疇；而是一個由貧窮、剝削、屈辱與自輕所孵生出的政治與經濟範疇。這概念實是與為數眾多的人們所付出之努力密不可分地緊緊相連着——他們一代又一代，竭力在半極限的狀態下試着活下去……第三世界若要超過那些為它慶祝賀的人們進行的口號設計拼湊，只有一條路可以走：首先，是得通過成為世上每處和所有從前的人造苦難犧牲受害者的集體代表；其次，要通過把外頭的壓迫力量內在化、或承認擔下，然後以內在向量的方式來對付它；而最後，通過將第一與第二世界受壓迫或邊緣化的種種自身、認作這場對抗制度化了的苦難之戰役當中文明上的盟友。
（阿席斯・南地 Ashis Nandy 2015，108-109頁）

台灣社會踩着農民與工人的背脊上發展經濟，教育無視階級剝削與歧視的社會關係，狹窄定位在階級翻身的功能。而受壓迫的勞動者也希望自己的孩子能脫離苦境。在資本主義餵養下的右翼政權中，左翼運動歷史的記憶空缺，勞動階級經驗被拿作反面教材[6]，勞動家庭經驗幾乎沒有另一種理解的可能。當前教育補償政策更指涉教育問題來自家庭功能不彰，貧窮家庭生活慣習，在這樣的想像中，成為需要被教育矯正與除去的印記。換句話說，社會階級的結構未曾改變，也不需改變。許多人相信教育可以改變人的生活，讓不同階級的人都有機會成為人生勝利組（成為壓迫者）。台商企業在海外攻城掠地，成為台灣社會裏白手起家、愛拼才會贏的英雄楷模，而失業者自殺只是社會新聞。失業勞工臥軌求償，還可以被秉持着「萬般皆下品、唯有讀書高」信念的教師解釋為「少壯不努力，老大徒傷悲」的人生失敗組佐證。教育作為階級分配的載體沒有受過強烈的質疑。

台灣在90年代開始的教改政策強調教育鬆綁、多元入學管道、適性發展，以及家長教育選擇權。偏鄉教育政策，以補救教學為主要訴求，所謂的教育機會均等，也不出增加弱勢者的競爭力，將其整合併入勞動市場為主要考量。雖然教育部提倡優質教育與師資，但是偏鄉小學遇缺不補，聘一年一聘的代理教師或鐘點代課補足，令教師高流動率成為偏鄉學校的常態。更有甚者，在台灣日益敗壞的勞動環境中，政府推動觀光業，花東土地隨之喊漲。當村落人口老化，地產業者收購土地與房產也加速進行。

---

6. 「如果你不好好念書，就送你去做工。」是許多人在童年常聽到的警語，在我的家庭裏也是。

花東原住民族傳統領域被花蓮縣政府陸續規劃為賽車場，愛狗樂園，山海劇場。世居傳統領域的原住民族的生存空間更受到壓縮；偏鄉小校面臨裁併校，邊緣家庭的孩童更難有優質教育。被推向勞力市場底端的青年，在學校被教導要成為有競爭力的人才。因此若是畢業後沒有發展，也只是個人的過錯或生不逢時。我們的教育不談勞動人權，學校生產出最符合資本家需要的：沒有勞動意識的勤奮勞工。

在全球資本主義擴張與掠奪之中，教育只談論個體競爭力，卻不在社會實質關係中發展人民互助共生的公共價值與視域。我們終究該問：在一個偏離現實、不能守護家園的教育制度裏，我們的青年將被帶往何處？他們將帶着怎樣的眼光去認識自身與他人在這個世界裏的關係與作用？置身其中，不禁想問：我們的教育無法有其他的選擇嗎？還是我們無法想像教育可以有不同的發展可能？對這塊土地上所有長輩與青年，我們該怎麼看待與理解在這塊土地上的人們共同的歷史與實踐經驗？

2001年，我結束在美國教育改革的田野研究，回台灣的大學任教。帶着尋求從新自由主義教育佈局突圍的企圖，我與基層教師們從協作中發展對台灣本土基進教育者的認識。在主流教育只談個人主義的階級流動機會，卻不去面對階級化的社會關係時，這群基層教師與勞工運動組織工作者，共同回溯勞動家庭經驗，重新爬梳在資本主義邏輯下的貧窮污名，滋養和底層勞工情義相挺的生命欲望。她們發展教師行動社群，走出不一樣的教育路徑（夏林清 2006、2008；廉兮 2012）。

夏林清在台灣勞工與教師草根運動的社群發展中，將草根運動的力量結合為共同學習與工作的平台，以參與者對社會生活

的對話，發展「勞動疊影」與「斗室星空」的文化視域與民眾學習方法（夏林清 2012）。這個方法協助中產階級的教師與底層勞工家長協作學習。基層教師協會理事長王慧婉（2005）在「勞動疊影：家庭內外」基進教育親師論壇上，描述這個方法與視域的發展過程。她說：

> 過去長期支持我們的夏林清教授，將社會上草根運動的力量結合共同學習，願意跟基層工人、教師與組織工作者結合，創造一個彼此學習的平台。讓老師有機會跟蘆洲三重地區有活力的勞動父母層級的社區民眾、卡車司機、排版工人、紙廠等各種工會幹部、與大學研究生，共同學習。我們彼此的家庭經驗互相觸發，原來藏在我們心中底層的家庭記憶，因着社區民眾訴說她們的兒女，工運中的父母談到他們困擾的兒女發展，我們心中原來勞動家庭中對父母親的記憶，就這樣在共同的平台中，躍上枱面，藏匿不住。透過他們與我們的對話與訴說，忽然間，彷彿可以跟類似自己父親與母親的人對話，而原來，是不可能在既存的關係中有對話與討論的，在這裏有了開始。（王慧婉 2005，3頁）

透過社群群作對話，老師們可以看清家庭不只是一個私有的親密空間，更承載了人們在社會中被壓迫歧視與污名化的經驗。教師自身來自勞動家庭的情感支持着她們投身對弱勢關懷的教育，滋養出在體制中「頂住一個小小的陣地作戰」的能量。王慧婉（2005）說：

> 跟一起參與的各種社會成員成為夥伴，互相成組協助面對實際難題的過程中，我們教師被迫進入理解什麼是真正的「弱」？意思是說：我們原來翻身離開的階級，就是希望不要成為這麼弱勢的人，在翻身之後已經跟過往斷裂揮別，深深的壓到記憶的深處不再浮現。然而當

我們成為一起的夥伴時，他們身上的弱卻不像我的過往可以被藏匿與壓下，因為要幫他就同時要看見，也要面對，彷彿又回到過往，過去和現在疊在一起的疊影，讓我們理解那時候父母身上的弱與辛苦（雖然也包含着現在的許多怨與憤怒的糾結），但新的理解由此展開。同時也帶領我們進入對現在在身邊的學生的家庭經驗的新視野與新理解。（王慧婉 2005，3–4頁）

夏林清以「斗室星空」比喻在亞洲的殖民歷史中，台灣勞動家庭豐厚的生活文化土壤，提供人們把彼此家庭經驗作為社會田野的共同交流和學習的方法（夏林清 & 丁乃非，2015）。與我在東部相遇的學生，多有各種勞動營生的家庭生活經驗。基層教師協會老師把她們參與勞工團體的共學社群經驗，轉化為支持各地域教育工作者回看其社會關係的生成脈絡（侯務葵，2008；李文英，2000；王慧婉，2010）。她們與我在花蓮和老師協作對話，重看勞動家庭經驗（陳慧敏，2004；鍾佩怡，2014；達努巴克，2014；江建昌，2010；黃梨君，2010）。青年世代的邱燕萍（2004）、鄭曉婷（2008）和許雅婷（2011）參與其中，在漫長而不確定的代課教師工作中，仍不改其志。他們在學習的過程中，覺察勞動家庭經驗能給她們帶來更細緻地看出社會差異的能力。在勞動環境中養成靈活的反應和身手，也讓她們有能力去靠近與回應人們生活的苦難與幽默。他們共同經驗到「去學校」（deschooling）的社會學習，因此能把學校經驗在社會處境脈絡中進行考察與對話。他們走向社會生活中的自身與他者，這個從個人到公共的社會學習是承認勞動者的尊嚴，並重新擁有回來，在學校和主流社會中被輕輕忽略過，但確是實實在在屬於勞動人民的歷史與社會空間。

我在和學生生命視域參看學習的歷程中，更看見自己返鄉的欲望實則扣連着解殖的政治文化。丘延亮（2016）曾分析殖民者與被殖民者，都需要培養面對殖民現代性拼湊與破產過程的困境和自返認知的能耐。他說：

> 殖民及被殖雙方各式人等的殖民心智（colonial psyche）在擠壓、斷裂、扭曲、自撫、自失下的形構與機制——亦即在所謂「殖民現代性」的拼湊/破產/再拼湊/再破產過程及動勢中、每個人的「人性」被糟蹋的方式及程度——從這兒，他提問道：這些機制與動勢如何（或是否）可以產生某種內建的能量、它足以產生自反式的認知活動；有能力產生具解構自身，以及對立方面——即對殖民者言的被殖者；對被殖者言的殖民者——之處境與困局的能耐。（丘延亮 2016，6頁）

阿美族青年理幸・哈魯蔚（Lisin Haluwey），在大學時代參與反蘇花高的抗爭，回家看見自己和父親在環境運動對立的兩端，她想說服父親支持青年反蘇花高，卻發現她是被這條公路給養大的孩子，因為她是隧道工人的女兒。她帶着公民運動的熱情與理念，回家和當工人的父親對峙，父女的對話陷入無法說服的僵局。但她心裏明白，環境運動所勾勒的慢活小城情境不是她的家庭生活的現實，她不明白這場運動到底是為誰而戰（理幸・哈魯蔚，2014）。多元文化教育的課堂學習啟發她重新靠近勞動家庭經驗，作為隧道工人的女兒，她跟着父親到隧道工作現場，看到父親在隧道中炸山開路、命懸一線的危險工作，她又陪父親去找承包商要求發出欠薪。其後她在〈為什麼要我慶祝民國百年？〉的文章中，指出原住民青年世代在同化教育中的痛苦與憤怒。她的父親近年退休後，和她回到阿美族傳統領域，和她「很會抓魚也很會打隧道，更會講故事，喜歡煮菜，不過喝酒醉會很

囉嗦。」的父親　起種玉米辣椒拔野菜，經營在地小店，就地抵制與監督縣政府奪取傳統領域的土地開發與掠奪。

我把研究生發展在地實踐的認識，轉為大學生的學習資源。在大學部「教育社會學」課程中，志群[7]閱讀勞動家庭的故事，說出了他對學校合理化中產階級價值觀的抵制：

> 從小到大身邊接觸的都是工人、農人、漁人，玩耍的地方都是野外、工地，所以對勞工階級很熟習也很有認同感與歸屬感……從國中開始不知道為什麼個性就變得很反骨，對學校的校規、老師的規定很不想服從，也很討厭讀書，雖然國中三年成績都在前三名，總覺得國語課本和公民課本教的根本都是在講屁話，跟我現實生活差很多，然後覺得老師都很看不起作農和做工的，總是跟我們說你們好好讀書才不會像你們爸媽一樣，在工地在田裏弄得髒兮兮的，我心裏認為你只是當老師的，你有真的接觸工人的工作嗎？你們只會用你們的觀點說我們爸媽多低等！

志群訴說他對工人階級文化的認同與歸屬感：

> 在工地上班，我很自在，也很有歸屬感，因為自己就是出生於勞工階級家庭，我也很認同我的家庭我的階級和我的階級文化，我的社會階級讓我能看到很多社會的真實面，也養成了我認命勤奮的個性，我也不會自我否定，我的風格就是一個勞工階級的樣子，我不會因為他人的觀感而改變自己，我心裏總是有一個想法，為什麼你們說對的就是對，你們覺得好的就是好？我為什麼一定要照着學校給你的塑形走呢？不說粗話、不用蠻力、講話文質彬彬，就是學生該有的形象？我依然會保有我工人的特質，我才不會去迎合你們，因為我認同我自己。

---

7. 化名。

在做住戶污水時，常有一些長輩問我：啊你讀到大學怎麼做這個，不會很辛苦嗎？我都會跟他們說我喜歡啊！我是工人不是學生，我只是讀到大學的工人！哈哈！我覺得做怎樣的工作都一樣吧，重點在你怎麼去規劃人生。

這個工人學生在肯認勞動階級文化的同時，也理解了個人與群體關係，並看到個人參與集體發展的政治行動意義。他說：

做這項作業，讓我有機會深入探討自己，讓我了解自己來自哪裏，讓我去注意到生活上自己覺得不起眼卻跟自己息息相關的社會問題，使我檢視與省思自己的過去、現在及未來讓我了解個體之間的不平等是透過社會結構而建構起來，是在無數的社會情境、制度中取得或喪失資源、能力、限制、身份認同，才會形成獨特的、有其文化的、不平等的個體。

過去的我覺得現在社會與政治已經沒救了，自己過得好就好了，幾乎不過問社會議題，總覺得新聞上在抗議的人是瘋子嗎？吵吵鬧鬧的！覺得那些響應社會運動的人是在無病呻吟，又不關他們的事，在那湊什麼熱鬧，上了社會學之後，我知道我錯了，那是因為我根本不去了解這個社會，甚至連自己都不了解，這學期的課程，讓我反思自己許多，使我開始注意自身的權益，使我開始關心社會議題，也開始有社會參與，參與社工活動擔任義工（家扶中心園遊會遊戲關主、社工系新移民方案志工），幫助社會運動（貓公部落反山海劇場音樂會）。

丁乃非（2004，33頁）曾說：「任何知識、社會、以至世界的改變，要素之一就是不一樣的『欲望』，這是文化和意識形態爭奪的土壤領空。」庶民教習所觸動的是重建社會親密關係的生命動能。當學生在課堂上可以把彼此的家庭生活經驗視為公共交流與學習的知識時，年輕的學生得以在他們的社會生活中，重看勞動家庭的情感與物質構連的社會意義。當個人與群體經驗被

重新框定時，朝向改變個人與集體關係的行動方向也可能隨之而生。當私領域的勞動家庭經驗得以在公共空間中敞開時，大學教室也可以成為拆解與重構勞動意識，創造勞動世代相遇與結盟的歷史條件。

創造異與己相遇的政治空間

> 一個「陣地」是必須永遠在鬥爭中佔據和重新佔據的立場。
>
> （陳越 2014，64頁）

草根民主中新移民女性的領導權

　　「太陽花學運」點燃各地青年參與民主政治的熱情。2014年地方選舉開跑，我和學生也初次涉入地方選舉。碩士研究生楊華美以無黨籍身份投入花蓮市議員選舉，博士班學生王淑娟以人民老大參選吉安鄉鄉民代表。她們都暫時擱置寫論文的工作，全力投入民主運動的實踐。在國民黨長期盤據各種政治資源而且號稱尚未政黨輪替過的花蓮縣，兩位沒有任何政治背景，也沒有經濟資源的新移民女性工作者的參選與選舉方法，都讓花蓮地方政治人物側目。

　　楊華美是花蓮在地青年，在建立花蓮市最早的新移民家庭工作站過程中，因為無前例可循，在新移民工作中摸索方法，備嘗艱難。她急公好義，不計日夜地以行動貼近陪伴面對婚姻困境的家庭。她是一個真正願意花時間為移民家庭找出解決辦法，卻又在縣政府眼中是績效不彰的社工。楊華美得到地方公民團體的聯合支持，帶着對社工專業建制化的批判反思，投入更大的公

共政治場域。王淑娟雖然移民花蓮不久，但在北部國際家庭協會參與移民家庭工作為時甚久，也是初次以「人民老大」身份參加競選吉安鄉民代表。

她們參與花蓮選舉，挑戰自身對政治的冷漠與疏離感，發展差異的公共政治行動。他們和一眾新移民姊妹在街頭巷尾，與各有不同生活經驗的人民對話，營造了不一樣的花蓮地景：沒錢沒勢也可以參選，新移民姊妹在街頭開講站台。有一次我站台發言，下台後一位來自中國內地的姊妹主動走向我，問我來了台灣多久。我最初有點愣住，後來不覺莞爾，原來我以捲舌音國語說我和華美一起工作的學習過程，讓她以為我來自中國內地。在這個市民公共空間中，我不再是她們的老師，我只是大眾之一。花蓮基層老師也投入政治學習，設計投票課程，讓新移民女性具體地體驗操作投票的流程，竟然因此被視為開拓隱藏票源而成為全台新聞。楊華美在這個過程中感嘆經驗的轉化，過去和移民姊妹是服務與被服務的關係，參選後成為被姊妹們教導與支持的夥伴，投入政治讓她們發展出真正平等互惠的社群關係（楊華美，2015）。選舉結束，楊華美以些微之差，在選區以第一高票落選，但已實現草根民主平民參政的真實意義，創造在地民主政治的新空間。

穿家越戶的街頭民主教室

王淑娟移居花蓮後，帶着與底層階級相認的情感，在花蓮鄉間發展新移民家庭工作。她認為當前移民政策建構的想像他者，名為關懷弱勢，實為弱化與矮化他者，並據以建構國家治理的合理性。因此她實踐的教育不在於幫助弱勢，而在於承認人們身處

差異極大的社會條件中，必須致力於社會關係的轉化，發展人民共學的真平等與真民主的教育力量（王淑娟 2015）。2014年，地方選舉開跑，我在東華大學多元文化教育中心辦政治學習論壇，以「政治很髒嗎？」[8]為題，邀請楊華美、王淑娟與理幸・哈魯蔚談她們投入重建多元主體的政治經驗與企圖。東華大學在校生在聆聽與對話中，接續這股動能也投入一起學習。論壇後，在王淑娟吉安社區的國際家庭新移民工作站中，東華學生應用課程設計的看家本領，發展各種教學活動，帶着新移民家庭的孩子學習民主的一課。

辨識庶民搏鬥生存的技藝與記憶

　　庶民反抗來自承載污名印記的抗爭主體行動。解構社會建構的貧窮污名，並追溯庶民生活的理路，讓許多學生得以找路回家。在研究所的學習中，太魯閣族的研究生徐玉琴開始疏理她所認識的家。首先出場是過世多年，但在徐玉琴心裏沒能原諒的父親。她不能諒解父親因喝酒導致車禍而離世，驟然留下她們母女，甚至在母親改嫁後，她還要承接族人對母親道德評價的壓力。在勞動疊影的視域中，徐玉琴重新學習從勞動者的視角來理解父親的生命處境。她看見父親在體力消耗後以喝酒放鬆身心的需要，在勉力撐住一家人的生活開銷中，車禍後仍不得休養，以至於提早辭世的勞工家庭處境。她也看見母親為了養家而與繼

---

8. 【2014多元文化教育社會學習論壇】政治很髒嗎？當政治排除「眾人」。時間：2014年10月29日。地點：東華大學。

父生出共同照顧之情。她作為家中最會念書的孩子，返家後看到各種社福照顧資源競奪中，部落已失去集村共養的傳統（徐玉琴2015）。在支持她重建家園的理念中，我與系裏的同事、學生與和部落家長一起協作發展部落家園教習[9]。

進入部落，我看到台灣原住民部落是一個反映社會差異、世代勞動的現場。在勞動家庭成長的青少年，甚早參與勞動職場以幫補家計。部落青少年在周末到餐館打工，或隨家族成員參與農事都甚為普遍。以暑假生活規劃為例，他們不像中產階級的孩童那麼參加才藝班、夏令營，或和家長到國內外旅遊。在部落裏，15歲少年的暑假生活是和肢障的父親一起鋪磁磚，藉以賺取生活費與學費，一天工作八小時，僅獲得700元工資。青少年寒暑假在建築工地，在各類餐飲勞動職場當助手也甚為普遍。即便學校舉辦夏令營，他們也因打工而無法參加。

部落勞動與多元家庭中，青少年和成人，因生活重心不同而少有交集。由於部落的成人多忙於謀生，工作時間與青少年上學時間不一致（例如輪班值夜的守衛、遠洋漁工、築工地而居的建築工作，醫院夜間打掃與清潔等工作），成人回到家裏已身心困頓，幾乎沒有體力與時間和少年有較為親近的對話關係。而部落的青少年，亦有因家中缺乏長輩照看，出現留連網咖、耗損精神與身體、與家人關係疏離等困境。部落的成人對於青少年這種生命狀態極為憂心，但許多成年人有心無力，只能眼見少年消耗青春生命。家庭裏親子衝突多，孩童習慣撥打家暴專線，但

---

9. 多元文化教育所的同事和學生陸續加入團隊協作，與部落家長協作發展青少年體能訓練，組織部落青少年。2015年夏天透過民間募集資金，以部落與團隊協作之力，修復荒廢部落老屋。在部落世代勞動與技藝的歷史認識中，發展部落孩童與青少年文武並進，創生家園教習。

警政介入無助於親子溝通與成長。部落少年獨自面對成長的孤單、照顧生病長輩的茫然無助、人際關係衝突，皆缺乏成年人陪伴與教導。

部落長期處在政治與軍事基地的遷居的歷史發展脈絡裏，家族之間的權力關係，糾結在教會系統、社福團體和選舉政治等諸多進入的資源分配網絡。而部落對於這些錯綜的殖民權力地景，以及其如何作用在現在部落的文化與經濟生活，是避而不談的。因為避談壓迫與被壓迫的社會關係，或把壓迫與被壓迫關係劃為歷史的狀態，於是世代勞動的辛苦、勞動家庭資源的薄弱，都被視為個別家庭的問題。部落的老、病、殘、弱者成為社福補償性方案挹注對象，也建構族群污名與人民對政府補助的依賴心理。部落長輩凋零、傳統斷裂，族人世代辛苦，無法在社會與歷史的條件中對話，更遑論認識與發展。

部落裏若干擁有豐富資源的宗教團體以教化為主、輔以兒童課輔，但沒能承接部落歷史與社會發展的欲望。社區發展協會習慣運用社福資源來辦理一般性的社區團康體育舞蹈等活動，缺乏社區與教育的連結。部落之外的學校慣常以中產階級的道德觀，評價部落家庭生活。漢人教師多半認為學校能向學生灌輸正確的道德觀，以補足部落家庭教育的匱乏。

在論及第三世界的殖民處境時，法農（Frantz Fanon 1963）認為殖民者的主要武器是將殖民者的形象強加於被殖民者征服的人民身上，而後者為了自由，必須清除這個自貶的意象。哈伯瑪斯（Jurgen Habermas 1994, p. 110）因而主張認同政治的意義在於：「要求尊重的目的不在於要均等化生活條件，而在於保護少數群體的傳統和生活方式，使他們可以在被歧視的歷史中重新肯認自身。」在我們與部落家長自主發展的團結行動與夥伴關係中，勞工家長反轉而成為向少年傳習山林技藝的老師。

2015年的春天，團隊面對部落原租屋空間不敷應用的困難，而屋主也因另有他用而有意收回。團隊學生唯有在春寒冷雨的街角空地，藉着昏暗的燈光與青少年進行課業輔導。缺乏固定的教習空間是一大挑戰，我們與部落夥伴共同面對這個難題，思考發展的路向。在群體討論中，青少年說出希望能和大家一起學習的意願。這群年齡介乎13到16歲的青少年們說：

> ……以前我瘦瘦的，很愛打架。到老師這邊變壯壯的，變結實。這邊很好，家裏無聊時我就來這邊，這是我第二個家……

> ……我還沒來時，都待在家當宅男、滑手機、看電視。來這裏有磨出自己的個性、練到身體，所以想要繼續努力……

> ……希望可以在這裏分擔不快樂，如果遇到家裏有激烈爭吵，自己可帶着媽媽來避難……

為了有個共同學習與互相陪伴的地方，我們集體決定去尋找部落裏荒廢的屋舍，持續家園的教習。歷過半年向民眾募集資源與部落夥伴的集體創作，我們重建了老屋作為部落共學的基地。這也是少年們從被照顧者轉而與團隊夥伴協同學習的過程。

周思中（2010，33頁）曾藉由曼海姆（Karl Mannheim）所提出的「世代的社會學」視角，分析世代接續的意涵，他說：「僅在同一地理及歷史空間共存的個人並不構成世代，更重要的是共同面對同一歷史及社會單位，並投身參與共同的社會困境。」自2013年以來，工作團隊胼手胝足，橫向連結不同的草根運動團體、發展部落內外部社會關係：由初期中生代的單親媽媽與藍領勞工為主軸，捲動他們的家人及鄰里，成為推動的夥伴。其中，部落裏終年勞動的阿嬤們，除了支撐全家生計與維繫家族關係，也成為團隊在部落工作信譽加持及土地生活教育的靈魂人物。

更重要的，我們一路陪伴的青少年也進入高中，轉身展現承接社區工作的潛力。這群部落少年不是學校標榜會讀書的學生，和部落裏不少的成人一樣，他們都不是台灣主流社會與學校競爭中的佼佼者，卻是真正撐起部落生命轉化的主要推手與動力。

夏林清與丁乃非（2015，25–26頁）曾指出：「沒有具覺識之社會行動者共謀出路的作為，一個時代的物換星移不見得承載住當代歷史社會質材與行動者交相作用的紋理痕跡：有努力有承載亦未必有辨識表達與傳遞接續的機會」。在這個反映各種社會差異的部落空間裏，我和同事、學生，以底層人民生活的所在，作為回返教育初衷的地方。我們在這裏和小孩、青年、單親媽媽、打零工的男性工人與老人們，鬥志（智）鬥力地發展差異參看的教習社群。在集體學習的活動中，我們看到少年從羞怯無語，到主動關心成人生活的溝通與實作能力，我們一起建立部落共學的教習空間。這裏，我們讓人民的生活與歷史視野漸次開展。在花蓮的鄉間與部落中，人們生活在一個群體關係緊密的社會空間裏。這裏，我們願意跨越體制的差異與社會的分類、走進彼此的生活空間，走進人們奮鬥與生活的地方。在生活中，我們發展教育的力量與認識。在家園裏，長出人民關愛與團結的能力。

2016年的夏天，大學師生與部落夥伴一起籌辦「花蓮百工夏令營」，當年大一經典教育課堂裏的學生也在其中。學生與部落夥伴共同規劃有着部落長輩勞動記憶、卻荒蕪已久的太魯閣伐木林場的「嵐山工作站」。夏令營中，部落的長輩是我們的老師，中生代的家長是我們的教學夥伴。在原住民部落長輩、中生代家長、青少年與大學生的協作學習中，我們發展家園的教習作為解殖陣地戰的一環。

結語

在資本主義全球化的文化大計中，長年被主流社會與教育制度貶抑和遺忘的是勞動人民史觀。如果新自由主義的教育是向資本主義經濟秩序的同化，那麼勞動者抵抗不義的社會剝削、並關注共同生活的可能，就是必要的。透過解殖教習，我與學生重返常民生活世界，在其中連結人民世代勞動搏鬥生存的技藝；在標準化、工具化與碎片化的專業語境中，奪回人民作為勞動主體的尊嚴與歷史。在異與己的差異顯影中，自內解殖。以橫向政治構連庶民主體的歷史視域，在個體與群體的欲望接壤行動中，創造公共抵抗的教習空間。

參考書目

王淑娟（2015）。〈新移民教育與體制的對話與在地實踐〉，《國立東華大學課程設計與潛能開發學系電子報》。http://www.cdhpd.ndhu.edu.tw/ezfiles/53/1053/img/1694/e-News_013_1040331.pdf

王慧婉（2005）。〈勞動疊影都原富雜的視野正在展開〉。見《勞動疊影家庭內外機進教育親師論壇研習手冊》。台北市：中華民國基層教師協會。3-5頁。

王慧婉（2010）。《縫隙間：「移動－探究」與對峙：我的勞動家庭與我的教學》，見侯務葵（編），《拉開勞動疊影》。台北：基層教師協會。

丘延亮（2016）。《從庶民發聲到萬邦思考——庶民研究、南地、與你我的關聯》。東華大學演講稿。花蓮：東華大學。

江建昌（2010）。《自在的山中老師：創造一個「半調子」的社會生活空間》。花蓮：國立東華大學多元文化教育研究所博士論文。未出版。

李文英（2000）。《身體的包袱——一位國小老師主體探究與身體教育實踐的故事》。私立輔仁大學應用心理研究所碩士論文。未出版。

阿席斯‧南地（2015）。〈鄉望——隔第三世界的烏托邦〉，《人間思想》。台北市：人間出版社。9期，108-109頁。

邱燕萍（2004）。《迎戰社會建構的卑微：從看見自我到理解他人》。花蓮：國立花蓮師範學院。碩士論文。未出版。

周思中（2010）。〈香港社會的病態及戀物——「八O後」的真理與謊言〉。見許寶強編，《重寫我城的歷史故事》。香港：牛津大學出版社。25－38頁。

侯務葵、王慧婉（1999）。〈我們是一群女老師：集體認同與教育實踐的故事〉，《應用心理研究》。台北：五南出版社。1期，99－128頁。

侯務葵（2008）。《踏上未竟之路：發展教師專業社群行動研究》。台北：天主教輔仁大學心理研究所。碩士論文。未出版。

馬達拉‧達努巴克（2014）。《找路‧回家：不再「靠勢」的原住民同志教師》。花蓮：國立東華大學。博士論文，未出版。

夏林清（2006）。〈在地人形：政治歷史皺摺中的心理教育工作者〉，《應用心理研究》。台北：五南出版社。31期，201－239頁。

夏林清（2008）。〈卡榫——拮抗同行的社會學習〉。《哲學與文化》。台北：哲學與文化月刊社。35（1）期，123－151頁。

夏林清（2012）。《斗室星空：家的社會田野》。台北：財團法人導航基金會。

夏林清、丁乃非（2015）。〈勁腳行旅——地方斗室與星空共享的對話〉，《應用心理研究》。台北：五南出版社。63期，3－50頁。

徐玉琴（2015）。《回部落的單親媽媽：重構太魯閣族的部落家庭》。花蓮：國立東華大學。碩士論文，未出版。

陳慧敏（2004）。《來自邊緣的聲音——一位女性教師的敘事實踐》。花蓮：國立花蓮師範學院。碩士論文，未出版。

陳越（2014）。〈如何思考人民？——論葛蘭西民族人民的概念〉，《台灣文學研究》。台南：國立成功大學台灣文學系。6期，64頁。

理新・哈魯蔚（Lisin Haluwey）（2015）。〈為什麼要我慶祝民國百年？〉，《國立東華大學課程設計與潛能開發學系電子報》。http://www.cdhpd.ndhu.edu.tw/ezfiles/53/1053/img/1694/e-News_013_1040331.pdf

理新・哈魯蔚（Lisin Haluwey）（2010）。〈我的爸爸是隧道工人〉，《部落活出來試刊三號》。高雄市：部落再生成工作隊。http://www.cme.ndhu.edu.tw/ezfiles/91/1091/img/1234/211864419.pdf

許雅婷（2011）。《逃跑的行動探究：差異處境的再現和主體化的過程》。花蓮：國立東華大學。碩士論文，未出版。

黃梨君（2010）。《混在生活真實處境中——一位國小教師的行動與探尋》。花蓮：國立東華大學課程設計與潛能開發學系多元文化教育碩士論文。未出版。

黃薛秋玲（2012）。《Embiyax su hug？你好嗎？生死離散間 尋求一條回家的路》。花蓮：國立東華大學。碩士論文，未出版。

喬治・科奧茲（2014）白亦方、鍾鴻銘、歐用生〈譯注〉。《學校敢勇於建立新的社會秩序嗎？》台北：聯經出版事業股份有限公司。

張育華、王芳萍、拔耐・茹妮老王（2014）。《伏流潛行：女性社運工作者練功手記》。台北：導航基金會。

楊華美（2015）。《甦醒：成為一個移民工作者的社會學習歷程》。花蓮：國立東華大學。碩士論文，未出版。

廉兮（2012）。〈從個人到公共——抵抗與轉化的教育行動研究〉，《應用心理研究》。台北：五南出版社。53期，21-45頁。

廉兮（2013）。〈抵殖民教育原住民族教育的主體生成〉，《台灣社會研究季刊》。台北：台灣社會研究雜誌社。91期，1-31頁。

鄭曉婷（2008）。《行走中的認識——活化生命的書寫行動》。花蓮：國立花蓮教育大學。碩士論文，未出版。

廖德明（2006）。《那一天，我丟了飯碗》。台北：財團法人台灣媒體觀察教育基進會。

鍾佩怡（2014）。《工人女兒主體生成歷程的矛盾探究》。花蓮：國立東華大學。博士論文，未出版。

Fanon, Frantz (1963). *The Wretched of the Earth.* New York: Grove Press.

Habermas, Jurgen (1994). "Struggles for recognition in the democratic constitutional state," in *Multiculturalism: Examining the Politics of Recognition,* Charles Taylor, ed. New Jersey: Princeton University Press. pp. 107–148.

Mannheim, Karl (1972). "The sociological problem of generation," *Essays on the Sociology of Knowledge.* London: Routledge ad Kegan Paul. pp. 302–312.

McLaren, Peter (2016). Marc Pruyn & Luis Huerta-Charles, eds. *This Fist Called My Heart: The Peter McLaren Reader*, 1 vol. Charlotte, NC: Information Age Publishing.

2

街頭和藝術之外：
讓我們合作社吧！

文｜黃孫權
　　高雄師範大學跨領域藝術研究所助理教授

2007年到高雄師範大學藝術學院任教後，由於跨領域藝術研究所是全台首創，教學內容與方向自主性高，我有幸開設了「社會與空間理論」、「基地分析」、「文化行動」、「藝術政治經濟學」，以及「都市藝術與社會正義」等在台灣藝術學院從不曾有過的課程。部分課程至今更成為台灣藝術學院恆常開設的課程，如田野課、文化行動等。一直以來，理論課與操作課（田野創作與理論）各佔半數，看起來理論和操作取得均衡發展，沒有偏重任何一方，但其實沒有真正深入思考過兩者是否真正取得均衡發展。通過撰寫本文，我才逐漸看清自己的策略：我總是希望在工作室式教學（studio）中能夠找到對知識與社會開放的可能，但驚覺自己從沒有意識到「失敗」與「轉向」。

藝術學院要教什麼？

對我來說，藝術是和資本緊緊扣連的產業。到藝術學院任教後（2008年我也參與了台北藝術大學藝術跨領域研究所的創辦及招生事宜，並兼任開課六年之久），在這兩所主張跨領域，創造不同於傳統藝術學院的研究所裏，發現學生仍是藝術主體性（自主性）訓練的產物，其課程和學習風氣仍一派天真地自處於資本及資本分析之外。對於法派哲學的狂熱、對形式主義的追尋、對權力分析熱衷都是為了對創作和作品有更好的「解釋」，但對史學與社會學、馬克思理論卻望而卻步。這使得青年人的策展論述與創作自述呈現高度的自我囈語性、水仙花性格，與淺薄的社會反應式批評，網絡的同溫層的認同成為主要驅動力。這種社群驅動力容易變得不文明，容易變成僅止於抵抗性的敵對性的認同。正如Sonnet所說的：「一個人愈是把注意力放在真確地感

受（feeling genuinely），而不是注意所感受的内容，主體性就愈會成為目的的本身，他也就愈不具有表達能力。」（理查・桑内特2002，39頁）即是説愈關注自己，愈是無法表達，容易將自己變成客體。

另一方面，更深刻的影響是來自台灣藝術補助制度性的轉化。如台灣獎金最多的台新銀行藝術獎，將音樂、表演藝術和視覺藝術合併考慮而給出首獎。視覺藝術之内的台北美術獎、高雄美術獎也改為不分類給獎，這使得以往按類别頒授獎項的評價體系崩毀，特别其「純美學」標準。傳統的視覺藝術類型，如水墨、書法、篆刻甚至油畫都很難在這類「當代藝術」競賽中脱穎而出。文建會（現已改為文化部）的社區總體營造延續成不同的補助專案，如地方文化館、藝術下鄉計劃，甚而投入大量經費補助藝術家，如「藝術進入社區」，「藝術進入空間」等計劃。「公共藝術設置辦法」將公共工程1%的預算放在公共藝術，原本美化建築環境的美意讓公共藝術工程成為藝術圈内最大的競爭市場，如雕塑界最常説的話：「雕塑的未來在公共藝術。」如果加上國藝會與地方政府文化局的常態性補助，藝術凱恩斯政策養活了一大批接案的藝術工作室和公共藝術公司，以及每年忙着申請（然後核銷）的藝術家。這些計劃多半要求社區參與程序，要求民衆參與過程，所以衍生許多外包小工程，如參與諮詢會議、參與設計程序、公開展示模型、問卷製作統計以及人數衆多的「參與」顧問。

除了流行哲學與新世代網絡認同外，上述兩種力量深深地影響了學院内外的藝術生產。前者令藝術家要聰明地選取議題，意圖表現，謀求不傷人的激進，綠色與和諧社群的政治正確化；後者則令民衆參與變成無政治（a-political）的規範程序，社區是協調、鼓勵、待培力、待發掘自身美學的對象，社區是安撫情緒

的對象，而非抵抗的主體。在完全沒有社會學與思考歷史與制度轉變下被迫走向社會轉向（social turn）的路，這與Claire Bishop從藝術史思考參與藝術的進程大大不同（Bishop 2012）。台灣藝術的社會轉向所開展的途徑，是由政策從上而下地帶動，是在高度同質的政治歷史背景的「藝術介入社會」的典範轉移。同時，也是社會運動綠色意識形態化（環保、社區以及民進黨所代表的顏色）、NGO化、藝術家社區工作化的轉移。因此，也令我決心要開設田野、空間政治、文化行動與政治經濟學等相關課程，正面「迎擊」因這個生產模式而產生的危險。

台灣藝術界流行的「藝術介入社會」（socially engaged art）說法，彷彿藝術在社會之外，現在應該回過頭來思考與社會的關係，這種不合邏輯的現象正是上述政治正確化和NGO化的結果。如Hauser的提醒：我們可以想像一個沒有藝術的社會，但不可能想像一個沒有社會的藝術（Hauser 1982）。藝術本在社會之內，何來介入？如果我們思考的是藝術與社會其他領域／專業的關係，藝術自身就應該是改造的客體，而不是自許社會改造的主體。我們如能換個角度，也許更能適切地表達「跨領域」的意思。在社會分工下，藝術家（建築師、文化工作者）是一個連結者（articulator）。「連結」在柏拉圖的「洞喻」所顯示的是種本質的，理想主義連接觀，意圖為擺脫成見，擁抱概念和理性才得以建立連接。而後笛卡爾（René Descartes）、康德（Immanuel Kant）和黑格爾（G. W. F. Hegel），整個近代歐洲哲學都在尋找必然性的連接。自從葛蘭西思想中的「連結理論」，特別是在他有關上層結構的概念中提出後，社會學家開始接受一個動態的，發生性的連結。如拉克勞（Ernesto Laclau）認為所有連接的發生，無論它基於常識也好，聯想也好，習俗也好，遠不是單憑擁抱理性就可以的，不透明性總是社會關係中固有的一個維度（Middleton

1990）（Laclau & Moutte 1985）。把連結（接合）理論闡述得最好的霍爾（Stuart Hall）在接受勞倫斯・格羅斯堡（Lawrence Grossberg）的一次訪談中，對連結作了詳盡的描述：

> 我總是使用 "articulation" 這個字，但我不知道我賦予這個字的意義是否得到準確的理解。在英國，這個字具有微妙的雙重意義。因為 "articulate" 的意思是發聲（to utter）、説出來（to speak forth）、發音清晰（to be articulate）。它帶有用語言表達（languaging）、表達（expressing）等方面的含義。但是我們也説「鉸接式」卡車：一種車前體（駕駛室）和車後體（拖車）可連接，但並不一定連接的卡車。兩個構件相互連接，但是要通過一個特殊的聯動裝置，也可以通過這個裝置將構件拆開。因此接合是一種連接形式，它可以在一定的條件下將兩種不同的要素統一起來。它是一個關聯，但並非必然的、確定的、絕對的和本質的。你可能會問，在什麼情況下可以產生或鍛造出一種關聯？一種話語的所謂「同一」（unit）實際上就是不同要素的接合，這些要素可以以不同的方式再次接合，因為它們沒有必然的「歸屬」。至關重要的「同一」是指被接合的話語與社會力量之間的一種關聯……（Hall, Morley, & Chen 1996, 141頁）

勞倫斯・格羅斯堡的詮釋更為扼要：

> 連結即是在差異性中產生同一性，在碎片中產生統一，在實踐中產生結構。連接將這個實踐同那個效果聯繫起來，將這個文本同那個意義聯繫起來，將這個意義同那個現實聯繫起來，將這個經驗同那些政治聯繫起來。而這些關聯本身被接合成為更大的結構。（Grossberg 1992, 54頁）

這些描述，在奈格里與哈特的「帝國三部曲」中也並不陌生（Hardt & Negri 2000, 2004）（Hardt, Negri, & ebrary Inc. 2009），只是他們更強調保持歧異性（singularity）的諸眾在共同的行動中形成複點（plurality）。他們所提的無生產性的愛難道不正是

藝術能夠發揮的極致？這正是我思考該如何教藝術的起點：藝術家能否扮演好連結者，令藝術接合不同的政治與現實，接合文本與意義，接合諸眾的共同行動？社會性藝術（societal art）是連結的行動，是取回主體與經驗，是對各劇場具有圖繪能力。雖然這是認識論的問題而非方法論的（黃孫權 2013a, 2013b），但對教師來說就是教學實踐的問題。心裏的念頭推動了我在較為保守的高師大開設了許多無先例的課程。與此同時，我的街頭經驗和經驗研究取向（empirical study）的傾向，也令我思考藝術教學到底可以包括什麼內容？

怎樣教批判理論？怎樣實踐？

從2007年開始，我連續三年接了高雄市縣與高雄市政府的「地方文化館暨中長程文化發展規劃」計劃，表面看來是為了讓我和學生得到資源以充分理解「南方」，內裏則是為了解決我這個「台北聾」的偏見。我和學生走遍高雄縣市（合併前）各地方的文化館、文化中心、社造組織和地方頭人，又走訪了農漁村。學生和我同時明白了地方知識分子如何成為規劃資源代理者，分配地方文化建設經費與想像，甚至紅了社區團體後社區反而消失了等矛盾現實。我們在過程中，除了盡責地協助制定高雄縣市政府規劃文化中長程計劃外，還扮演了一個反骨的、得罪社區的角色，那就是積極地提議每年都申請到不少經費的團體和社區減少補助，以協助身處偏僻之地沒有任何文化與自然資源特色的，也沒有知識分子代理的，只是由居民組成的社區組織得到補助。對我來說，文化研究一直是如何實踐的問題，而不是如何研究的問題。（黃孫權 2010）

　　此後，我們申請成功，可免費使用到高雄市政府公園裏的一棟建築物，成立了「搗蛋藝術基地」(2009-2016)。把所謂的前衛藝術（行為藝術、表演、當代舞蹈舉場和當代藝術展）與社區藝術結合，希望可以拉近精緻藝術與俗民藝術的差距，以及前衛藝術與社區的差別。已舉辦的展覽有「生日公園說書人計劃」、「悶」、「魎空間——兩岸攝影學術工作坊」、「雙城跨域——城市、河流、當代藝術之學術地理學對話」等，另外也舉辦了多場社會運動的籌備行動和會議行動，包括反國光石化影展與百拼布、兩次反核遊行的道具和標語，以及和同學共同創作一首反核歌曲[1]，在遊行現場教唱與發送歌詞等等。其中的「生日公園說書人計劃」，內容是邀請社區的長者，在他們生日時到藝術基地發表「生日演說」，說自己的故事，並介紹他們最喜愛的音樂、電影和書。我們蒐集整理這些材料，成立地方公共圖書館——一個由使用者決定藏書內容的圖書館。最後又舉辦了一個展覽，按參與的藝術家及參觀者的年齡計算，這個展覽可說是全台年紀最長的展覽。

　　2011年我接受委託，進行了高雄勞工博物館的「候鳥——台灣移工特展」的策展計劃，又和學生一起進行了長達半年的密集田野研究，跑遍了大高雄地區的碼頭、工廠、庇護中心、教會、看護家庭、夜店、棒球場及鐘點旅舍等等，遍及移工的食衣住行育樂領域。這個展覽中，主要幾個學生與同掛策展人（非助理策展人），展覽也讓移工成為藝術家，我們無需再現他們，他們自己能說的比我們的好得多。（黃孫權 2011）

---

1. 影片可見 https://www.youtube.com/watch?v=lgn0ZmE2lhU

　　2012-2014年我選擇了在旗津（全台第一個西化入口的沙洲島嶼）進行連續三年的課程項目設計和田野調查，透過交互設計與AR技術（複島）、與三十年前的老照片對比與找尋（錄地景 memo-scape）、通過聲音採集歷史與當下的混音（高雄點唱機），得到寶貴的地方歷史資料。我們利用不同媒介來圖繪，又動員旗津居民參與計劃，完成的藝術品徹底成為田野工作的副產品，藝術成為我們動員社區，引發好奇，博得采頭的工具，而非目的。三件作品分別在旗津、高雄市立美術館和台北立方空間展出，不得不說，這些展覽都是意料之外的。（黃孫權 2015b）

　　2013年，我到杭州中國美院客座。在美院的下鄉計劃中，我帶着二十多名本科和碩士學生去了四川災後重建地區。我們不寫生也不做作品，而是參與謝英俊建築工作室負責的當地重建計劃，動手幫農民「蓋房子」[2]。考驗我們的標準很簡單，就是我們協助搭建搬磚砌牆，是否讓農民留在家裏吃飯了，村裏沒有任何外食店。經過兩周三個地點，碧峰峽（正在興建），羌族楊柳村（已蓋好）以及寶興縣煙花村（正在蓋示範房與未來規劃），學生被災後重建補助政策之實行與村內現實所震撼。美院學生是中國精英中的精英，他們早已忘記自身與農村，城鄉都市過程中的關係。下鄉這種中國藝術學院的傳統已經失去原本意義，變成寫生遊玩活動罷了，許多景點都有藝術學院的寫生基地，甚至成為考前班的訓練基地。我們無法幫忙村民，也許所有由知識分子號召的鄉建傳統都有同樣的危險，除非找到我們共同的問題癥結，除非我們能夠與村民發展出共同的知識與行動，能夠解決他們和我們自己的問題，如Tourain說的「行動社會學」（Touraine 2002），否則那只就是中產階級與知識分子的鄉村體驗營隊。

---

2. 策展論述與簡短影片介紹，參見 http://blog.heterotopias.org/2014/02/blog-post.html

雅安的碧峰峽是進行式。謝英俊建築師的輕鋼結構協力造屋的理想，落地後因應實際情況發展出不同形式。農村不是一塊鐵板，每家每戶不一定有足夠人協力蓋房或花得起錢僱工或買材料（中國政府對每戶補助十萬人民幣鋼架費用，其餘要向銀行貸款）。我們搬磚夯土，和水泥鎖樓板，用三天的勞動換取珍貴的故事，體會了歷史震盪下的農村變化，以及農民對災後重建的毅力與耐心。七老村的王倫章和柏樹村的吳文章正是農村巨大變遷的縮景，三十年內從集體所有、公社生產小隊、包產到戶，到返田歸林與集中農地委託經營，他們返回了三十年前的處境，三十年的土地產權震盪鐘擺，回到了「佃農」身份，在自己出租出去的土地上當農民。

四川茂縣太平鄉羌族的楊柳村，是在評比、規劃、協力營建、村民滿意等方面都取得成功的重建後村落。楊柳村的男性全部去災區其他村子幫忙蓋房，下車迎接我們的是穿著傳統服裝的婦女，為了我們的到來，村長動員全村村民準備伙食白酒，每戶整理出一個乾淨的房間，安排我們入住。他們開了上鎖的會議廳，向我們展示營建過程，蓋房動人的號子響穿耳際，村民離寨進村裏，未來的藍圖向觀光業敞開，朝向現代化且群山環抱的度假村。建設基地裏的清華大學宣稱與謝英俊合作是「可持續性重建的模範」，呼籲村民邁向「社區人」。這如同農民上樓的魔咒，彷彿現代的社區意識一定比傳統的村寨文化好、新式斜屋頂比村寨方正平頂的好。於是，村寨簷上常見的三角頂白石的傳統造型消失，白石信仰在新村的廣場步上悄悄地落地。

盧山縣寶興鎮的煙溪村是正要開始重建的村落，災後半年許多人仍然住在救難帳棚或傾頹的屋舍裏。我們在這裏遇見楊柳村的男性村民，他們協助村民拉起三座二樓高輕鋼架，學生混在隊伍中拉繩扛架，在羌族漢子響亮的號子中體會了建房的集體感，調動了村民的主動性，「房子還是我們的」。隔日我們到在村

辦理銀行借貸的現場訪問農民，儘管政府和民間基金會的補助及優惠利率不少，但貸款金額對農民來說仍是沉重負擔，不少學生與農民想到這裏，都不禁悲從中來。我們在山頂訪問了規劃區內外的住戶，農民表示這是第一次有人問他們的意願。在政府的美意下，當地分成前後兩區，前村的「小橋流水」全採用輕鋼房，風格統一，由統一的施工隊建造，而後村的「田園風情」則是木造屋，預計在明年3月完成。鎮上密集地往返的大理石運輸與採石雕刻產業似乎與村子無關，很難想像在青衣江深處的煙溪村能夠靠觀光業振興經濟。建築師的理想變得遙遠而諷刺。在規劃區外的85歲的馮登成老先生要照顧臥病在床的84歲妻子，兒子身在異地無法回鄉。他與老伴在沒窗沒門的破房中過了半年，靠着低保戶每月的補助與地震災後每人每天的10元人民幣過活。許多農民在半強迫的狀況下，拆掉自己原本可以修復的房子，珍貴的柳杉與樸實堅固的斗栱不全因地震而傾倒。

空間中瀰漫着社會關係，空間的生產就是表徵空間、空間表徵與物質空間的鬥爭，是權力/規劃、生活/使用、實際空間感知的鬥爭。柄谷行人說的好：「愈是認為建築是理念設計的完成物就離真正的建築愈遠。」（柄谷行人 2010）災區不是解決災後的問題，而是解決過去的累積，而過去是由大家一起造成的。

每天清晨7點起牀，然後蓋房、訪問，進行夜間檢討，活動每至半夜凌晨。在分享感受的晚上，學生困惑地問藝術家為何要到田野？有什麼權力訪談？到田野的目的是什麼？我的回答只能給他們一點啟示，並非答案。田野與藝術的關係，不是拿來主義，不是素描寫生，不是材料與再現形式的推進關係。我們有權力探尋陌生情感，訪問生命故事，望聞地方經驗，是因為我們在盡可能的狀況下進行平等的交換，使彼此完整。在這個計劃的最後階段，我們募捐了一套鋼架，在中國美院的南山校區的中庭，號召

師生與我們一起蓋展廳，然後進行田野報告與作品陳列，這套鋼架在展覽完結後會運回四川，捐給馮登成先生作為安置房舍[3]。藉由勞力的相互交融，展現「分工與交流」（馬克思語）的意義。

若說理論課協助同學構建概念，學會搭起分析世界的鋼骨結構，血肉就是學生自己想辦法學習添加的磚瓦牆壁。這些材料如何得到？田野工作能夠幫助學生找尋材料生產磚瓦，讓藝術家回答地方性特殊問題的方式。我引用自己2015年一篇文章部分內容，將藝術與田野關係總結如下：

> 如果當代藝術家進入田野是來自市場需求，那作品的生產自然需要更多「異文化」、「異地」的素材，藝術家必得像蒐集材料畫筆顏料一樣的收集異於自己的人類文化，然後學會再現「他們」。然藝術家進入田野未經審慎反思，常淪為二流社會學家報告與庸俗民族誌的作者……今日當代藝術家進入田野的熱潮，是「作為民族誌者的藝術家」（Artist as Ethnographer）更新版。自主藝術論的布爾喬亞機構仍舊定義着藝術、觀眾、作品，藝術家卻愈來愈喜歡與文化和民族誌意義上的「他者」接近……藝術家假定了藝術轉換的基地就是政治的基地，此基地落於他方（elsewhere）……擬人類學（quasi-anthropologic）模式中，要與文化上的他者、被壓迫的後殖民國度之人、庶民和次文化合作。他者永遠是外於自己的，異質性（alterity）是顛覆宰制性文化的主要因素。因此，若藝術家不能被視為社會或文化上的他者，就無能接近此種轉換，相反地，就可以自動具有轉換能力。

> ……儘管充滿危險爭議，但我認為田野有着更高的、不完全勢利的目的，藝術家進入田野是尋求一種有效的行動方案，幫助田野者與田野對象創造可以解決問題、改變現狀（政治）的知識。這意味着暫

---

3. 蓋房子計劃原本預定讓輕鋼重返四川，但遭到地方政府反對，原因是我們只捐一戶，會令其他村民感到不公平。其複雜的地方政治此處不再煩續。

停自己熟悉的形式世界，擺脫自己的「美學」，重新認識你自己與地方、與社群/社區感覺結構的異同……藝術家並非為了書寫理論或規劃藍圖，毋寧說，藝術家做田野，是為了回答田野給予創作者的「謎題」（puzzle），謎題可以來自個人特殊的生活經驗、對常識的質疑、挑戰社會科學家或主流意識認為理所當然的論點，對美學感受的思考，最終力量是藝術家的終極關懷。因為田野工作可能讓創作者驚訝，可以產生無法以原來立場解釋的新知識與美學關係。田野最有意義之處，乃在於深度連結創作者/研究者和田野中「經驗的親密性」與「結構的決定性力量、變遷與持續如何被理解與呈現」。（黃孫權 2015a）

我秉持這種想法，本着馬克思理論、社會與文化研究理論，走到田野調查，社區組織與策展，以為是帶有進步思想的教學法，殊不知是老牛推車的革命法！

當他們自己上街頭

我老是將學生推入社會，其實犯了「錯誤」。因為他們就是來自社會，來自那些我以為他們需要理解的田野。我老是對學生說：「老的一代比你們更激進，就好似老牛推車般的辛苦啊！」然而我卻忘了，社會運動與學生運動領袖多半來自精英階層，受過良好教育，是要反叛他們出身的那個階級。《自由之夏》一書深刻地描寫參與夏日計劃那些常春藤名校學生是如此（道格・麥亞當 2011），1968年法國「五月風暴」的長歌善舞的學生領導也是如此。法國「黑夜站立」在音樂節的氣氛中持續，重申民主討論的重要性，說：「運動後，我們留下來討論吧！」然而，民主是辯論得以發生的基礎，而非結果。在巴黎共和國廣場與歐洲城市中擁有文化資本的青年進行的徹夜討論並非人人能夠參與；城市外緣的工廠工人，城市打零工的青年，有家累的成員都被排除在外。

　　原本的「那個階級」出生的孩子呢？他們要打工賺生活費，償還學貸，還有其他數不清的正義要伸張。台灣長期經濟不景氣，七成學生都靠學貸念書，私立大學學生的就學貸款與年收入比是全球最高（2014統計）[4]，估計有94萬人背負學貸[5]。私立學校貸款人數是公立的四倍。教育提供階級流動的功能大幅減弱[6]，出身良好與中產階級家庭的孩子負擔少而能進公立大學，出身貧苦家庭的孩子負擔更多卻只能到比公立大學條件更差的私立大學就讀。2009年駱明慶的一篇〈誰是台大學生？〉[7]的研究指出，1982到2000年間，57.6%的台大學生來自雙北地區，而苗栗、嘉義、花蓮、新竹、台東五個縣的比率卻不到1%。另外，台大學生父親是中高白領階級、公務員的比例高達77.5%，遠遠高於工農的8.5%。根據教育部的資料，2012學年度就讀台大的弱勢學生人數僅351人，佔全體三萬多名台大學生的比率不到1%。造成好學生輕鬆念好學校，窮學生辛苦念貴學校的現象。

　　站在道德高地上批評學生不關心社會，不參與行動是很容易的，社運需要有物質基礎。從參與「太陽花」的學生群中也可得到大致相同的結果。在〈誰來「學運」？太陽花學運靜坐參與者的基本人口圖像〉[8]一文中，雖然樣本不足，仍可參照：

　　　　扣掉高中以下及少數國外學校的學生，大約510位有學校資訊可搭配高等教育統計做比較。這510位當中，56.7%來自公立大專院

4.　參考 http://nicecasio.pixnet.net/blog/post/344069375

5.　參考 http://www.thenewslens.com/article/28185

6.　參考 https://buzzorange.com/2015/05/08/poor-people-can-not-reach-the-better-collage/

7.　參考 http://homepage.ntu.edu.tw/~luohm/NTU.pdf

8.　參考 https://twstreetcorner.org/2014/06/30/chenwanchi-2/

校。與總體統計相比（教育部統計資料顯示，全台灣大專院校學生裏，公立大學學生佔32.4%）可得知，公立大學學生的學運參與率遠高於私立大學。（不過，學校的公私立不見得是最重要因素，也可能是因為技職性大學的學生參與度較低，且此類大學大多為私立。）這群學生樣本當中，比例最高的是台大學生（佔9.4%），其次為政大及輔大學生（各都是5.1%）。由於全台灣學生數最多的大專院校為台大（佔總學生數的2.4%）……此外，社會人士當中，台大校友所佔比例亦奪冠——在專科以上學歷的社會人士當中，台大校友佔9.4%以上；其次為文化大學（4.2%）及東吳大學（3.9%）。另有5%為國外高等教育學歷。

雖然我任教的大學是國立大學的獨立研究所，學生的出身階層較私立大學學生的稍好，但仍有不少靠學貸念書，打工過活的學生。南部打工機會遠少於北部，學生必得花更多時間賺取生活費用。當我責怪他們對社會漠不關心，或只念書不參與活動時，就會想到許久以前喜愛的卡通 Beavis and Butter Head 中的一集內容，當60年代的學生運動分子結婚生子後，整天對着自己的小孩說：「你為何待在家裏？為何不上街頭？為何不去遊行？為何吃麥當勞喝可樂？為何不去派對？」而我現在就變成當時我嘲笑的那個父母世代了。

我總是將學生推入社會，儘管他們熱情，但心中的火總是溫的。直到有一天，他們夜宿台北的立法院之後，有些學生突然變得激進，他們似乎找到了參與社會的道路，他們本來對馬克思毫無興趣，現在爭相向我請教資本論的內容。本來毫不關心左派政黨，現在卻認真思考政黨與社運的關係，思考自由貿易與海峽兩岸經濟合作框架協議（ECFA）的差別。其中一個導生跟我說，他覺得之前參與的「活動」都非常好，但都是老師們所關心的，而「太陽花」則是他們自己的運動。他和我討論了新自由主義到底

是什麼，為何反服貿運動不應該僅僅是反中國，於是他與同學們主動蒐集資料，自己寫了介紹新自由主義的文章，自己排版，自費影印2,000份，在現場發放。

他們在我們略微嫌棄的滅火器歌聲中興奮起來，在我們討厭的有秩序的遊行中得到收穫。更別提到深夜還有手沖咖啡和熱呼呼的牛肉麵宵夜，這是我們這一輩社運經驗中不曾享受的待遇。這些「天然獨」的小孩習慣了有好待遇的社運現場，白天有大舞台的指揮車，晚上有電影，街頭有講堂，深夜有宵夜，被警察碰一下就要高喊警察打人，但我們那一輩真想不出警察除了打人還能幹什麼，有什麼好喊冤的。他們雖然不滿意「太陽花」兩個吉祥物和9人決策小組的階層制度，但依然覺得這是他們自己的鬥爭，可以無奈地接受的領導。

是的，他們自己的鬥爭，從2011年「佔領華爾街」運動開始，甚至更早的「阿拉伯之春」到現在法國的「黑夜站立」，他們是透過一次次的集結，離開鍵盤遇見彼此，然後在一次又一次的對外聲明，在媒體裏認識自己，再現自己，「收穫自己」。猶如柯思特在2011年「佔領華爾街」運動之後對全球運動所做的分析：「他們收穫自己」（They harvest themselves）（Castells, Caraca & Cardoso 2012）。「太陽花運動」亦然。我當然不會放棄某些根本性的立場，例如問學生反對服貿，為何對惡劣台商在中國剝削勞工，引發50萬人的罷工不聞不問？為何對跨太洋夥伴協定（TPP）沒有同樣的反感？經過反覆的對談，我察覺到他們的關切是從「生活」出發而非「政治的」。服貿對他們來說是潛的的威脅，中國大舉入侵炒房收購公司；內地人大舉入侵台灣風景區與城市，將美景都民宿化，將景點都市場化；內地人會來搶走他們日益不滿但起碼微薄幸福的「生活」，這是卑微要求生活不再惡化，不

再被擺佈，而非哈維爾說的「希望的政治」中的抵抗力量。就這個意義上來說，公民不服從的意識形態不過是民主不滿的出口。「政治的」要等到他們生活無虞才能顧及，才能照顧被台商欺負的中國勞工，政治對他們來說是「生活」之後的事情，而非生活本身。他們不想再聽台灣90年代輝煌的社運故事，他們想要有自己的，想要有自己可以參與和創造的歷史。

小結：讓我們合作社吧！

　　什麼是生活本身？除了從社會學式與傳播意義上理解「他們收穫自己」外，有沒有不下鄉，不進入社區，不望向他人，確有物質基礎的「收穫自己」？除了要跨越藝術與社會實踐的差距，世代對於社會參與，政治傾向鬥爭路線之差異，如何更能解決生活的，跟直接生活資料有關的基本問題。想像我們革命成功後的第一天走上街頭，仍然在連鎖商店買商品，仍然吃麥當勞喝可樂，仍然別無選擇地買加工食品、基因食物、進口蔬果，那一切努力為何？學生們在街頭之後，仍活在一個需要被代理與經濟的藝術市場，面對高房租與貴而不健康的食物，為了基本生活工資而打拼，而高等教育給他們的回報則是非典型勞動（precarity）的未來？經常性薪資無法提升，日常生活所需的成本卻逐漸增加，這是台灣普遍問題。台灣經濟增長的GDP明顯高於薪資成長，表示了儘管經濟環境不如意，還是由少部分人獨佔了大部分的經濟增長成果。要改善，抗爭性的運動效果有限。

　　近年來我帶着台灣高雄與杭州中國美院的學生，去過災後鄉鎮（四川雅安）、革命農村（河北十里店）、島嶼、工廠與頹敗之地，嘗試從不同的地點印證理論，試着我們可以出的氣力與貢獻

所長。我與學生的確從田野裏學到很多，但總逃不離某種「布爾喬亞補償心態」的困境。從2013年帶着兩岸三地學生一起做的諸眾之貌——亞洲社會運動影像資料庫[9]的計劃，開始對日、韓、馬來西亞、印度、香港、台灣的社會運動作了歷史疏理，加深了對於「跨領域」的思考。跨領域不僅只是媒介（音樂、劇場、教育和科學等）的差異，而是地域和歷史的，是工廠和都市的，是抗爭與生活的的差異。最終，我們都必須面對將生產跟消費連結起來的問題，也就是價值創造（馬克思資本論第一卷）與價值實現（資本論第二、三卷）的問題。連結可以是非常文化研究或關於同意權（hegemony，或譯為霸權）的討論，但也可以回到馬克思根本性的關注，怎麼處理生產與消費問題。

為了重新勾勒新願景，彌補對學生來說的顯得疲態古老的左翼觀點和世代差異，配合這學期的「基地分析與敘事空間」、「文化行動研究」兩門課程，我與一批學生申請了高雄市黃埔新村[10]的眷舍，創立了「共藝術合作社」（cacos）[11]。這不是一般的藝術公司，而是符合台灣合作社法規範，直接面對社會的消費合作社。我們列出每個人的基本需求，從吃喝到工作機會、創作、閱讀、休閒。商議如何自己幹，或集體解決的可能辦法。申請過程充滿艱難，但也富有趣味，台灣合作社法規是60年代設立而至今無大改動的法條，歸社會局管。在台灣早期扮演了重要的農業生產，工廠機械借貸，信用合作社之銀行角色，因為無大改動，

---

9. 計劃網站參考 http://multitude.asia

10. 我長期參與高雄地區眷村保存運動，黃埔新村是複雜保存運動之成果之一，當需另文介紹，此處無法詳盡解釋。

11. 參考臉書專頁 https://www.facebook.com/coartcoops/

保持了樸素的「分配正義」特性。法條雖在，確乏人問津，現今地方的合作金庫與信用合作社都私有化了，不再具有合作社特性。公務人員在審閱我們的申請時，一直抱着懷疑：合作社向來都只有農產品與工業生產機械借貸，藝術是消費品？藝術家可以成立消費合作社嘛？最終我說服了中央社會局的科長，高雄市社會局方才同意核准，於是我們成立了台灣第一家「有限責任高雄市共藝術消費合作社」。

從2018年2月起，我們着手修繕屋舍、申請文件、舉辦共食、公共講堂、我們設法形成一個真正的團結經濟體，生產與消費合一，集體地解決藝術家個人的需求。我們招募社員，無論出錢多少都有同樣的選舉與表決權力，而盈餘紅利分配則按照消費與勞力貢獻，而非股金多少。合作社是政治與經濟的民主體制，我們從吃喝開始，集體解決需求，自己創作自己辦展，自己賣作品。我們為空巷的空屋貼上春聯，我們自己烹煮食物，購買地方小農作物，強調低碳而非有機，舉辦共食與主廚日（邀請眷村的長者教導我們學習烹調拿手菜），希望未來能夠舉辦剩食節。此外，有二手圖書交換中心，黑膠唱片與播放當代聲音藝術的點唱機，有破報全套與當代藝術雜誌。我們調查地方小農與傳統店家，做地方歷史訪談，黃埔新村是國民黨來台建立的新一軍眷舍，白色恐怖與冷戰鬥爭的歷史核心，合作社所在房舍是翻譯軍官，對面是孫立人將軍的財務長，而斜對面則是郭廷亮（匪諜案）的住所。置身其中，我們既在歷史的核心，也在歷史的未來。7月會有第一次的展覽，回答「為何我們在黃埔搞合作社」。

一切仍在進行中，在此無法多說什麼。但我相信，讓我們直接面對革命成功後的第一天，從街頭回家後的第一天，從奇觀雙年展走出後的第一天，我們如何生產自己所需，將會是有效跨越理論學習與社會實踐，縫合街頭、藝術、世代差距的機會。

參考資料

柄谷行人（2010）。《作為建築的隱喻》。北京：中央編譯出版社。

理查•桑內特（2002）。《再會吧！公共人》。台北：群學。

黃孫權（2010）。《假戲真作，作地方文化館的文化研究》。見「文化生意：重探符號/資本/權力的新關係」國際研討會。台北。

黃孫權（2013a）。〈邁向社會性藝術——藝術實踐的知識關乎社會政治過程的知識〉，《新美術》，34(10)。杭州：中國美院。16–42頁。

黃孫權（2013b）。〈識異、交往、快感——跨領域藝術在台灣〉，《藝術認證》六月號。台灣：高美館。6–13頁。

黃孫權（2015a）。〈從鬼舞中逃離——當代藝術的歷史計劃〉，《生產第10期：邁向思辨實在論》。江蘇：江蘇人民出版社。331–338頁。

黃孫權（2015b）。〈複島計劃與歷史中的聲音〉，見羅越全編，《造音翻土》。台北：遠足文化。84–90頁。

黃孫權（2011）計劃主持。「跨國候鳥在台灣——勞動力特展」。高雄：高雄市勞工博物館。

圖海納（Touraine, A.）（2002）舒詩偉，許甘霖，蔡宜剛譯。《行動者的歸來》。台北：麥田。

道格•麥亞當（Doug McAdam）（2011）。《自由之夏》。台北：群學。

Bishop, C. (2012). *Artificial Hells: Participatory Art and the Politics of Spectatorship*. London, New York: Verso Books.

Castells, M., Caraca, J. M. G., & Cardoso, G. (2012). *Aftermath: The Cultures of the Economic Crisis*, 1st ed. Oxford: Oxford University Press.

Grossberg, L. (1992). *We Gotta Get Out of This Place: Popular Conservatism and Postmodern Culture.* New York: Routledge.

Hall, S., Morley, D., & Chen, K.-H. (1996). *Stuart Hall: Critical Dialogues in Cultural Studies.* London, New York: Routledge.

Hardt, M., & Negri, A. (2000). *Empire*. Cambridge, Mass: Harvard University Press.

Hardt, M., & Negri, A. (2004). *Multitude: War and Democracy in the Age of Empire*. New York: Penguin Press.

Hardt, M., Negri, A., & ebrary Inc. (2009). *Commonwealth* (p. xiv, 434). Retrieved from http://site.ebrary.com/lib/ascc/Doc?id=10402487

Hauser, A. (1982). *The Sociology of Art. Chicago*: University of Chicago Press.

Laclau, E., & Mouffe, C. (1985). *Hegemony and Socialist Strategy: Towards a Radical Democratic Politics*. London: Verso.

Middleton, R. (1990). *Studying Popular Music*. UK: Open University Press.

3

「災難意識、災難記憶與庶民歷史」教習心得

文｜鍾秀梅
　　成功大學台灣文學系副教授

引言

本章將回顧這些年來，我關於「災難」的研究與教習心得，其中歷史災難意識涉及法西斯、殖民主義與資本主義體制的反省，自然災難記憶則以1999年921地震邵族自立更生的經驗和2009年88風災發生之後，分別帶領不同屆別的研究生前往現場學習調查的思考與心得。為何從庶民的歷史切入談起？因為庶民的集體記憶承載着不論是自然或人為歷史災難的記憶，例如，遭辛風苦雨橫掃的貧困農民與原住民，災上加災，經由田野的經驗，可否建立災難的庶民史，讓大眾學習這群了不起的人民面對災難時如何產生智慧，勇敢面對困局。

問題意識

如上所述「災難」的定義指自然與人為的災難（natural and man-made catastrophes）成分較多，歷史上的自然災難如前現代的瘟疫與近現代的地震，傷亡人數眾多。我親身經驗過921地震和88風災；921大地震的死亡與失蹤人數接近2,500人，之後連續幾年因地震而失去家人、房舍、生活陷入困境以致哀傷沮喪乃至自殺者更時有聽聞；88風災的死亡、失蹤人數近700人。針對這兩場災難，我曾經組織學生，做過田野調查，期間也參與陪伴災民和災區重建的工作。

同自然災難相比，無論是全球或是台灣範圍，近代資本主義衍生出來的軍國主義和殖民主義所發動的種族大屠殺（genocide）和戰爭，以及冷戰、內戰等人為災難的死亡人數比自然災難不遑多讓。二次世界大戰的死亡人數超過2,000萬人[1]。

---

1. 參考附件一，吳正清（2011）。《大災難》。香港：新世紀出版社。

　　然而，自然災難與人為災難並非二分法，複合型災難如日本311地震引發的海嘯導致核災就是典型例子之一。1942年，河南大饑荒是人為戰爭加上水患天災，絕望的人民被迫四處逃亡流竄。一般的自然災難雖源於人力不可逆轉的自然因素，但極端氣候的出現和工業化社會大量使用石化能源而引發溫室氣體效應恐怕脫不了關係。

　　為什麼災難意識必須建基於法西斯主義與市場基本教義派的反省上？從災難記憶中可否建立希望的政治？災難的庶民記憶可否建立某種智慧？

災難意識

　　人類歷史對法西斯的反省可說自1933年德國納粹的崛起，無論是電影、小說或學術著作都積累龐大。關於這段歷史，班雅明（Walter Benjamin）認為德國到了魏瑪共和中期，從資本主義誕生出的集體主義的回歸，是一種只要讓狹隘私有的利益所驅動，就會被群眾本能所決定。群眾的本能與生活是脫離的，導致無法迴避災難，人們是麻木的，危機爆發，人類便喪失思維能力，牢牢地被習慣了的生活束縛着，也就是説現代人無法預知自然災難，不像廣大農民、部落原住民、動植物界擁有適應災難的能力。同樣地，班雅明認為人們對於政治與經濟的危機也缺乏革命性的本能[2]。

　　羅潔·格里費（Roger Grriffi）在〈現代主義的兩種模式〉一文中指出，現代／現代性／現代主義（modern/modernity/modernism）在歷史生成的過程中，充滿着矛盾的對話，他認為

2. Andrew Robinson, Athina Karatzogianni (2009). *Power, Resistance and Conflict in the Contemporary World: Social Movements*, Networks and Hierarchies. UK, Routledge.

這三個詞組若借用巴赫丁（Mikhail Bakhtin）的「矛盾的對話」（Contradictory dialogic）概念，似乎無法得到現代主義浮動意涵的終結，巴赫丁認為「對話」（dialogic）代表一種無止境的、雙向的對話與修正關係。因此有許多文化受到西方現代性影響後，原先堅固的核心價值紛紛呈現衰弱、粉碎的跡象，如何讓此主題經常被討論，如何建立一個相對穩定的定義成為必要之舉[3]。

格里費進一步指出，「西方現代世界的生成，造成價值體系的巨變，其中蘊含了多重的新現象的出現與舊秩序的衰退，例如：理性主義、個人主義、資本主義、都市化與工業化、市民階級的出現、無產階級作為社會底層結構、政府與官僚體系的形成、通訊與交通運輸的科技革命、地理大發現與帝國擴張等等……這些自16世紀到20世紀以來的變革，對西方傳統社會造成的影響，像緊密佈置的網絡，交織着現代情境的出現。因此，所謂現代化的過程，是與其他現象多重並置的，我們無法清楚的指認其開始或者終結的時間與地點。」[4]

格里費並強調現代性的影響不僅止於特定的層面，它帶來的是一種去連帶的（disorienting）和去穩固化（destabilization）的結果。他認為現代性光從物質性出發的解釋是不完整的，還需理解農村社群的破壞、科學的興起、達爾文主義對傳統基督教教義的世界觀的改變等。他認同阿多諾（Theodor Adorno）的觀點：「現代性是一種物質性，而不是歷史時間上的時期分類。」[5]

---

3. Roger Griffin (2007). *Modernism and Fascism: The Sense of a Beginning under Mussolini and Hitler*. Basingstoke: Palgrave Macmillan.

4. 同上。

5. 同上。

格里費提出「理想的現代主義」（ideal type of modernism），嘗試用此暫時性的概念，來理解現代、現代性與現代主義的矛盾對話關係，他認為其內容包含以下三種特質：

1. 一種嘗試穿透傳統，並將其作出一種反身性（reflexivity）的提升的世俗化、無指向性的力量。人類第一次意識到自己存在於特定的歷史時期之中。

2. 肇因於對歷史的反身性經驗（包括意識到自身與歷史時間的關係），產生了一種時間經驗的質變，並對歷史的連續性所指向的具潛力的、更美好的未來，抱持的一種敞開的心態。生活時間與世界時間分離，人類世界使用了西方年曆。

3. 9世紀中期之後的現代性，脫離了某種進步主義的神話，指向某種衰退的意涵。而現代主義成為了一種反抗的、具昇華性的力量，試圖去創造另一個更好的現代性（modernity）[6]。

19世紀中葉的雙重革命（Dual Revolution，法國大革命與工業革命），所代表的進步價值意涵出現衰退，現代社會出現的各種負面癥候，與原先的烏托邦願想漸行漸遠，現代性的衰退、匱乏意涵開始被建構，產生了所謂的虛無主義、悲觀主義、負面的浪漫主義（Negative Romanticism）的連結，這些反思屬於「領悟型的現代主義」（Epiphanic Modernism）。這類型在於對文化、社會、政治危機的回應，認為現代主義可被視為一種對現代性的反叛，目的在於創造另一種更好的「現代性」。另一類出現的

---

6. 同上。

「計劃型現代主義」（Programmatic Modernism），將現代主義視作一種改造社會的計劃，以展開一個更好的新紀元。

格里費認為「領悟型的現代主義」和「計劃型現代主義」兩者之間的關係不是對立或互不流通，其實兩者之間就像一面能夠流通的孔洞薄膜。現代主義者也彷彿身在一座敞開的牢籠中（而非密封的罐子），能夠自由進出其他立場的籠子，有時也會展現兩種現代主義的立場特質，絕對的區分與阻隔沒有意義。因此，現代主義具有烏托邦的想望，並帶有改造社會的熱情，30年代法西斯具有現代主義的意涵不言而喻。

關於法西斯的性質，齊澤克（Slavoj Žižek）有以下定論：

> 法西斯屬於另一種類別，其基本的反射作用以「資本主義不是資本主義」聯繫在一起。法西斯需要保留資本主義的基本關係，但同時又去除了資本主義的意識形態與經濟樣態所產生出的個人主義與社會失衡。私有制和資本與勞動關係意識的資本主義是法西斯的概念，它非毫無節制允許階級解放，但同意階級間的合作，它不存在毫無靈魂的金錢關係，是一種溫情脈脈，用父權且父親般的行為來照顧工人。法西斯保留了資本主義所有想法：國家為民族一體化，用以反對均質願望的同時發生，根據法西斯，哪怕是資本主義與社會主義最好的都要保存，然而，陷阱是，法西斯的目的是有機結合，但難以達成，因此需設置敵人來表明目標難以達成的困難。法西斯對勞動與資本具有物質隱喻的喜愛，就像是「頭」和「手」，喜歡把社會講成一個社會階層是頭，其他是手的有機體。因為法西斯行不通，它無法講明頭與手、資本與勞動所造成社會失調原因的對抗關係，它把一些病入膏肓的社會形成投射在外在的敵人，他們是猶太人或其他外國人。[7]

---

7. Slavoj Žižek (1997). "Everything provokes Fascism: An interview with Slavoj Žižek" *Assemblage, 33* (Aug., 1997). US: The MIT Press. p.60.

　　齊澤克也強調法西斯的外在敵人也包括共產主義，他曾講過類似的話語：「在共產主義驅逐的地方，法西斯的幽靈就要顯靈！」在東亞社會（包括中國內地、台灣、韓國、日本）裏法西斯的幽靈早於殖民主義時代已產生，但是為什麼民主產生的台灣和韓國、日本政府的右傾化與軍事力量又重生？

　　台灣經歷日本殖民主義與1950年代肇始的白色恐怖，法西斯的殘酷歷史從未忘卻，且在號稱「民主化」的三十年後又以意識形態和民粹主義的方式動員起來。2016年一年來在華人社會經營的進步電子媒體如《新國際》、《破土》、《端傳媒》等針對「太陽花」與「雨傘運動」的法西斯化的社會作出了不同回應。學者如許寶強、路況、洪凌等人都作出了相對的回應。

　　探討法西斯在台灣發展的研究多以1950年代白色恐怖為起始，但我認為自日本殖民時期所推進的資本主義現代化生產，已蘊含着法西斯暴力的種子。1930年代中日戰爭爆發之後，法西斯的風暴摧毀台灣人各種政治鬥爭，接踵而來的瘋狂的皇民化運動，讓當時年輕人的意識形態出現複雜的變化。

　　在此之前，文化協會與農民組合曾在台灣各地活躍，日本左翼分子山川均曾在1926年5月號的《改造》上發表〈弱小民族的悲哀〉，嚴厲批評台灣總督府的多項壓迫政策，得到許多台灣左翼青年擁護，山川均畢竟未曾到過台灣，未能發揮影響力。布施辰治則與矢內原忠雄幾乎同時抵達台灣，但邀請二人的團體不相同。布施辰治來台是為了替二林事件中被捕的起訴人當辯護律師。布施辰治為了無產階級發聲，積極介入解殖鬥爭[8]。

---

8. 同上，頁20。

因治警事件被捕，後來獲得釋放的蔡培火和林呈祿，為了尋找請願運動的支持者而跟矢內原忠雄開始來往，彼此相熟識。1927年，矢內原忠雄沒有跟台灣總督府聯繫，反而與蔡培火私下進行調查，調查主要為二林事件、竹山斗六的竹林所有權鬥爭[9]。

矢內原忠雄博士的名著《帝國主義下的台灣》，1929年10月由岩波書店發行，出版後即遭查禁，矢內原忠雄為台灣資本主義定性，並批判台灣當時的社會運動的分裂，他說：

> 台灣的社會運動尚在其歷史的開端。嚴格地說，台灣由於農村以及殖民地的關係，尚未具有能夠發展形態純粹的無產階級運動的社會條件。當然，資本家的企業已經達成壟斷集中。可是它主要屬於製糖業，與此有關係的本島民眾大部分為農民，教育文化程度尚甚低，農民組合的成員號稱二萬以上，但其內部結合集訓練大概不夠。在馬克思主義社會鬥爭理論中，應居於領導地位的工業勞動者階級的發達，在缺少純粹大工業的台灣，更難免不充分。不僅如此，如上所述，實際的經濟鬥爭多以總督府的土地及產業政策為直接對象，而且在對總督府以及大資本家的關係方面，本島人各階級能夠採取共同行動的狀況下，純粹排他的無產階級運動，並未具備能充分成立的社會基礎。

台灣在1920 1930年代的反法西斯運動（社會主義、反殖民主義）給台灣社會留下珍貴的遺產，但法西斯的幽靈最近又捲土重來，例如高中教科書裏「日治」與「日據」的爭論、慰安婦是不是自願的問題。不管是馬英九任內八年還是新當選的蔡英文，一個

---

9. 何義麟（2011）。《矢內原忠雄及其帝國主義下之台灣》。台北：台灣書房。16頁。

以文化多元主義的包容態度，另　個是「沒有　個人應該為自己的認同道歉」的民粹主義[10]，來面對歷史所遺留的問題。

關於教科書的「日治」或「日據」之爭，牽涉台灣社會內部關於民族記憶與歷史詮釋的重大分歧。因為有關爭辯，明顯地涉及「敵友關係」的問題。從1895到1945年這50年間，日本對台灣來說究竟是外來的殖民者、壓迫者，還是只是很單純地換了台灣政治結構的上層部分，從「清治」換成「日治」？究竟是榨取資源、欺凌我方同胞的「外敵」，或者只是台灣社會現代化進程的組成部分？歷史的詮釋，其實已涵括了「敵友關係」的認知，而這才是真正的「政治」！對於日本五十年統治的詮釋是如此，而今天台灣朝野對於台海兩岸關係的分歧態度，何嘗不是出自「敵友關係」認知的差異？當代最具影響力的法學家施密特（Carl Schmitt）畢生致力於憲法的捍衛和解讀，最後，他也不得不指出：政治其實是比國家更加重要的概念，而他的核心思想，一言以蔽之：「政治的標準是劃分敵友。」[11]

施密特認為德國第一部實現民主共和制度的魏瑪憲法體系，是經過法律改造而形成的，具有進步的民主政治框架和具有非自由、依附性特徵的社會框架之間的差異，突顯了法實證主義（legal positivism）和社會實證主義的根本分歧。施密特運用社會

---

10. 馬英九總統2013年7月18日在退伍軍人協會舉辦的七七抗戰紀念大會上似乎已對此表態，他的說法是：「歷史當然可能有不同看法，台灣今天對許多歷史，仍有許多共同記憶，但重要的是，台灣是民主社會，對不同看法，仍應採取包容的態度。」

11. 鍾秀梅（2013）。〈釐清日據與日治之別〉，中國時報民意論壇。2013年07月20日。http://www.chinatimes.com/newspapers/20130720000971-260109

實證主義構建理論的法律和憲法概念，他認為實證主義憲法理論的「現實科學」和其概念材料不全部來自妥協框架下的憲法，而是來自支持純粹的市民憲法決斷的現實社會權力關係，這種實質憲法理論佔了上風，與「憲法」置於同等地位，使得憲法文本喪失了作用。由於政治形勢的改變，對法的形式理性（formal rationality）的興趣從市民階層轉移到了新興社會階層，經過不斷的利益妥協，他們在法律內容的專門化、法律加快補充、修改的需求上表達了自身觀點，這時市民階層擔心形式法最終看起來只是作為「分配的手段」和（社會）「持續革命」的工具[12]。

卡爾‧施密特對法律實證主義「權力理論」的攻擊，針對的不完全是超經驗法律思想所產生的法，而只是定位在現實社會需求意義上純粹的事實立法權。他得到的結論是「國家不是法的創造者，相反，法是國家的締造者」，然而，對於實證主義憲法批判的施密特反對利用實體法律概念來反對現實社會的發展，但是他認為魏瑪法律時期的實證主義在面對「無產階級革命」和完全觸動市民特權的制憲時，也沒有放棄「事實的規範力」，但是，最後希特拉卻摧毀了魏瑪憲法體制的初衷[13]。

日本殖民統治時代究竟是「日據」還是「日治」，這是敵友認知的問題，當然也就是最核心的政治問題！文化多元主義在全球化的時代，似乎已成普世價值，其「政治正確性」足以成為當

---

12. Susanne Buckley-Zistel, Teresa Koloma Beck, Christian Braun and FriederikeMieth, eds. (2014) *Transitional Justice Theories*. Abingdon, Oxon: Routledge.

13. Nicola Palmer, Phil Clark, Danielle Granville, chief eds; Ross Beaton [et al.], section eds. (c2012) *Critical Perspectives in Transitional Justice*. Cambridge, U.K.; Portland, Or.: Intersentia; Portland, Or.: Distribution for the USA and Canada: International Specialized Book Services.

權者「政權正當性」的來源。但是，我們也不能不警醒的是：一旦新生觀念被主流社會接受並進入政治決策者的思維，它也可能成為一種裝飾性的、象徵性的操作概念，用來模糊敵我關係，轉移社會矛盾的膠着狀態，規避「政治」的決斷和能動性。同樣的思路，也能用在民進黨政府對慰安婦的思考上。

2016年6月14日，台灣立法委員高金素梅質詢新政府行政院長林全時，對於林全在回答慰安婦有些是自願的表示憤怒。高金說：「慰安婦問題是正義與法西斯的對決，在被殖民時期，軍國主義暴力之下，人民沒有自願可言。」[14] 在這次質詢的前一星期，「洪素珠事件」所引發的法西斯言論問題已鬧得沸沸揚揚[15]。自稱是台灣民政府成員的洪素珠，在2月28日，以公民記者身份對在高雄公園裏的外省老人，回以「中國難民」、「你們回去好嗎」、「請你們回家」、「我不要你們中國人在我們台灣」等歧視語言，這影片在6月9日被上載網站，引發了社會情緒的對立。

吳哲良認為蔡英文所建構的「沒有一個人應該為自己的認同道歉」的暴力認同（violent identity），允許其內閣發出慰安婦有些是自願的言論，甚至對於「洪素珠」現象，背後正是在官方、學界、民間共同建構的國族認同，在「多層次、愛恨交織的矛盾」下，必須扭曲歷史以「自身的認同否認他人的認同或強迫他人認同」的法西斯意味，其實已構成了暴力認同[16]。

---

14. 《今日新聞》，http://www.nownews.com/n/2016/06/14/2133537

15. 《東森新聞》，http://www.ettoday.net/news/20160609/714131.htm#ixzz4B6CNGgco

16. 《新國際論壇》，http://www.newinternationalism.net/?p=1729

對於法西斯幽靈的回歸，意味着台灣階級力量與解放政治的薄弱，無法阻擋正出現法西斯化的台灣社會，如何藉由歷史的經驗產生災難意識，成為我在課堂上的重要功課與課程大綱的設計。我會這樣說：「慰安婦問題是正義與法西斯的對決，在被殖民時期，軍國主義暴力之下，人民沒有任何『自願』可言。我將訓令教育部潘部長，立即恢復『微調課綱』中『婦女被強迫做慰安婦』的歷史事實陳述，我也會訓令駐日的謝長廷代表，正式向日本政府提出『認錯、道歉、賠償』的要求。我們要讓全世界都知道，中華民國是站在歷史正義的一方。」

災難的集體記憶：921、88風災自然災難

根據加拿大著名記者Naomi Klein的說法，關於全球氣候運動成為公眾意識這一點，可追溯至1988年6月23日，當時的美國太空總署戈達德太空中心執行長James Hansen，在一場公眾演講中提到全球暖化已成為一個迫不及待的議題。隨後聯合國氣候變遷跨政府專門小組（IPCC）成立，並在多倫多召開「改變中的大氣壓」（The Changing Atmosphere）國際會議。「聯合國氣候變遷跨政府專門小組」成為各政府之間處理氣候威脅的最重要的科學主體[17]，至此，溫室效應的認知擴散全球，儘管不少第三世界發展中國家領袖（如印度）抨擊資本主義世界體系的不公平貿易與發展，特別是為滿足西方的消費主義生產，造成窮國必須負擔全球暖化的危害，然而，從1988年到今，全球自然災難猶如俄羅斯輪盤，大家都無法估計苦雨將落在誰家。十年後的台灣921地震與二十年後的莫拉克風災，摧毀了台灣無數家庭。我分別在

---

17. Naomi Klein (2014). *This Changes Everything*. UK: Penguin Books. pp. 73–74.

921地震發生後的1年與莫拉克風災後一年,帶領台文系研究生到邵族部落和新落成的社區實地教學與田野。

邵族主要分佈於南投縣水里鄉大坪林及魚池鄉日月村(德化社或稱伊達邵,邵語為Barawbaw)兩個聚落,總戶數約63戶。其中日月潭畔的日月村為邵族最大聚落,約有47戶,還不到全村人口的五分之二。1999年921地震後,邵族總人口數字不到300人(約283人),2001年正名為第十族後,不少人依原住民身份法申請變更身份為邵族,使得邵族人口數字在數年內暴增一倍以上,即便如此,也僅為六百多人。相對於台灣50萬原住民人口,邵族實為台灣原住民族中最小的一族。雖然如此,邵族卻保有特殊的語言與豐富的祭典儀式和文化。

邵族Barawbaw聚落因土地流失導致社會關係瓦解、傳統祭場消失、自我族群失落、六個公有祭場儀式空間被標售,邵族命運可謂不堪設想。邵族遷移的過程與歷史,從分散走向整體的邵族,其「想像的共同體」其實是近一個世紀與漢人墾殖戶、日本殖民主義和戰後現代化經濟的相互作用關係所打造的,邵族認同正是跟這些霸權抵抗的結果。

921地震讓邵族經歷了驚恐,但卻展開了另類發展運動。過程中最重要的是邵族還我土地運動。透過各項重建工作與還我土地運動,邵族內部就未來的民族發展描繪藍圖,對於國家制度、現代化發展有辯證性的思考。行動者的心理權力也在運動過程中逐漸展現出來。這場運動盤整了邵族文化保護危機、形式民主的危害、觀光衝擊、能源與自然資源的剝奪等問題,並提出不同的觀點與視角[18]。

---

18. 鍾秀梅(2011)。《發展主義批判》。高雄:春暉出版社。

位於高雄六龜新開聚落是雜揉並居的社群，漢人多為雲嘉南貧困農民移居開墾山林；原居地平埔人經過與漢人通婚，經濟與生活模式漢化，在莫拉克風災中，23鄰中有24個人被埋在泥土中。

我帶領一班研究生，花了一個學期在此地調訪，學生們也親歷該聚落人口老化、城鄉差距、隔代教養、外籍配偶、家庭暴力、少年失學、貧窮與教育資源不足等問題。我們的具體工作，如同張卉君所言：「在長期訪談過程中，有些家屬藉由對他們已罹難親人的描述，想念找到出口的方向，在敍述自己生命經驗的過程中也漸漸釋放了悲傷的情緒，正是這種日常生活中的非常時刻，讓意外顯得格外兇猛，也更能感受到人生的無常。」[19]

透過這場「災難學習之旅」，同學們和我一起傾聽失去至親家屬的故事，我們陪他（她）們到祖居地，跟着他（她）們做百日祭典，探問他們工作生活的動力，我們從這些邊緣群體學到太多智慧。學生覺得：「隨着田野工作者／受訪者的關係淡化，這些田野中的朋友們給我更多的鼓勵和溫暖，他們對生命坦然以對的態度，總是在我遭遇困難的時候成為我最直接的能量，讓我在慚愧之餘反視自己擁有的豐盛，因而能夠重振心情繼續往前走[20]。」

為何災難記憶的歷史如此重要？保羅・里科（Paul Ricoeur）認為不管是口述的或撰寫的證言活動，也包含敍事和允諾的成分。敍事者講他（她）所經歷的，並允諾其生命智慧既是盡善又

---

19. 張卉君（2014）。《記憶重建：莫拉克新開災誌》。台北：人間出版社。

20. 同上，153頁。

盡美[21]。透過邵族與新開庶民的災難歷史記憶，得出不同於新自由主義的災難管理智慧，這些智慧為面對未來的大規模自然災難，提供了希望的政治。

分享教習心得

我從2008年起，每隔六個學期，便在課堂開授大學部「災難與記憶」與碩博班的「歷史與自然災害的集體記憶與敘事策略研究」。2016年2月6日，農曆過年前一場美濃大地震奪走了117條生命，發生地就在教學現場幾公里外的維冠大樓，因此我在2016年9月就重開這堂課。課堂上保留了自然與歷史災難的文學讀本、電影、紀錄片的討論。大學部的課堂加重關於法西斯的討論，碩博班則把「轉型正義」（transnational justice）的比重加強，為了對照與呼應民進黨政府上台後的主要政策之一「轉型正義」的探討，我與碩博學生共同將歐洲、德國、拉丁美洲、非洲與亞洲的關於轉型正義的論文研讀比較。大學部的「災難與記憶」課程經過長達18周的課程互動，有20名學生分享他（她）們的心得，願意具名的學生有台文系王鴻瑋、何靜得、莊珮榆、李怡慧、呂政達、梁家平、經濟系張詩雅、化工系陳昱程和航太系的薛宇哲，他們的分享如下：

1. 這堂「災難與集體記憶」令我收穫很多，老師提供很多歷史和時事的對照，這些災難歷史竟然就以這麼相似的面貌出現在周邊，有時候就像親自去體會記憶般的深刻，真是很特別的經驗，再

---

21. Susan Rubin Suleiman (2004). "History, heroism, and narrative desire: The 'Aubrac Affair' and national memory of the french resistance," *South Central Review*, *21*(1). US: The Johns Hopkins University Press.

來，老師也請一些作家到課堂分享，了解他們的創作理念和心路歷程都使我對作家更為熟悉與認識。

2. 文本的深入和重量都是大三的養分，也許是自己修的課很多是和去殖民和現代性有關，所以回顧這些全球的災難到自身台灣的集體記憶，心中萌生悲涼的感覺，台灣還有很大的進步空間。有一點擔心這些凋零的耆老的記憶將何去何從，還好有邀請陳月霞老師分享田野技巧，幫了我很多！

3. 歷史的意義，是透過一再的比較，使得人們能在回顧過往，能在細節之中找到未來的解答。而當人們還原歷史真相時，也必然將站在悲痛與苦難的災難面前，接受事實的拷問。七十二年前，一場席捲全球的噩夢劃下了暫時的休止符。這場惡夢奪走了7,000萬條寶貴的生命，對人類文明的傷害是難以被抹滅的悲劇，從歐洲到亞洲，一座座文明累積而成的城市化為一堆堆的焦土，許多歷史堆積而成的瑰寶也從此消失在煙硝灰燼之中。自此，人類極盡所能地避免戰爭的再次發生，可是衝突卻仍一次次上演，像是歷史在嘲笑人們無法從傷痛中習得根本的教訓。在這堂課程之中，我想大家都對災難有個自身的定義，而在每個事件的背後也各自有反省與想法。也許我們並不能改變什麼世界的現實，但對於每個個體，必然也有那麼點的警惕。

4. 這門課中，老師列了許多不同面向的書目及紀錄片供我們在課堂之外做為學習輔助之用，從中世紀的黑死病等的天災到近代因人類的貪婪而起的人禍，做了各個面向的涉略及探討，擴展了我對於「災難」的認知，除了老師上課的收穫外，每堂課對於不同議題的討論，從不同同學的身上看到不同的思路，從而激盪出更多的火花，我認為在大學課堂中絕大多數的課程都是單向式教學，但像這門課一樣的互動式教學更能促進學生的思考能力與真正的將所學運用在日常生活與思考中，在面對現今紊亂的社會之下，更能廣泛且深刻的思索自身與他者間的關係及互動。

5. 這學期修了老師的課真的很有收穫，災難，從自然到人為災難，都是會讓人痛苦、悲傷的記憶。小至國內大至世界，如台灣911地震，是我們彼此共有的記憶；又如世界大戰，是我們從歷史中觀看的記憶。透過歷史，能讓我理解傷痛與憤怒的原因，而透過課堂的辯駁，我能更摸索出自己的意識思路。直至今日，甚至此刻，災難都仍在世界中不斷的發生着，而我們不該置身事外，即使不是做出什麼實質作為，也應該去了解事件，理解世界。

6. 很喜歡這堂課的上課方向，透過雙向互動，老師與學生能夠彼此表述與理解，透過討論，讓議題能有更進一步的分析。唯一美中不足的是，許多學生出席率不佳，或是很被動不願開口，建議一開始，課程大綱能將課堂討論列入必要要求，避免一些來混學分的學生修課。

7. 從《憨第德》、《瘟疫》到《單車失竊記》，從《竊聽風暴》《薩爾加多的凝視》到《冰與血》，還有作者親自演講，覺得課程裏選讀的小說與影片，不只是敍述了災難始末，也是了解災難之下人性與社會的互動的一種面向。其中《冰與血》，因為同一片土地，而且時代相對的近，所以更加不忍，無關生存還會殺害同類的應該也只有人類吧。最後的《基地帝國》與《天翻地覆》提到的主題，讓「災難」的層級極為擴大，不只一人一地，每個人像是一絲一縷，人人都在同一張網。

8. 我覺得課程內容，包括書單，還有老師點出的問題都很有思考性。作為台文系的學生，希望所學能夠實踐。災難之於集體記憶，用文學層面和社會正義的角度切入，我覺得是很好的討論和思考。只是我覺得這學期的課也許因為常常同學沒有看書等等，會使討論不夠充分。或是課程期初老師給的文章我覺得都很棒，只是課堂中，希望不只是再看一遍PPT，而可以有更完整性的一堂課。

9. 這學期最大的收穫就是又接觸了更多的文本。許多很厚又不斷講述社會共同記憶這樣令讀者疲憊感不斷湧現的長篇小說。但又很開心，在讀完小說後同學之間有些想法可以相互交流，甚至邀請作家現身說法與我們分享寫作的起源、資料收集、田野調查等等。

10. 這一學期，我獲得的最大心得，應該是閱讀了相當多的 文本。在閱讀文本後，再聆聽同學的報告，能讓自己對文本的認識更加全面。老師也利用課堂機會，邀請作家來課堂對談，是相當難得的機會，也能夠把自己閱讀時的疑問獲得解答。利用不同的文本，討論全世界的災難記憶，並回顧到台灣，檢視台灣自己的歷史。但我認為單靠這些文本可能不夠，我希望課堂間可以增加一些相關的論文閱讀，有助於我們了解如何處理和論述問題意識，也較有助於期末的書寫。

11. 這學期的選書幾乎是這一兩年的新書，除了閱讀及觀賞相關電影、紀錄片，最可貴的是邀請作者來課堂上演說，而其中的兩場是令我印象深刻，一個是白色恐怖紀錄片，除了導演來之外，裏頭被訪問的老先生來到現場，另一場則是吳明益作家，不管丟什麼問題都能夠開一份PPT做詳細的解釋。

12. 一開始會選這門課，是因為授課大綱列了很多文本，對於愛看書的我而言，是非常吸引人的。在這學期當中，並非每一本都能從頭到尾讀完，我認為這是有些可惜的地方，雖然可以從同學的報告中略知一二，但我認為那還是同學先吸收後的東西，和自己實際閱讀的感受還是不太一樣。這門課對我來說，有些困難度，因為非本科系的學生在分析文本的經驗很少，甚至在做報告時也很有挑戰（各組人數分配的差距也會有些懸殊），我認為這是之後可以調整的。但這門課很寶貴的地方是會邀請作者本人來分享，可以聽到作者本人的經驗分享是很特別的，也可以從中感受到對人文關懷的細節和重要性。這門課也幫助我看了好多本平常不會

接觸的書，也看到了未曾注意到的議題，同學的提問內容也都是很棒的學習。

13. 災難與集體記憶，這堂課當初修習的動機是一直以來都對記憶與歷史的課題相當感興趣。在2014年3月17日晚上我曾聆聽一場中研院院士到成大獎關於記憶的題目，自此開始想了解記憶與史學之間的差別。修這門課的收穫不少，尤其是有一堆心得必須寫，這件事根本就是逼人看書，一學期以來也是好好的看完了不少書了。

14. 這堂課對我這工科的同學來說，真的是補了四年在大學的文學課！內容非常地豐富，且都會讓我們學生思考以及表達對這次主題的看法或是自己的觀點，這很有趣，因為大家的想法都不一樣，有時聽完同學的想法，才知道原來這個主題想表達的是這樣啊！文科的同學跟工科的想法差很多的。還蠻推薦工科的同學來修的，可以補足文學素養，也能對台灣及其他國家有更大的認識，因為老師不只着重在台灣的議題上，一些國際所關注的事件也是一大重點，像是這次學生扮演納粹的事件，有來修過這門課後，絕對不會發生這種事，且對納粹有深度地認識及他所代表的含意，最後還是要再推一次老師的課，可以增加世界觀不會成為井底之蛙！

15. 課堂上開的書單都很有深度，貼近課堂主題，不過紀錄片或是其他的劇情片有時會覺得有些無趣，可能是題材的選用。希望能夠將災難、文學、集體記憶做更緊密的結合、討論。

16. 本學期是我第一次到台文系修課，深切體會隔行如隔山的道理，或許是我涵養不足，許多老師提到的書我都沒讀過，實在有些慚愧。台文系的課和系上的課不同，需要老師和學生相互討論，其中我也在這場思辯之旅學到了很多！惟作業方面，由於第一次撰寫文學類小論文，許多地方尚不清楚，請老師多多指教。

17. 除了閱讀書籍外。我覺得可以拉高紀錄片，或是電影的比例，並且讓「災難」、「集體記憶」更多元，不僅是着重在人的部分，說不定人對他者所造成的亦是一種災難，建議叮開上、卜學期。在高中生扮納粹的事件，我覺得有句話十分中肯，「無感比無知更可怖」，如果教育只把學生塑造成空有知識但沒有真正融會「知識」的真諦的人，那麼學生就好比智慧型機器人

18. 有意義，可以從各種角度看見人類對大自然造成的傷害，整合由古至今的災難歷史，回憶過去、警惕未來，人們太容易遺忘，即使不斷重演也不會記住。喜歡紀錄片的部分，因為衝擊更加深刻。課程時間太早，大家都爬不起來。

19. 老師很自由很棒。這堂課看了很多電影、文本和聽一些講者的演講很好，雖然功課不少有點麻煩，但可以達到學習的效果。不過在討論的部分着墨較少較不深刻。另外，有時課堂針對議題的交流討論也很不錯可以聽到不同的聲音（但多了就很煩），這堂課頻率掌握得剛好。

20. 從開學至今，接觸了很多不同的主題，舉凡疾病（黑死病）、戰爭（二戰集中營、原爆）、地震火災等等，另外也有並非第一印象便與「災難」牽上關聯的議題，比如環境開發和各異族群遷徙後，不同時空下，社會所需面對的各種衝突及轉折，以及個人乃至集體，其兩者間記憶形塑的過渡和影響。從這些觀看世界變遷的不同角度和思考方式，「災難」不再被局限於狹義的「恐怖事件」或「大量傷亡」，而能夠從個社會結構重新檢視，究竟人們過去、現在、未來面對了何種公民議題，而這其中牽扯的，是包含人類學關懷及「在地延續至全球普世」的連帶性質。P.S.很喜歡課堂上提供/指定的參考書目及電影，好看。

結論

　　透過災難的田野經驗所設計出來的相關課程教習，旨在與學生學習自然與人為災難歷史，反省法西斯、市場基本教義與極端氣候對人類社會的摧毀性暴力，以尋求既是自我保護又是希望的政治。

參考文獻

何義麟（2011）。《矢內原忠雄及其帝國主義下之台灣》。台北市：台灣書房。

吳正清（2011）。《大災難》。北京：新世界出版社。

張卉君（2014）。《記憶重建：莫拉克新開災誌》。台北：人間出版社。

鍾秀梅（2011）。《發展主義批判》。高雄：春暉出版社。

Athina Karatzogianni, Andrew Robinson (2009). *Power, Resistance and Conflict in the Contemporary World: Social Movements, Networks and Hierarchies* (Routledge Advances in International Relations and Global Politics). UK: Routledge.

Naomi Klein (2014). *This Changes Everything*. UK: Penguin Books.

Nicola Palmer, Phil Clark, Danielle Granville, chief eds.; Ross Beaton [et al.], section eds. (2012) *Critical Perspectives in Transitional Justice*. Cambridge, U.K.; Portland, Or.: Intersentia; Portland, Or.: Distribution for the USA and Canada: International Specialized Book Services.

Roger Griffin (2007). *Modernism and Fascism: The Sense of a Beginning under Mussolini and Hitler*. Basingstoke: Palgrave Macmillan.

Susan Rubin Suleiman (2008). *Crises of Memory and the Second World War*. Cambridge, Mass: Harvard University Press.

Steven Ricci (2008). *Cinema and Fascism: Italian Film and Society, 1922–1943*. Berkeley: University of California Press.

Steve Cohen (2006). *Standing on the Shoulders of Fascism: From Immigration Control to the Strong State*. Stoke-on-Trent, Staffordshire; Sterling, VA: Trentham Books.

Susanne Buckley-Zistel, Teresa Koloma Beck, Christian Braun and Friederike Mieth, eds. (2014) *Transitional Justice Theories*. Abingdon, Oxon: Routledge.

Susan Rubin Suleiman (2004). "History, heroism, and narrative desire: The 'Aubrac Affair' and national memory of the French resistance," *South Central Review*, *21*(1). US: The Johns Hopkins University Press.

Žižek, S. (1997). "Everything provokes fascism: An interview with Slavoj Žižek by Andrew Herscher," *Assemblage*, *33*(1). US: The MIT Press.

4

填空與留白：
「兼任」身份的實踐與反思

文｜郭耀中
　　台灣大學建築與城鄉研究所博士生

　　2011年，我在世新大學社會發展所（世新社發所）完成碩士論文，隨後進入台灣大學建築與城鄉研究所（台大城鄉所）就讀，並開始在世新大學兼教一門通識課「文化的政治經濟學」。在更早之前，我因為就讀中國文化大學大眾傳播學系，修讀了「文化研究」相關課程，並因緣際會參與了社會運動，從此開展了不同於主流的學術認識和做事方法。「知行如何並重」也成為我在學術研究上的考量點。

　　在沒有取得博士學位前兼教通識課，讓我能在每學年接觸到不同科系、不同年級的私立大學學生，這樣的教學歷練對於同時關心理論與實踐的我，是相當重要的過程。如何挾著歷史感，運用課堂的概念與案例，分析當下的現實政治，並設法讓學生帶著這些觀念走出教室，成為教學上有趣的挑戰。這些年，我在學術與社會實踐領域方面有多重身份：研究生、兼任教師、工運外圍參與者，這使我對社會的理解和關懷逐漸深刻，並反映在通識課上想與學生分享跟互動的內容。從不同身份體驗變動的結構，並將這些認識與體會帶到課堂與學生分享、討論、學習，不斷嘗試用兩學分的通識課影響學生的世界觀，是我目前教學的主要目標。

　　我想用這六年多來，在學術領域、社會運動現場所累積的經驗，分享我在轉化在教學上的一些心得。概述我目前所看到的大學生及高等教育狀態，進一步討論課堂上「如何說」、「多/少說什麼」，以促發學生形塑另類的世界觀。最後，再以個人經驗反省不同身份的矛盾與糾結時，同時對於台灣不同世代（主要是中老年階層）所關心的「太陽花」青年，提出一些看法。

多重身份的限制與焦慮

研究生的身份

我剛考取博士班時，台灣博士畢業後的出路就已經出現危機。在新自由主義的風潮吹到台灣以前，大學會撥出預算給予研究生一定的獎助金，使研究生不用到校外兼職，抒解博士生的經濟負擔。如今，台灣的研究生已經無法像過去一樣有專心研究的學習空間。台灣政府投放在教育上的預算遠遠不足，在不願改造財稅結構的情況下，台灣各大學院校分配到學生上頭的部分經費必須自行提撥。因此在成本考量下，大部分大專院校選擇將獎助金「有效」地運用，將學生當作臨時聘員，使得研究生在校內必須用勞動才能換取名義上的獎助金，實際上卻是沒有勞動保障的工讀金，而且這些勞務常與個人研究無關。

當關心高等教育的學生與工會團體，要求給予在校內擔任助理的學生勞動保障時，許多學校的教授相當不解。由於這些為人師表的「老闆」[1]、指導教授們，已經把向政府索取經費的壓力視為常態，甚至將追求數量、而非質量的學術生產，內化成個人成就的指標，進而忽略其中可能的剝削與壓迫。這兩年來，台灣高教團體所抗爭的「勞務型」或「學習型」助理議題，即是要學校承認學生在校內的工作是勞動，即便是不同學科有不同的師生模式，也應該給予基本的勞動保障。

---

1. 主要是理工科系的研究生對自己指導教授的稱呼，同時也反映了理工研究生與指導教授的關係。

　　除了經濟壓力，不少博士生在校內也要面對量化評鑑，是好是壞有待評估，但其動機確實是為了讓博士生提早適應期刊刊載篇數與被引用次數（impact factor）等量化指標，這是前幾個世代的博士生不需要面對的問題。台灣目前以定期教學評鑑一個系所「效率」的標準，這套以理工、量化為主導的意識形態，忽略學科轉變的多元與複雜，遺忘了高等教育的目的，更可能扼殺了許多學術創新、與時代接軌的路徑。

　　在台灣教育主管部門十多年前廣設大學的錯誤政策下，已經造成碩博士供需嚴重失衡，目前已有2.7萬碩博士生找不到工作[2]。政府沒有對人才發展進行長遠規劃，持續放任大學朝市場化發展的情況下，使得不少花了大量金錢、苦心攻讀到博士學位的年輕人，離開學校後被迫成為「流浪教師」、「專職」的兼任講師，甚至捨棄多年來的專業研究累積，轉行至非學術性的工作。學術空間的壓縮與求職環境的不確定，讓在學的博士生更加焦慮與無力。回到前頭對博士生的評鑑要求，在目前惡劣的高等教育求職環境中，究竟有多少博士生畢業之後，可以留在學術領域而需要玩這套「遊戲」，都是值得討論的。

　　因此，博士生的學術研究節奏並不是掌握在自己手上。一方面，博士生必須自行解決經濟問題，常花不少時間從事無助於學術的工作；另一方面，博士生必須與他們的「老闆」、指導教授一樣，配合限定時間「產出」一定數量的學術論文，以獲得階段性資格或目標。我在這幾年間，為了維持生計與繳交學費，除了

---

2. 于國欽（2016）。〈全台2.7萬個博碩士「沒頭路」〉，《中國時報》，2016年04月11日。取自 http://www.chinatimes.com/newspapers/20160411000573-260110

一年一次的兼任講師工作，還擔任過四個不同研究計劃的兼仟助理以及一個專任助理，並且在校外兼差工作，雖然這些工作大部分都是對自己有益，但是相對地犧牲了不少在自己論文研究上的心力。當然，我的現實生活中有另一股拉力，使我這幾年親身參與數次在台北進行的工人運動。

工運外圍參與者的身份

在校園之外，我也一直是社會運動的外圍參與者。2004年開始，新型態、結合新科技的社會運動，因為一小群人對弱勢的聲援而竄起，如「聲援白米詐彈客」、保留「樂生療養院」等運動，從而帶動新一批的年輕人投入社會運動場域。我個人的實踐經驗與空間感，就是在這個時期產生。隨後我就讀的兩間研究所，都有着重社會實踐、鼓勵學生參與社會改造的傳統。我則因為個人關懷重心與社會網絡的連帶，主要聲援與幫忙工人運動相關的抗爭與行動。

在全球資本主義轉變下造成的空間對立，使2014年的台灣與香港提早引爆了衝突（夏鑄九 2015）。發生在台灣的「318佔領立院行動」，看似是大型、多元的「公民」運動，其實仍是服膺經濟優先的發展方向。「318」甫開始，就出現「反自由貿易」布條送不進議場（運動主場）的事件（賤民刊物編輯小組 2016，13、34頁）。同時，在議場外，有社運團體嘗試串起不同意見並自主地舉行論壇，也遭到許多民眾抨擊；可以相比擬的，或許是香港「雨傘革命」的過程中，民眾防「左膠」的衝突。從這兩個衝突，就預示了「318運動」的結果：捧紅了在主場裏頭的媒體寵兒及團體，但公共空間對於自由貿易的討論依然闕如。

對於大多數台灣民眾而言，或許會將焦點放在這兩三年因人禍、天災所引發的幾場大型公民運動。然而這幾年的工人運動強度，早在大型公民運動之前就已增強。先是2011年因為財團脫產，使得「華隆」紡織工人進行關廠罷工，隔一年停擺17年的「全國關廠工人連線」因為勞委會的提告，又重上街頭抗爭，並且讓沉寂的、尖銳的勞動議題，又進入主流公共討論中。

不可諱言，「318運動」令許多年輕人首次踏入街頭，開始接觸社會運動，進而，令極少部分年輕人投入日後的「國道收費員」、「韓國Hydis工人」等激烈抗爭的工人運動中。據我的觀察，這波投入工運聲援的「外力」，許多都有自己摸索、養成的次文化，甚至有些年輕人的動力是來自於對階級不平等的人文關懷。但是，當民進黨推派蔡英文出來參選總統後，民進黨因為有「躺着選」[3]的優勢，對於尖銳衝突的改革議題選擇迴避，蔡英文甚至選前如前幾任總統一樣，不避諱與企業財團的友善關係，使得站在第一線的工運、社運團體相當不滿，不但持續向當時的執政黨施壓，更要肯定勝券在握的民進黨給予承諾。

在我參與的不同以工人為主的抗爭行動中，「移工大遊行」、「秋鬥大遊行」、兼容「國道收費員」的「2016工人鬥總統」等行動，在2016年台灣總統大選前，皆不約而同地將重要抗爭集結點訂在民進黨中央黨部或蔡英文競選總部前。台灣工運、社運團體有「默契」地將矛頭指向未來的執政黨，是弱勢者經由過往教訓所得來的政治判斷與抗爭行動。2000年台灣首次政黨輪替後，許多社會運動領袖面對當權者的召喚，選擇「帶槍投靠」

---

3. 意指輕鬆當選。

首次執政的民進黨政府，重擊了民間反抗力量，尤其是最為尖銳的工人運動。時空拉到2016年，一些基進的社運、工運團體在民進黨未重新執政前即對蔡英文競選團隊施壓，對於一些剛踏上街頭的年輕人是難以理解和接受的，尤其是沒有經過陳水扁執政時期的工運低迷期、又認同「國民黨不倒，台灣不會好」的年輕人。在這個過程中，不少原先支持工人抗爭的年輕人，因為挺民進黨而不再參與，甚至有選擇進入民進黨或競選總部工作的年輕人。特別指出這個分裂點，「太陽花」年輕人所產生的「打藍也打綠」的焦慮，其實也反映了台灣年輕人對「民主」的想像，以為換了政黨執政，結構就會順勢翻轉。

但是在教育方面的刻意忽視下，我們沒有多一點對歷史的複雜討論，以及從弱勢的階級、性/別、族群的處境看問題。台灣年輕人引以為傲的所謂「民主」，或許正是人民遭受壓迫的來源。

兼任教師的身份

儘管這兩年，因為有工會及兼任教師的抗爭，各個大學都必須對校內勞動者的鐘點費[4]與勞健保作出調整。與我相關的勞動條件上，世新大學主動替兼任教師、兼任助理加保勞保與全民健保，雖然扣除一些原本就微薄的工資，但也確實增添了一些保障，但是學校仍不願意提高兼任教師的鐘點費。

---

4. 在台灣的語境中，通常使用「鐘點費」來稱呼教師的報酬，而非「時薪」。主要是為了強調老師的教學工作，並非止於上課時間，課前準備、課後輔導都包含在教學工作中。

這六年來，我的鐘點費一直沒有調整，且只算「上課的時數」，課前的準備、課後的輔導及批改等工作時間，都必須由兼任教師自行吸收。教育部在2014年雖然上調了兼任教師鐘點費，但是刻意只針對公校，造成公私校同工不同酬，經過兩年的爭取，教育部依然不願要求私校同步調整鐘點費。私立大專院校的兼任講師一小時鐘點費為575元，2014年8月在工會團體的要求下，公立學校已經調整了16.7%，但私立大專學校教育部以「無權可管」的理由，不強制要求調整，於此同時，台灣物價已經漲了三成以上[5]。

為了維護自己的勞動權利，我在2012年加入「台灣高等教育產業工會」（高教工會），由於「高教工會」的會員包括高等教育機構的所有受僱勞動者，因此不論專兼任老師、學校職員助理、學生權利，甚至私校發展，都是工會處理的議題。2015年開始，我擔任第二屆的理事代表，協助工會連繫不易集結的兼任講師，並與持續要求上調鐘點費、公私立老師同工同酬、兼任老師適用勞基法等行動。「高教工會」後來也是「2016工人鬥總統」的團體成員之一，主要關注前後任政府刪除台灣勞工7天休假的議題。

另一方面，儘管有了勞健保，兼任教師卻依然沒有勞動法令保障。兼任教師一直都是「法外孤兒」，教學勞動長期沒有受到法律的保護。理應保障兼任教師的《教師法》徒具形式，只有規範義務、沒有訂定權利，兼任教師真遇到不合理的解僱或勞動條件，經常求救無門。也因此，在台灣要求兼任教師納入《勞動基

---

5. 詳見「高教工會」網頁聲明：http://www.theunion.org.tw/news/297。

準法》的呼聲高漲，卻一直被教育部及勞動部擱置[6]。「非典」的勞動處境，在校園內就展現在兼任教師與兼任助理上。

高等教育趨向市場化，「勞動彈性化」也進入學術工作中，兼任教師不但無法獲得基本的勞動保障，許多學校着手訂定的教師停聘或不續聘辦法，規則雖多保障原有老師，卻對新進老師更為嚴苛。同時，專任老師的聘用人數停滯，兼任老師的人數卻不斷上升，目前大學兼任教師人數已近2.5萬人，其中8千多人為「專職兼任教師」，甚至有同事每學期在台灣南北奔波，只是為了獲得維持基本生活水平的工資。

薪資低、無《勞基法》保障、學校的政策又多保障「舊人」，在如此的勞動條件下，教育主管部門似乎將兼任教師定位為補充性人力，兼任教師所提供的教學與一般工作無異，忽略教育質素對社會結構所起的關鍵作用，也令兼任教師對知識與創新的渴求，經常要與生活壓力拔河。

私立大學兼任教師待遇微薄，與學校若即若離的關係，容易令教師與學生的距離在無形中拉開。但也因為同時身為研究生與社會運動參與者，我仍希望持續通過課堂和學生交流，令他們提早認識衝突，並刺激他們有多角度的思考方式，讓教室成為改變結構的潛在空間。但是「如何說」、「多說或少說什麼」，必須跟着我感受到的結構調整，這一直是有趣的教學挑戰。

---

6. 2016年8月，台灣勞動部與教育部合議後，以「保障弱勢」為由，預告只將「未具本職」的兼任教師納入《勞基法》，預計於2017年9月實施。此舉引發多所學校大量解聘「未具本職」兼任教師。台灣教育部引發爭議後，竟決定將兼任教師納入勞基法一事停擺，改由在《教師法》下制定「專科以上學校兼任教師聘任辦法」。然而，台灣《教師法》中明訂「兼任教師不在保障範圍」，兩相矛盾的情況下，兼任教師不但沒有受到任何保障，包括我在內，許多兼任教師已然失去工作，同時在職的兼任教師至今依然無法在法律上獲得實質保障。

教學現場

大學的市場化與商品化

　　我所任教的世新大學，在2010年前，是一間個相當有特色的大學。除了持續培養傳播、觀光等專業人才之外，吸納另類的聲音一直是傳統，並成就這所大學的與別不同。早在戒嚴時期，被國民黨噤聲的統、獨學者，都受到世新大學的保護。同時，創辦人成舍和女兒成露茜成立的《台灣立報》、《破報》、《四方報》以及社會發展研究所，為台灣的另類實踐提供發聲與理論的平台。不過在2010年1月成露茜往生以後，《破報》、《立報》相繼以財務緊迫為由裁撤，以東南亞移民／工為主要對象的《四方報》也在2016年稍早熄燈，我畢業的世新社發所，近幾年則不時傳出合併的消息。

　　因為創辦人父女的堅持，世新大學一直是財務狀況良好、教學評鑑卓越的私立大學，但是近年來校方管理階層的理想性卻逐漸流失。原本有優良辦學傳統、獨具特色的世新大學愈來愈注重「主流化」的評鑑與經濟收益，其實只是台灣高等教育商品化及邁向市場化的縮影。在此環境中，教育工作者在學院內必須面對主導宰制論述所給予的壓力，出了校園又有主流價值制約，內外包夾，縱有特色創校的學校或科系撐腰，也不禁感到疲憊而難以招架。

學生的個人化與主流化

　　目前台灣大學生人數約30萬人，就讀學校的公私比例約為3：7。公立學校不僅錄取分數較高、學費較低，同時獲得政府補

助的經費也較多。就讀公立大學的學生也來自社經地位較高的階層，反觀私立大學學生的社經地位普遍屬中下，不少私校學生是背着學生貸款的負債畢業，這使得許多畢業生還沒有找到工作，已負債40-50萬台幣。

世新學生近四年的學生人數約在1.2萬人左右，每年約有5,000人次申請就學貸款，扣除為數不少的外籍生及陸生人數（他們的學雜費高出本地生及僑生許多），辦理貸款的比例其實相當高。

台灣大學生「延畢」屢創新高[7]的現象由來已久，這些大學生的選擇，當然不能用「不願面對現實」的「草莓族」來一概否定。我們必須對這些台灣年輕人有結構性的理解，才能明白他們如何在對未來感到茫然又必須維持生活開支，如何用自己的方式面對路況不明、又被上一代人耗費人大半資源的前景。

不過年輕學生日漸個人化趨向，卻是相當大的隱憂。台灣教育部每隔幾年就在校方的壓力下進行學雜費調漲的審查。以世新大學為例，當要求凍漲學雜費的學生，嘗試在校內集結更多學生的時候，大部分學生都是漠然以對。以我的教學經驗來看，參與或關心「318佔領立法院」運動的學生人數，遠遠超過關心學校調漲學雜費的。明明與自己的利益相關，卻偏偏置身事外。這樣的個人化現象，不是只出現在台灣學生身上，這幾年遇到的香港、馬來西亞、中國內地學生，他們只注重個人的傾向也愈來愈明顯。個人主義的傾向也表現在他們書寫和說話的內容上。

---

7. 民視新聞（2016）。〈大學生「延畢」普遍影響國家人力資源〉，《民視新聞頻道》，2016年6月11日。取自https://www.youtube.com/watch?v=Rgb1reMCB5M

教學策略：填空與留白

經過幾年的摸索，我上課時主要嘗試以政治經濟學作為一種分析工具，輔以文化研究的概念，以學生可以理解的生活語境和經驗，讓學生知道這些看似艱深的學術名詞，其背後的分析解釋對我們理解生活的好處。

我在課程安排上，首先，帶領學生粗略掌握台灣與我們關係較近國家的社會狀況，並讓學生了解這堂課主要處理哪些文化、政治與社會議題，從中帶出我對這些社會不平等與勞動條件現況的看法。接着我以相對簡易的方式介紹一些上課時會用到的政治經濟學與文化研究的概念，並要求學生以這樣的視角，選擇當時覺得合適的主題撰寫平時報告。然後我會帶領學生回顧台灣歷史（包含兩岸的、東亞的尺度）的片段，並且着重處理1950年代白色恐怖以及70年代社會發展，透過一些檔案與事件，讓學生們接觸不同於主流論述的歷史觀點。接着，每年依着我關心的議題，緊貼時事與學生討論特定主題，包括：勞工文化、移工/民、媒體建構與文化行動、體育運動、成癮與道德、都市空間、影像思考、塗鴉與文化行動等議題。同時，每學期視乎學校補助及個人經濟狀況，邀請一至兩位專業領域的工作者到課堂演講，並要求學生撰寫心得回饋。課堂的評分有二，一是上課時互動討論的頻率，一是課後撰寫的報告。期望提供修課同學形塑多樣性的另類觀點，去觀照台灣當前所面對的社會問題與現實處境。

以上的教學大綱是在與學生的互動和教學反饋中，漸漸開發出來的。議題看起來龐雜，但其實就是想因時制宜地傳達不同的世界觀。身為研究生、兼任教師、社會運動參與者，無非是想透過課堂將理論與現實結合，讓學生在主流的喧囂中，聽到社會運動的噪音，甚至在看似運動勝利的「齊聲合唱」中，聽到直指矛盾的「走音」。

雖然每學年教課的經驗不大相同,但是我是以「填空」與「留白」來歸納自己教學的策略。我的考量點有二,首先,自己持續求學的過程中,對於老師風格有一定的判準,也大概知道哪種老師會受到學生的冷處理,而無法跟學生互動;再者,我自認所要傳達的課程主題是相對生硬且帶批判性的,每學期總有幾個學生在期末的教學評量時說我上課「偏激」,但絕大部分我所批判的觀點,都是從理論與實際經驗而來。任何在上課時傳達有違主流觀點、站在受壓迫者立場的老師,應該都有跟《受壓迫者教育學》所提類似的經驗。

也因此,我認為應該讓學生先知道,包含:不同的歷史觀、鮮為人知的檔案事件;批判資本主義、父權、種族優越性的觀點;批判中產階級保守價值觀的實例等等。從另類觀點對學生的世界觀進行填補,接着,再花功夫讓學生帶着問題離開課堂,然後從他們自己的視角進行觀察。

填空

讓學生認識有關政治、經濟、文化、階級等的學術概念,其實都是在日常生活的實踐場域,且是不斷變動的過程,同時,刻意強調「歷史」的建構及教學者的「主觀」,以此開展主題。

我將在現場感受的處境,用我的觀點跟學生分享,讓學生知道許多新聞事件,並非如媒體或名嘴所說的那樣,並不斷強調,任何人都可能受壓迫,關鍵是如何看待不同尺度的壓迫,以及如何思考並回應。我每年在課堂上,刻意強調新聞報導、歷史都是主觀的,進一步延伸出學校的每堂課都有其背後的意識形態以及該堂老師所同意的霸權(hegemony)隱含其中,順勢告訴同學自己教課只是提供一種個人觀點的論述,當然論述是有理論基礎

與實踐經驗支撐的，藉以讓學生思考自己所受的大學教育性質。有些學生對於這樣的宣稱有點感到震驚，但是從學生的口頭及報告可見，大部分學生都同意這種觀點。

剛開始教課時，學生對於當時的重大新聞有基本的認識，於是我的重點就放在對新聞事件的另類觀點上，讓學生思考。有趣的是，這一兩年儘管臉書（Facebook）、LINE等社群網站及軟體的普及率比例大幅提高，但是學生對於台灣或外地的重大新聞，大多只知「新聞標題」，對於內容幾乎沒有認識。因此我常為了闡述清楚，必須先提供學生主流報導的內容與觀點，然後再建議不同的思考方向。可惜的是，因為學生對新聞資訊的認識愈來愈少，以往總有機會討論另類觀點，現在光是講解主流意見，已花去好些時間。這些日漸增加的資訊時間，正是因為社群網站正值大鳴大放的時候。

我也會在課程中簡述「另類」的台灣歷史，與其說是另類，不如說是填補。因為國、民兩黨的階級屬性與政治傾向，使得台灣學生即使經歷政黨輪替，在教科書也不會看到左翼與第三世界觀點的台灣史，包括：將「二二八事件」與白色恐怖混為一談；正面表述日本殖民與美國援助對台灣的影響；對於解嚴前後的黨外運動只剩下民進黨提供的論述。我總是會在課堂上插入一些史實，一方面強調「大寫」的歷史經常是為了服膺當權者所詮釋，希望學生主動尋求更多史料，建構屬於人民的歷史；另一方面，我不斷嘗試讓學生了解，我們對歷史的認識絕對會影響對現狀的判斷，並以各種文化活動與新聞事件證明這一點。

為了讓學生知道權力是無所不在，我也會將自己在社運現場的觀察，與空間研究結合。例如，2015年跨海來台的韓國Hydis工人，在永豐餘董事長同時也是國策顧問的何壽川戶口登記的住

家前架設靈堂，以悼念因抗爭而自殺的工會領袖，並要求「撤回解僱、撤回關廠」。管轄的警察機關百般阻撓，甚至為了有法可罰，竟然馬上在何壽川住家門口畫紅線，想以「禁停紅線」的名義驅離抗爭與聲援的民眾。最後，甚至在下班時間，在大馬路上架設拒馬，抓補抗議的韓國工人，並火速把他遣返韓國。這些小故事，不只讓學生有臨場感，更有機會把他們從原本安逸或困頓的生活小圈中拉出來。

2014年，在台北的「318佔領立法院」運動及其一連串效應，讓原本對現狀不滿、同時又對現實政治不在意的學生，較為「輕便」地能在枱面上選擇得以「投靠」的政治群體。但這些看似非主流的政治選項，其理念與作為卻可能與課堂上傳達的思考角度有所衝突，甚至是應該批判的對象。照理說，對於竄起的第三勢力，應該同樣提出批判性的觀察，但是礙於條件，這學期無法這麼做，只能從新任台北市長對都市空間進行的改變，提供一些空間研究的觀察。

我同時也會挑戰學生習以為常的「非我族類」，借用「想像的共同體」概念，結合台灣身份政治的流變。遙想國民黨在1980年代戒嚴時期，將台獨、共產黨與黨外等不同意識形態的人士混在一起，以「三合一敵人」共同整肅。目前的「台派」論述，又強而有力地將國民黨與中國共產黨合一，成為破壞台灣主體性的共同敵人。我會用諾貝爾獎項、運動競賽等歷史事件，讓學生看到不同時期各個國家如何處理、再現不同的「敵人」。同時會在一些議題上刻意提出與印象不同的「正面」中國樣貌，挑戰學生對（鐵板一塊）中國內地的反感，試圖讓學生從「敵我對立」的世界觀中抽拔出來。

　　台灣因為有選舉，所以看似「民主」。但是政黨輪替已經三次，許多結構性問題卻依然「擺爛」，這些影響繼續殘存在檔案、空間中，等待我們覺察。現處的時間與結構，恰好在改朝換代之後，如何挾着歷史感把觀點説得清楚，並讓學生帶着走出教室思考，我想回顧歷史，填補關鍵卻被扭曲、淹沒的檔案，爬梳人民以往的受騙經驗，才有辦法説得明白。

留白

　　如果沒有因社會實踐所得到的震撼與經驗，我身處的「同溫層」或許與學生們類似。因為大部分學生所在乎的，與關心社會運動的人士，分屬不同的「同溫層」。學生自然不會關心「左膠」的定義及反轉問題，也不會在乎「社運團體或人士背棄理念」的倫理問題。學生可能有自己的政黨或統獨傾向，也可能對現實政治無感，因此，如何互相滲透進對方的「同溫層」，讓學生在課堂上對身處的世界有更多層次的認識，進而留下伏筆，讓學生在資本主義底下出現反抗的動能。

　　在目前的狀況下，學生所接收的資訊可用「過量」來形容。但是愈教愈發現，學生有興趣知道的資訊，大部分不是對新聞與事物的體會，而是相對簡單的看法或意見，前提是「相對簡單」。這樣的狀況，二戰後流亡至美國的法蘭克福學派，已經有深刻的批判。但是在社群網絡愈加發達的現代，學生對於所獲取的看法或意見要求又更低，且更為單薄。

　　由於是通識課，考量到學生使用媒體的習慣，我每年都會要求學生用自己熟悉的媒介或影像分析撰寫報告，練習課堂上所討論的概念，並讓學生嘗試用自己的思考方式形塑另類觀點。剛

結束的這學期，我請台灣的學生分析「318運動」共同創作紀錄片《太陽・不遠》(2015)。不少學生都提到，看完整部片，還是不知道這場運動在「反」的「兩岸服務貿易協議」(服貿)內容究竟為何，但同時覺得這群人在「鬧」的學生，也說不出服貿的內容究竟有什麼值得支持之處。這或許可以反映出目前教育的困境，學生在學校修了一些課、得到一些知識，但是無法以此作為分析的憑藉，而使得學生很自然地以簡單、二元的立場，去看待台灣發生的事情。

這其實引發另外一個憂慮，就是學生愈來愈少受到次文化的影響。以觀賞電影習慣為例，這學期上課只要以漫威（Marvel）漫畫系列改編的美國荷里活電影舉例，班上就有不少共鳴，但是多講幾部比較深刻的荷里活電影，像是嵌入科普（popular science）的電影《星際啟示錄》(*Interstellar*)，大部分學生的反應就比較冷淡，更別提到一些非荷里活生產、亞洲或台灣的電影，學生更是一臉茫然。有個學生在學期結束後跟我說：「想從你身上拿到更多電影、漫畫類的資訊。上你的課常常會被問到啞口無言，或是十問九不知，惱怒啊。」這是每個時代某種新科技普及之後的憂慮，現在台灣社群網絡的發達，並沒有如預期般讓不同的次文化交會而令社會更多元化，相反，社群網絡可能阻斷大家發聲的可能。

當大家都在罵國民黨的時候，我們這堂課自然不會減少批判，只是切入點跟主流有所不同，同時也透過自己修課所得到的史料與觀點，提供給學生思考。我會花頗多時間，通過歷史事件讓學生知道民進黨執政時留下的弊端，以及延續下來的官僚、之前的作為，讓學生看到台灣採用「美國式民主」所留下的兩黨獨大的問題。在批判中，我舉出一些有代表性的歷史事件，如：二

次金改、核四廠存廢、工人抗爭，讓同學重新審視習以為常對國民黨的妖魔化，並以符號學的「缺席」（absence）概念，讓學生想想民進黨在過程中的位置。

「國民黨不倒，台灣不會好」的口號，就是在「去歷史」的論述中，忽略陳水扁政府八年執政「承先啟後」的作用。也就是說，我想讓學生看到，將希望寄託在兩大性質類似的政黨身上，有可能只是助長政客、財團的膽大妄為，而將台灣的長期發展，並逐步縮減公共服務、權利跟環境的。

學生對於與自己無切身關係的人和事物，總是滑順地採取簡單、二元的判斷，我想還是跟「習癖」（habitus）有關。儘管私立大學學生的社經地位不及公立大學學生，但是在台灣前一階段經濟發展的推波下，造就了一大批中產階級。在我的教學經驗中，學生都有着相似的保守、排外的中產階級價值觀，這也是我在課堂上不斷要挑戰的地方。每年總有學生提出「台灣會那麼亂，就是因為太民主的關係」的觀點，其實是當權者不願意透露，現今的言論自由與勞動保障都是靠衝撞而來。除了補充學生的歷史感，近幾年我會回頭擷取法蘭克福學派阿多諾（Theodor Adorno）的權威人格觀點列表，跟着學生一起反思：我們一方面是權威性的接受者，另一方面又是權威性的施加者。

我也特意用「建構論」詮釋社會結構的不平等，文化研究重視的性/別、種族及族群，我不但援用「展演」（performativity）及「想像的共同體」的理論，更提醒學生不要被外顯的身份蒙蔽，而助長了壓迫。例如，我提到新自由主義的重要推手，就包括英國首相戴卓爾，她雖然是女性，對於工人、同志、左派的鎮壓卻是相當無情的；又如目前爭取「同志婚姻合法化」成為展現

「人權」的主流論述，我會提醒資本主義中的家庭制度所扮演的角色；又如我從移工團體所學到的，台灣人看待東南亞移工及西方移工的不同，要學生思考為何會因為膚色、地域、文化而產生偏見。藉此，我進一步在往後的運動競賽、歷史事件、國際局勢等議題，希望同學看到我們看待問題時經常忽略的階級因素。

談到階級，當然與如何看待資本主義有關。我的課每次大概有40人修課，每年都有一兩位中國內地學生，今年人數卻多達5位。剛開始教書時，每介紹資本主義生產方式時，我就會隨機點一位中國內地生，請他背誦資本主義的定義，利用這個動作讓台灣學生認識到生產方式不同所可能造就的不同教育與文化。可惜的是，這兩三年，上我課的中國內地生已經無法輕鬆地背出資本主義的定義了，這背後所突顯的或許是中共在教育上淡化革命傳統的成功。在台灣的對岸，曾經有過翻天覆地的社會主義革命，其中的過程值得多層次的挖掘與思考，但是在追求和諧、經濟發展的主旋律下被噤聲，徒留官方刻板、片面的論述，目前更無法有更廣泛的討論。

雖然我主要以台灣的歷史、結構與社會問題作為上課討論的材料，但是所要處理的重點，是希望學生能夠從歷史感跟階級觀中，更關心自己與周遭的關係。剛開始教書時，我會帶着「組織人」的浪漫情懷，嘗試着鼓勵學生參與社會實踐，每年總是有幾位原本投入社運的學生修我的課，但是學期結束後，因為修我的課而參加社會運動的學生並沒有增加，大部分學生還是繼續自己的步伐。經過一陣子，我發現兼任講師的條件有限，無法在短時間內讓學生接受另類的價值觀，轉而希望能夠培育出更多對社會實踐與另類發展的潛在支持者，而非協助制度壓迫的沉默幫兇。

小結：反省矛盾與糾結

這幾年，因為參與工運又同時身兼學生跟老師角色，對於與我相差一個世代的年輕人樣貌有多一些理解。2012年以來「那一群在亂」的年輕人，縱然有不少是因政黨/國族動員的「公民」運動竄起，生面孔愈來愈多，人數似乎也增加許多，也產生對現實政治的實質影響力。但根據社運現場的觀察，其中還是有一些接上了非政黨/國族的世界觀，轉而朝向以階級為主的社會實踐（郭耀中 2014，293頁；2016，222–223頁）。有些前幾個世代的運動前輩或學者[8]，常會「流於」精英視角的批判，過於簡單地看待台灣年輕人的參與動機，同樣可惜的是，在這一波以階級鬥爭為主的工人運動中，這些運動前輩或學者似乎也消失了。這樣的抽離代表什麼意思，或許值得我們思索下去。

即使我們生活在「民主」的台灣，我同樣感受到台灣年輕人有中國內地改革開放後年輕人的狀態：個人主義為核心的「去階級的政治」（黃宗智 2012，64頁），年輕人也升起「去政治的政治」意識（汪暉，2007）。台灣動不動就有選舉，但是年輕人對現實政治的觀點，可能也是去政治的政治：以為有了政治意識，但是可能只是「去政治」的「政治意見」。現在的學生——在抗爭場域外的日常生活中，不關心社會運動與邊緣議題、或只參與大型「公民」運動的學生，由於知識與資訊的選擇匱乏，要的是說法，而不是自己去分析、查找出來的答案，他們以為面對的是一個「選邊」的問題，但其實是讓台灣社會集體面對一個「天然獨」認同的難題。

---

8. 從我的接觸經驗，這包括了台灣50年代政治受難者、70年代的保釣運動參與者，以及在2000年以前關心社運的台灣左翼學者。

　　一位兼任老師的通識課，可以做到的着實有限，但是仍可以通過「補位」及「提點」，創造改變的可能。關鍵不是這堂課帶給學生立即行動的動力（實際上也不可能），而是希望有機會能夠令學生帶着歷史觀的、階級觀的視角，去形塑自己不同於主流的生活方式；認識兩大黨所定義的「敵人」，持續檢視政黨、政客、名人，不要被因自私所撩起的仇恨、歧視所淹沒；在受壓迫者起身抗爭時，有機會成為支持、贊成的那一方；不要在不自覺情的況下成為壓迫者。

　　因為同時具有不同的身份，使得我仍然可以持續地從實作中不斷地學習與感受，觀看結構的同時也在變動，學生成長的結構也在變動。2016年1月中，民進黨一如預料地輕易大獲全勝，台灣第三次的政黨輪替。對於台灣、兩岸及亞洲等不同空間尺度會產生哪些變化，都影響着一個兼任講師，如何在大學課堂上傳達另類世界觀的過程。或許，以往許多對美式民主、資產階級政黨的批判，對於目前的時空環境，不能再直言分析，而要轉為謹慎，避免學生認為這只是「唱衰」[9]。另外，更花力氣的，則是要讓不太管生活圈以外的世界的學生有一些認識，使他們知道各種權力關係就在他們自己身上與周遭流動着。

　　我們自以為有的「民主」、「言論自由」、「公民社會」等優勢，在解嚴三十年後，如果仍然不去深化、反省、另類實踐，反倒成為我們台灣人黏膩的負擔與停滯的主因。社會介入的方式與歷史，過程中所發生或大或小的事物，都會影響着對未來圖像的描繪。發展是隨時間不斷辯證與討論的過程，各個地方都有不同的發展主題，如何擺脫主流體系給予的現代化價值觀，重新認識自

---

9. 在台灣有「不看好」、「輕視」之意。

己與社區、土地的關係，繼而找到突破性的出路，就需要更多的實踐另類與更長的反省觀察了。身為課堂上的老師，就是希望丟個不知道可不可以點燃的引子，將每學期教學的空間，當作一地方，期望利用18周的時間，影響幾個人，期望有更多改變的可能。

參考書目

汪暉（2007）。〈去政治化的政治、霸權的多重構成與六十年代的消逝〉，《開放時代》。廣州：開放時代雜誌社。5–41頁。

夏鑄九（2015）。〈反思中國城鎮化與城鄉關係〉，《破土》。取自https://www.facebook.com/potumagazine/posts/962999790422950:0

郭耀中（2014）。〈台灣青年近年參與社會改造的觀察〉，《方向叢刊》。台北：台灣社會科學出版社。2期，283–293頁。

郭耀中（2015）。〈紀錄影像的反抗政治〉，《放映週報》。494期，2015年1月28日。http://www.funscreen.com.tw/headline.asp?H_No=551

郭耀中（2016）〈跟着「國界」駐紮歷史：「白色恐怖」訪調內外的折疊政治〉，《台灣社會研究季刊》。103期，227–236頁。

黃宗智（2012）。〈我們要作什麼樣的學術？〉，《開放時代》。廣州：開放時代雜誌社。60–78頁。

賤民刊物編輯小組（2016）。《賤民解放區2014–2015：318佔領運動以及其後》。台北：賤民解放區。

5

如何對象化？如何內在化？
關於社會運動與社會學教學的經驗反思與展望

文 | 楊友仁
　　東海大學社會系教授

緒論

　　作為大學教師，如何把社會運動和教學有機地結合？直接「政治化」、展現價值立場（如「太陽花」反服貿）？把社會運動當作研究對象、加以「專業學術化」（如社會運動理論家）？置身學院，開展基進（編按：在基礎上往前進步）社會學習的空間，為各種範疇的社會運動實踐賦權？將學術場域「再政治化（re-politicize）」、干預政治實踐奪權（夏林清 2002，151–152 頁；王醒之 2014，255–257 頁）？這些實踐的問題沒有標準答案，重要的是在累積經驗後，對「反身性教學實踐感」本身的反身性反思。

　　呼應本書所揭櫫的疑旨：「大學教師，包括積極投身文化批判和社會運動的朋友，真的能夠對大學體制內的課程 、考評、教學法不感興趣嗎？倘不，我們應該怎樣系統地回顧及檢視這些切身的教育議題？」，2009年筆者因為赴台中東海大學任教社會系科目，客觀上無法維持以台北為主的社會運動連帶，加上懷疑上述結合模式的合理性及可持續，思索其可能的負面結果，近幾年我個人對於「價值中立抑或倫理中立」、「人為之適當距離」、「弱連帶」等課題，在社會運動之社會學教學上的意涵，進行了若干反思，並就如何在保持反身性、能意識到自我局限的情況下，嘗試將社會運動「內在化」於學院體制和理念當中。（Bourdieu 2000）

　　在概念層次上，吳永毅曾提出，「一個**行動者的生成和維持**，必須有『**實驗的微型公共空間**（laboratorial micro public sphere）』，作為個體性和社會運動之間的中介過程」（吳永毅 2010，2、28–29、39、39頁；粗體為筆者自加）。基本上，筆者認同這個論點，本章將圍繞此概念開展「知識分子與社運介入」的對話（吳永毅 2010，16–43頁），以作為探討大學與社會運動之有

機結合的分析視角。我會嘗試用較廣泛、卻不見得較無法避免武斷傾向的辯證觀點，來重構作為中介場域的「**實驗的微型公共空間**」概念，並就大學、學術及知識生產的理路進行思辯。

　　本章將闡述，行動者個體性和社會運動之間的中介場域，其可能性條件除了吳永毅強調的「由自願參與的小集體提供給成員一個實驗互相協助改變自己（多數是知識分子）私人**慣習**的**場域**」（吳永毅 2010，2頁；39頁；粗體為筆者自加）之外，「大學」如何有可能生成為另一種行動者蘊育與維持能動性（agency）的公共場域？筆者將就2009年後在東海大學社會系的經驗，反身思考大學的新創生場域作為個體性和社會運動之間可能的中介實踐意義。

行動者與中介場域：
從慣習修正的微型公共空間到大學的第三空間

　　在吳永毅（2010）的「實驗的微型公共空間」原始概念中，他關心行動者移動/挪動社會位置、進入一個社運場域，該場域是一群人先後選擇了另類生涯、創造了「組織/集體/社群」生活及集體行動的場域。他認為當運動遇到不同處境，行動者**必須**創造新的、或修正原有的場域（粗體為筆者自加），去回應新的處境，也因此帶來新的「身體/慣習」，所以「組織/集體/社群」生活與實驗的微型公共空間既被先前的身體/慣習所限制，又可以創造改變行動者之身體/慣習的條件，即為知識分子「身段」的再造（吳永毅 2010，2頁；39頁；40頁）。

　　筆者基本上同意，作為行動者個體性與社會運動之有機「中介」（mediation），「實驗的微型公共空間」之變化生成的

動力與限制，不論是就社會運動實作層面、還是社會理論層面而言，都具有值得細緻檢視的重要性，本章試圖做一些延續性探討。我提出的問題是，吳永毅（2010）論述了特定情境下，行動者必須創造並修改新的場域（field），以回應那個處境，這關乎先前累積的習癖（habitus）；然而，吳永毅採用的Bourdieu概念架構中的習癖，究竟能不能賦予能動者自主性、能動性，以至可創造並修改新的運動性場域？乃至於已被先前場域所改造、重塑的行動者習癖／身段，反而可能變成創造新場域或者修正原有場域的阻力？

部分學者認為，Bourdieu 的理論架構，仍是傾向於結構決定和經濟決定，相較於創造新場域的能動性而言，習癖更有利於原有階級認同的再生產[1]。即便是 Andrew Sayer 把「道德情操」（morality）的倫理面向，加入習癖概念，來賦予行動者之基進抵抗更清楚的文化意義（Sayer 2005, 2008），的確有助益於理解「持久想搞運動的激進習癖」；然而亦有學者指出，這樣的思考取向，主要是在運動與運動者生命史的層面，尚未能完全闡釋中介着行動能動性和社運場域的社會性交互生成機制（吳永毅 2010，33-34 頁；Crossley 2002），及它可能的流變、鎖死、萌現、互為主體的「歷史質」[2]（historicity）動能。

---

1. 就「美學政治」而言，筆者認為，Bourdieu帶經濟決定論傾向的文化資本理論，若干程度過於局限乃至於誤導。就筆者過去二十年投入音樂行動主義的體認，階級位置並不見得就框限住工人的藝術美學品味，例如，深圳由新生代基層工人組成的「重D音」樂隊，成員喜愛新古典重金屬音樂，組織起重金屬樂團。基本上我認同 Jacques Rancière 對於Bourdieuian文化資本和品味等概念的經濟決定論批判（Bourdieu 1984、1996；Rancière 2003、2004）。

2. 參見丘延亮（2002），Touraine（1988、2002），以及下面的討論。

　　對於行動者「修正原有場域以回應新的處境」這個面向而言，我個人認為，吳永毅所論述的修正行動，在「應然」與「實然」之間可能有落差及存在限制條件，乃至於可能發生組織的「路徑鎖死」（lock-in）（North 1990, 1994）。因此，如何創造或連結新的場域，能夠調整先前的慣習，從而生成、維持另一種（更具開放性格的）「實驗的微型公共空間」，或者用 Bourdieu 式的術語，另一個「上位/佔位」（position-taking），新的「位置」[3]（position）發明，對社會運動來說甚為重要。本章將從另一個取徑出發，立基於列斐伏爾（Henri Lefebvre）的「空間的生產」概念（Lefebvre 1991；王志弘 2009），試著從吳永毅（2010）的概念延伸討論、進行修正。

　　相對於「實驗的微型公共空間」，我在此提出「實驗的第三公共空間（experimental third public space）」概念[4]。首先，關於「實驗」，我用"experimental"，來置換"laboratorial"，將後者的空間地點隱喻，放到「實驗的第三公共空間」概念的「空間」部分去表述，意在強調批判實驗的、非主流的社會生成中介機制，不排斥但也不必然環繞於具有實驗「室」（例如「某某工作室」）的實體場所——社會關係，而可以「走出室外」；其次，"experimental"的意義相對來說，蘊含著更重視「經驗作為基礎/從經驗衍生」的知識、學習，以適當調和、避開過度先驗、過度主觀的唯理主義（rationalism）影響。

---

3. 吳永毅（2010，32頁）。

4. 此概念主要用來探索本文關切的「大學」批判性場域，至於對其他社會運動的可能意涵，尚待進一步探索。

接下來，以列斐伏爾的「三元空間辯證」為基礎，我運用Edward Soja 的「第三空間」（third space）概念（Soja 1989, 2005），以「第三公共空間」來置換表述原「微觀公共空間」概念所揭示的身體差異化政治（body politics of differentialization），和習癖之必要轉化的肌理（吳永毅 2010，39頁）。這個「第三空間」的批判置換，對整個新概念發展甚為重要。首先，「第三公共空間」涵括了本文所論述之「既可以是邊緣地帶也可以是中心城邦」的大學之積極開放、批判交流的文化旨向（cultural orientation）。其次，這樣的大學第三空間之內在空間性的形構旅程，或者說，批判性的「生三而異」（Thirding-as-Othering）（Soja 1996，5頁；Soja 1996, 2005，12頁），並非完全揚棄原初社會運動者的理念選擇、批判軌跡，而是從既有二元對立範疇（比如知識分子—群眾、啟蒙—革命、身體—心智、公共—私人、唯心—唯物、系統—生活世界，public sphere–counter publics）中，有選擇地、策略地提取、創造性重構，使得差異的範疇能對話討論而不揚此抑彼，從而創造足夠迴旋空間、以茲實踐行動者習癖轉化、自主滋養的身體差異化政治。

第三，我強調這種中介着主體轉化與社會性運動之必要場域的空間性（spatiality）與「空間肌理」[5]，是具多重尺度（multi-scalar）的、生活着的空間（lived space），有隱微處也有寬廣面，可平展延伸（flat extension）、與其他行動空間構/媾連互長，如此肌理般的場域，即為我們所論述的「第三公共空間（third〔third-ing〕public space）」。此第三/生三的場域本身，及行動

---

5. 參見以下對於「地理質（geographicity）」的討論。

者的位置、上位/佔位、慣習的氣質佈署（disposition）[6]，基本上是處於開放系統而非封閉系統當中（Sayer 1984, 2016）。也就是說，不限於「微型」概念蘊含之緊密的、強連帶的、帶中心化和封閉傾向的空間性與空間肌理，能夠相對淡化"micro"這個詞彙令人容易聯想的福柯（Michel Foucault）式「毛細權力之微觀物理（micro-physics of "cellula" power）」、以至於生命權力（bio-power）所起到的小社群規訓（Foucault 1979，149、187 203頁），以及「位置官僚化（positional bureaucratization）」的僵化。

實驗的歷史質—地理質

　　我試圖進一步釐清「實驗的第三公共空間」概念化中的「公共空間」，所意圖指涉的積極意涵。在此我引入Alain Touraine的「歷史質（historicity）」概念，建構一個「實驗的歷史質—地理質」（experimental historicity–geographicity）概念，來深化大學作為「實驗的第三公共空間」的意涵。

　　Touraine將「歷史質」視為一套文化、認知、經濟與倫理模式的動態組合，代表一套措施（instrument）、一組文化指向（orientation），使得社會實踐得以成事。它是一個動態的、行動取向的概念，體現了社會集體據之實踐、據之與他們的存有境遇建立各種聯繫的模式，特別強調，歷史質是一個社會如何透過衝突和社會性運動（societal movement），**「從多樣的文化模式中，**

---

6. 請參見吳永毅（2010，32）以及Calhoun（2007）。本文在此將「disposition」譯為「氣質佈署」，以突出場域行動者的能動性。

建構其實踐的能耐」（丘延亮 2002，17頁；Touraine 1988，2002，95–96頁；粗體為筆者自加）。簡言之，行動者乃是通過社會性運動，投注於將這些具理想性的文化指向，具體化為特定形式的實踐，從而展開對歷史質的控制，謀求主體自立、文化價值首肯與文化狀態重建（丘延亮 2002，22頁；Touraine 1988，2002，162–163頁）。

站在列斐伏爾的空間三元辯證，我認為歷史質關乎文化向的「表徵空間」（representational space），其社會實踐過程絕不是在真空狀態發生；對於此行動投注、文化重建、主體轉化的過程而言，我提出行動者關於歷史質的踐履開展，必然關乎「地理質」（geographicity）的連結、控制、更新與生產。本文提出的「地理質」概念，受到Touraine相較於Soja而言，更富行動取向的歷史質概念啟發（Touraine 1988，2002；丘延亮 2002），地理質是中介着個體性轉化與社會性運動之必要場域的「空間肌理」，是行動者尋求操控更廣泛之歷史質以謀自立的、包含衝突和非衝突的主體生成場域。不嫌簡化的話，以生物性隱喻來說，如果將上面所論述的必要中介場域的「第三/生三空間性」，比擬為「骨幹」，那麼同樣必要的中介場域的「地理質」，可以比擬為「肌理」，更接近有血有肉的主體性生成血脈，藉此，我們更強調大學中介場域當中的精神意識、倫理情感、（慣習/身段的）身體政治、想像、欲望、生產關係與相互身份認同。這種必要的、動態的、內含Touraine所強調的「歷史質」之「地理質」的生產，我們稱之為「實驗的歷史質—地理質」的空間生產，也就是大學作為「實驗的第三公共空間」的關鍵意義指涉所在。

本章提出的主要論點為，實驗的歷史質—地理質之第三公共空間生產，對有機地嵌合社會運動與教學的大學而言，至關重

要，透過此實驗的第三公共空間的批判性生產，行動者開展對於大學歷史質—地理質的形構、掌握，謀求主體自立、價值首肯及文化指向重構，並設法避免一元化、二元對立的局限、簡化和鎖死。朝向「實驗的第三公共空間」踐履的大學，有助於提供潛在的行動者，更為開放、另類、豐富的文化指向，它自身也是可共創的賦有轉化潛勢的關係場域，是可平展延伸、構/媾連互長、如肌理般的實驗的場域，從而避開組織性路徑鎖死。

這樣的場域鏈結了行動者有意識的實踐（praxis）、置身場域中的身歷其境（poieses），以及自創生/自組織（auto-poieses），使行動者藉由地理質的社會生產，（重新）形塑其精神意識、倫理情感、身體政治、慣習、想像、反思、欲望、生產關係與身份認同；而批判性生三（critical third-ing）的場域，更有機會克服Bourdieuian概念體系中慣習的能動性限制，對良性的「位置」、「上位/佔位」、「氣質佈署」，創造更大的可能，從而得以中介於主體性的交互生成，生生不息地創發歷史質實踐，並恢復能關注「感性世界」的「實踐感」（Lefebvre 1966, 2013，24–27頁）。

現實世界中，大學踐行這種關乎歷史質的第三公共空間生產，免不了帶有權力的足跡，即便更多的是"power to"，而非"power over"，但如同Foucault所論述的權力微觀物理（micro-physics of power），權力關係無所不在，第三空間生產，內在地也會發生爭鬥[7]。那麼，若要不陷於「惡鬥」而是「善鬥」，一種更根本而基要的歷史質，或者說，奠基性的文化旨向，必須

---

7. 比如說，吳永毅提出的「誰實驗誰？」疑旨（吳永毅 2010，251–252頁）。

生根於大學場域的地理質，得到充分肯認。大學作為第三公共空間，是以具備「倫理性地理質」（ethical geographicity）作為前提，其中的精神意識、倫理情感、身體政治、生產關係與身份認同，成為個體轉化與社會性運動之中介性場域的重要肌理。

在這個基礎上，筆者願意提出，馬克思・韋伯論述的「學術作為一種志業」（vocation, beruf）命題（Webber M.著，錢永祥等譯 1991、2014，115–151頁）[8]，是大學富啟發的「倫理性地理質」，可扮演此實驗的第三公共空間所據之錨定（anchored）的奠基性倫理情操和道德情感（Andrew 2005、2008）。韋伯對於學術的理念，過去經常被誤認為倡導「價值中立」，然而更精確的理解，其實是「價值自由」[9]，他根據與宗教性相關的「合時代性」，評價「責任倫理（Verantwortungsethik）」優位於「心志倫理（Gesinnungsethik）」（顧忠華、錢永祥譯 2013，185–193頁），以下疏理韋伯的原文，藉之此表述本章提出的「學術作為一種志業」之倫理性地理質的基本理念。

（1）

我只想問一個問題：在一門研究各種教會形式與國家形式的課上，或者一門宗教史的課上，要如何讓一位虔誠的天主教徒，和一位共

---

8. 在此必須提醒讀者注意，韋伯「學術作為一種志業」的演講，是處在1917–1919年德國魏瑪共和政府飄搖、大日耳曼運動興起的歷史脈絡中。

9. 部分原因，是因為Wolfgang Schluchter的「Wertfreiheit und Verantwortungsethik：Zum Verhältnis von Wissenschaft und Politik bei Max Weber」（1971）這篇導言文章的標題，被翻譯為「價值中立與責任倫理——韋伯論學術與政治的關係」（錢永祥等譯 1991/2014，95頁）；在該文的新翻譯版本中，已將「價值中立」修正為「價值自由」。韋伯本身不遺餘力地強調，「價值自由」不等同於不做價值認定（顧忠華、錢永祥譯 2013，157頁；175頁）。

濟會會員，對這些問題有同樣的價值觀？這是絕對不可能的。然而學院教員必須希望、並且要求自己，讓兩個人都能從他的知識與方法中得益。

一個人如果是一位發揮了作用的教師，他首要的職責，是去教他的學生承認令人不舒服的事實，我是指那些相對於個人黨派意見而言，令人不快的事實。

（Ⅱ）

在學問的領域裏，唯有那些純粹向具體的工作獻身的人，才有「人格」。

在學術工作上，每一次「完滿」，意思就是新「問題」的提出；學術工作要求被「超越」，它要求過時。任何有志獻身學術工作的人，都必須接受這項事實。

（Ⅲ）

在今天，學問是一種按照專業原則來經營的「志業」，其目的，在於獲得自我的清明（self-clarification, Selbstbesinn ung）及認識事物之間實際的關係。

理知化與合理化的增加，並不意味人對他的生存狀況，有更多一般性的了解。它只表示，我們知道、或者說相信，任何時候，只要我們想知道，我們就能夠學習；我們知道、或者相信，在原則上，並沒有任何神秘、不可測知的力量在發揮作用；我們知道、或者說相信，在原則上，透過計算，我們可以支配萬物。但這一切所指唯一：世界的除魅（disenchantment of the world）。

（Ⅳ）

只要生命的根據在自身，需透過其自身以得了解，生命便只知諸神之間永恆的鬥爭。或者說得更直截了當：各種對生命採取的終極而一般性的可能立場，是不可能相容的，因此其間的爭鬥，永遠不可能有結論。這也就是說，在他們之間，必須要下決定。在這種情況下，

學問是不是有價值成為一個人的「志業」，或者學問本身是不是具有一種在客觀上有價值的「志業」，這些又都是價值判斷的問題，在教室中我們無言以對。

如此，只要我們了解我們的任務（這點在此必須預設在先），我們可以強迫個人、或至少我們可以幫助個人，讓他對自己的行為的終極意義，提供一套交代。在我看來，這並不是件蕞爾小事，即使就個人生活而言，也關係匪淺……我認為，他愈是有意識地避免從他這方面把一種立場用強迫或用提示的方式加諸聽眾身上，他越能夠做到這點。

價值不可能中立，面對眼下的要求，身為大學教師，沒有犧牲理知的權利。總的來說，作為有機地踐行個體性和社會運動之間中介的大學場域，「實驗的第三公共空間」生產，關乎四個內在元素：

1. **實驗性**——實驗的、非主流的，不須環繞於特定的、已經具體化了的場域關係；相對重視以經驗作為基礎、從經驗衍生的知識學習。

2. **第三空間**——積極開放、批判交流之文化旨向；從既有範疇策略性地選擇提取和創造性重構；多重尺度、可平展延伸、構/媾連互長；淡化微觀權力、位置官僚化、社群規訓與僵化。

3. **實踐的歷史質—地理質**——透過實驗、衝突的/非衝突的和社會性的運動，提供潛在的行動者開放、另類、豐富、動態、行動取向的文化指向，形構其行動的能耐，具體化為互為主體的、恢復感性世界的實踐，從而展開對更廣泛之歷史質的控制。

4. **學術志業的倫理**——學術作為一種志業的倫理情操、道德情感，作為奠基性文化指向，藉之錨定大學場域不

至飄忽的地理質，使大學之可持續實作取向——包括有意識的實踐、置身場域的身歷其境、自創生/自組織——的精神意識、倫理情感、身體政治、生產關係與身份認同，成為行動者的中介轉化場域的肌理。

以下篇幅將循着上述概念，整體地詮釋疏理筆者在2009年後於東海大學社會系的教學經驗，以下先從制度鑲嵌、教學場域部署兩個層次爬梳經驗，共次闡述教學方法、教學哲學，檢視正式課程化、不同介入程度的戶外教學、在地協作、文化旨向再製等實作範疇，最後提出初步的結論。

教學場域的制度鑲嵌與佈署

東海大學於1955年創校，曾為台灣的私立基督教名校，早期推行「博雅教育」、學生人數少、師生皆住校聞名，1971年總部設於美國的「亞州基督教高等教育聯合董事會」逐漸退出對大學的經費支持後，本地董事接掌、改組董事會，之後東海大學的辦學能力與資源下降，近年來面臨少子化的社會現象，招生競爭壓力大、人事縮編。另一方面，東海師生持具着台灣較少見的、帶着新教倫理、社群主義的校園文化，和重視教學的傳統，「老師 as a Vocation」，教學作為一種志業，自練馬可、高承恕以來，社會系為此精神氣質的代表之一[10]。

---

10. 例如此段文字所述：「高老師回台灣後的行政工作常佔據許多時間，但是，對學術的堅持，一直是學生崇拜的主因。有感於整體環境的艱困，有一天，他說：『我決定了，我要當一個老師，不要只當一個學者。當前的台灣學界，當一個學者是相當奢侈的事。台灣學界不缺一個學者，卻很需要老師。』下定決心，把培養學生當作畢生的職志，帶學生讀書、帶學生訪問、帶學生出國、帶學生打球，台灣學界還沒見到哪個老師可以像高老師般，把大部分時間都給了學生。」（翟本瑞、陳介玄 2013，41）。

在系所層次上，東海大學社會系是台灣社會學的傳統重鎮，是華人地區最早成立博士班的社會學系，研究和開課的自由度高，學系維護學術自由的立場堅定，具有開放性格，基本上課程開授不受到審查，只要有足夠讓課開得成的學生數，嘗試大膽教學法的教師大有人在[11]。社會系基本上不甚看重時下的 KPI 考評、SSCI等，但仍得應付評鑑制度、爭取經費，目前還足以過關[12]。此外本系學生人數多、教師授課負擔重[13]，相對欠缺資源，但仍堅持理論與方法的嚴謹訓練。傳統上本系重視理論與思想史，然而近年來隨着時代變遷，包括高教評鑑委員和學生的意見認為必修課太多、要求太高、學生負擔太重[14]，面臨需要調整的瓶頸，2012年開始着手進行課程調整[15]，至今仍在進行。

筆者的教學場域部署，即鑲嵌在這樣的結構脈絡中。一開始的專業領域定位是與筆者博士論文有關的經濟社會學、都市社會學，這兩個學域在本系傳統上有一定授課比重，特別是重視前者，使得筆者的研究領域有與之連結的機會[16]。其次，身為系上教師，在教師人數少的情況下，有義務加入分擔必修課授課[17]，

---

11. 例如在課堂上播放 A 片。

12. 筆者在 SSCI 方面的「績效」，對評鑑有若干幫助。

13. 每年招收兩班共120位新生，全系所學生加上僑生陸生，超過600位，專任教師共13位，師生比達1：50。

14. 如必修的社會思想史、社會學理論，2010 年左右的時候，重修的比例非常高，不乏四修、五修者。

15. 例如把原本一學年的社會思想史，濃縮為一學期，筆者 2015 年輪換接下新調整為大一下學期必修的社會思想史，兩班學生約 100 人，找教室都有些困難，2016 年的兩班學生，加起來也超過 170 位。

16. 例如配合本系「企業與社會」學程，開授此學程中久久沒有開的《中國經濟與企業》。

17. 基本上是三門以上必修，一次連續開授兩年。

學習過去不熟悉的新知、教中學，是必要的方法[18]。打個比方，筆者學習成為具有萬精油能力的足球員，如Isauah Berlin所述，除了當「刺蝟」，也得是「狐狸」（Berlin 1993）。

單靠上面兩點以及SSCI發表，並不足以站穩，筆者試圖在理論層次上進一步置身（take-position）於本系「政治與經濟」專業領域[19]，以大衛哈維思想為核心，持續在研究所開授《當代馬克思主義：大衛哈維思想史》，使得核心知識學域得到肯定，並逐漸與幾位社會學科班出身的同事，在認識論、方法論上有所交流協作[20]。

立基於前述三點，利用選修課開設空間大、轉型階段鼓勵朝校外多元發展、嘗試實作式課程（如社會企業）的時態，筆者開發與社會運動有所相關的特色課程，同時着力於教學法創新。另一方面，筆者持續執行「縱向」研究計劃（如科技部專題研究），不做「橫向」委託計劃（如地方政府委託研究），以期透過研究成果創造資源，而得以「以農補工」（如用於課程助教獎金、戶外教學車資、講者演講費、教具等），且保持自主性、避免資源依存的問題。筆者尋求具體研究的嚴謹，適度參與國內外學術期刊投稿，協助與自身領域有關的期刊審查、編輯、會議評論等，以「弱連帶」（weak tie）置身於學術場域。[21]

---

18. 筆者已教過《台灣社會》（大二）（後取消必修）、《社會組織》（大四）、《論文寫作》（研究所）、《社會思想史》（大一）、「質性研究」（研究所）等必修課。

19. 本系另外三個專業領域是「理論與思想史」、「階層與教育」和「文化與歷史」。

20. 共同翻譯批判實在論教材等。

21. 過去並沒有研究生對筆者的縱向研究課題感興趣，2015年後才開始跟研究生進入較密切的論文指導關係。

教學方法與哲學

教學方法與教學哲學部分，分為以下五點闡述：

1. **教學法創新**——發展具個人特色的教學法、形成配套，大學部課程的基本配套是：疑旨取向的主題、分組導讀＋提問、翻轉教室法、發問磨練法、蘇格拉底教學法、校外教學、期末演講。以教學法創新、學習成效為基礎，爭取相關經費補助。

2. **教材教具準備**——開設新的課程，通常沒有教科書，須尋找合適的、學生可讀懂的教材，以能夠較有系統地規劃相關主題的參考資料。為了讓學生節省影印花費，補充文獻電子檔在網絡上，供學生後續自修。同理，筆者製作講義式投影片作為教材，並使其趨於完備[22]。此外如運用紀錄片，在課堂上準備三支以上的麥克風，鼓勵學生勇於發言，以促成三角對話。

3. **運用自身研究成果作為教材**[23]——如何使教學與具體研究互相輔助，是筆者努力的基本方向。包括把「可做為教材」的課題納入新的縱向研究主題，針對新的趨勢、矛盾，做若干先導性研究使其得以納入新的課程主題。此外，筆者着重田野調查的研究方法，以及經歷「身體社會化」的具體研究，偏好採用以這些研究方法生產出來的相關文章作為閱讀材料，以期有助於增進學生對於相關議題與社群的接近感及臨境感。

---

22. 如每周約 5,000 字，有據之出版新課程教科書的構想。

23. 如關於都市更新的研究、富士康工廠調查等。

4. **自我除魅** 在課堂上，節制自身對若干運動的價值判斷，反身性地維持一個與運動的「人為適當距離」，包括自身曾經參與的運動，課堂教學着重於分析、思考，歡迎歧見討論，操持着「非公知」的身份，抗拒「社運型教師」的刻板印象。

5. **肯認令人不舒服的事實**（inconvenient, unbequeme）——例如透過社運議題的情節敘事、紀錄片欣賞、作業報告題目指定等方式，讓學生在上課過程中，有機會在意見歧異的基礎上，逐步經歷自我否定、否定其否定、肯認的過程。

實作經驗內容

2016年之前，筆者對於台中本地社運議題的參與很有限，客觀上存在着自身實力與組織文化的限制，台中親成長的政商聯盟之地方領導權十分鞏固，不容易鬆動，而筆者個人、東海大學的傳統異議性社團，在社運網絡、路線和組織文化層面，跟中部既有的公民團體也有些不同。初到東海時，校內學運社團處於低谷狀態，之後幾年筆者才逐漸透過社課、讀書會、助教助理、校內與校外的議題參與，與學生加深互動。

在有關社會運動的授課實作部分，首先是較有機的正式課程化。筆者在大學部固定開授三門選修課程，有關土地（「都市社會學」、「台—中—港的城市再發展與居住正義」）、勞工（「血汗工廠社會學」）與異質文化（「異質空間社會學：釘子戶、搖滾客、精神病」），以使學生在大學四年裏均有機會選修這三門課，形成鮮明的特色課程。筆者有意不開授「社會運動理

論」課程，與參與運動的研究生保持一定的鑲嵌網絡，在角色關係上注意互為主體的拿捏，避免以老師身份去指點江山，有意識地避免指導教授所帶來的權力關係。[24]在保持適當人為距離的原則下，過去參與運動所鋪陳的脈絡，經過一段時間後，可望逐漸「對象化」為合適的授課主題。

其次是不同介入程度的戶外教學。透過此形式接觸社會運動，以教學本身為目的，我個人抱持「受行動所協助/向行動學習」態度，與（過去的/潛在的）運動協力者合作規劃戶外教學，並期待透過研究、教學，把從運動習得的知識、意義，透過若干中介物，往「外」、往「後」傳遞，連結更大的關係空間及關係時空[25]。具體例子有：

1. **台北文林苑都更現地教學**（2012年3月28日）[26]——在台北士林王家清晨被拆除的當天，集合兩部遊覽車，帶《都市社會學》的學生，到台北文林苑拆除現場，租來大電視、建構/佔領戶外大學場域，進行主題為都市更新的戶外教學。這是筆者以實質社會學教學形式，「干預」社會運動程度頗深的一次經驗[27]（圖5.1）。

2. **校外教學固定場域的建構**——將「樂生療養院」與「黎明幼兒園」這兩個「抗爭地形」，建構為固定的校外教

---

24. 在此需強調，筆者並不認同社會運動工作者操持「反智」的立場。

25. 筆者認為對行動意義或行動之歷史質的闡發、擴大對話、尋求呼應（orchestration），也是向運動作一些回饋/反饋。

26. 關於台北文林苑都更與士林王家反迫遷運動的議題，參見Yang and Chang（2018）。

27. 該段日期剛好與課程的主題進度契合，而筆者判斷，王家房屋拆除後的那個時間點，有被政府清場的可能。

圖5.1 文林苑都市更新校外教學的情況

學場域，其中樂生療養院保留是筆者過去曾深度參與的社會運動，目前主要抗爭已結束；2016年11月筆者開始深度地參與台中市地重劃的反迫遷抗爭——黎明幼兒園保留運動[28]，舉辦多次戶外教學，目前此「社會學干預（sociological intervention）」仍然持續進行。

3. **樂生、巢運、秋鬥等遊行**——參與觀察，自由投入。

4. **反服貿運動公共論壇**——2013年318學運發生時，配合台灣社會學界全體罷課，與本系同仁在校內廣場舉辦公共論壇、教師學生開講。

此外，我也嘗試在學院的文化旨向再製——內在化層面（例如系務）有所實踐，如系所內部較平等的共處、商議文化，不將

---

28. 此抗爭發生時間剛好與筆者開授的「台一中一港的城市再發展與居住正義」中的主題進度一致。

自我定位為學院邊緣，創新實作的慣習，以培育學生的知識訓練、個性發展為本位，不急於短期內求取教學成果等。

朝向實驗的第三公共空間

關於社會運動與社會學教學，本文納入大學「陣地戰」的環節，基本思路是，大學本身即社運場域，是有機地實踐個體性和社會運動之間中介過程的場域。筆者提出大學作為「實驗的第三公共空間」概念，強調此空間之生產的四個內在元素——實驗性、第三空間、實踐的歷史—地理質，以及學術作為志業的倫理。轉以粗淺的實作經驗疏理後，在文末就自身經驗提出幾點心得，希望有助於後續的探究、實踐。

作為新的大學場域中的行動者——教師，與先前曾經參與、投身的社會運動，因為相對空間／相對時空的改變，有必要根據在新的情境與脈絡，對教學實踐及運動場域，作適切地的「對象化」。筆者認為有機的行動者，可把在新情境下重塑的運動理念、精神氣質、習癖，「內在化」於新場域的創發生成之中，有助大學的開放、創新、批判。此外，大學作為具有悠久歷史的社會建制，馬克思•韋伯論述之「學術作為一種志業」理念，是大學作為「實驗的第三公共空間」富啟發的「倫理性地理質」。透過第三空間的批判性生產，行動者有機會開展對大學歷史質——地理質的形塑，避免社運過度一元化或陷入二元對立的局限，朝此「實驗的第三公共空間」踐履的大學，可給潛在的行動者提供更為開放、另類、豐富的文化指向，它自身也是可交互共創、平展延伸、構／媾連互長的關係場域。

　　如何看待知識分子－群眾之間的隔閡？面對現下權力與工作關係，大學歷史質－地理質的社會生產，亦是消除高教工人異化勞動和知識分子之原罪的契機。（Bourdieu 2000）立基於以上的討論，筆者最後期許拓展可持續的、實驗而有機的「生三的在地化」（third/third-ing localization），一方面參與本地的居住正義運動，同時展望東海大學的開放性格，批判地把握第三公共空間的生產，組構台—中—港之跨域交流和連結的空間，關懷共通的社會正義課題。

參考文獻

王志弘（2009）。〈多重的辯證——列斐伏爾空間生產概念三元組演繹與引申〉，《地理學報》。55：1-24。

王醒之（2014）。〈回歸政治——解放政治心理學的實踐〉。輔大心理所博士論文。

吳永毅（2008）。〈運動在他方——一個激進知識分子的工運自傳〉。香港理工大學博士論文。

丘延亮（2002）。〈導讀：希望的主體——杜漢的社會性運動論詰與臺灣社會性蛻變〉。舒詩偉、許甘霖、蔡宜剛譯。《行動者的歸來》。7-46頁。台北：麥田。

夏林清（2002）。〈尋找一個對話的位置－基進教育與社會學習歷程〉，《應用心理研究》。16：119-156。

翟本瑞、陳介玄（2013）。〈老師 as a Vocation〉。《青春作伴 綠苑春濃：高承恕教授榮退紀念文集》。台中：東亞社會經濟研究中心、東海大學社會學系。

Berlin, I. (1993). *The Hedgehog and the Fox: An Essay on Tolstoy's View of History*. Ivan R. Dee.

Bourdieu P. (1984). *Distinction: A Social Critique of the Judgement of Taste*. Harvard University Press.

Bourdieu P. and Wacquant J. D. (1992). *An Invitation to Reflexive Sociology*. 李猛、李康譯，鄧正來校（1998）。《實踐與反思：反思社會學導引》。北京：中央編譯。

Bourdieu P. (1996). *The Rules of Art: Genesis and Structures of the Literary Field*. Stanford University Press.

Bourdieu P. (2000). "Critique of scholastic reason". *Pascalian Mediation*. Nice R. trans. Stanford: Stanford University Press, pp.1-32.

Calhoun C. J. (2007). "Introduction to Part VI." *Contemporary Sociological Theory* (2nd Edition), Calhoun, C. J., Gerteis, J., Moody, J. , Pfaff, S., Virk, I. (eds.) , Hoboken, NJ. Wiley-Blackwell, pp. 259-267.

Crossley N. (2002). *Making Sense of Social Movements*. Buckingham, UK: Open University Press.

Foucault M. (1977). *Discipline and Punishment: The Birth of the Prison*. Sheridan A trans. New York: Pantheon.

Lefebvre H (1966). *The Sociology of Marx*. 謝永康、毛林林譯(2013)。《馬克思的社會學》。北京：北京師範大學。

Lefebvre H. (1991). *The Production of Space*. Nicholson-Smith D trans. Oxford: Basil Blackwell.

North D. C. (1990). *Institutions, Institutional Change and Economic Performance*. 劉瑞華譯（1994）。《制度、制度變遷與經濟成就》。台北：時報文化。

Rancière J. (2003). *The Philosopher and His Poor*. Duke University Press

Rancière J. (2004). *The Politics of Aesthetics: The Distribution of the Sensible*. Continuum.

Sayer A. (1984). *Method in Social Science: A Realist Approach*. 許甘霖、萬毓澤、楊友仁 譯（2016）。《社會科學的方法論：批判實在論的取徑》。台北：群學。

Sayer A. (2005). *The Moral Significance of Class*. 陳妙芬、萬毓澤譯（2008）。《階級的道 德意義》。台北：巨流。

Schluchter W. 著，顧忠華、錢永祥譯（2013）。《超釋韋伯百年智慧：理性化、官僚化與責任 倫理》。台北：開學文化。

Soja E. (1996). *The Space: Journeys to Los Angeles and Other Real-and-Imaged Places*. 陸揚等譯（2005）。《第三空間——去往洛杉磯和其他真實和想像地方的旅程》。上海： 上海教育出版社。

Touraine A. (1988). *Return of the Actor: Social Theory in Postindustrial Society*. 舒詩 偉、許甘霖、蔡宜剛譯（2002）。《行動者的歸來》。台北：麥田。

Webber M. 著，錢永祥等譯（1991/2014）。《學術與政治：韋伯選集（I）》。台北：遠流。

Yang, D. Y. R. and Chang, J. C. (2018). *Financializing Space through Transferable Development Rights: Urban Renewal*. Taipei Style. Urban Studies, forthcoming.

中國內地經驗

中國內地經驗

6

作為空間的中國大學：
來自文化研究的「課堂」觀察

文｜羅小茗
　　上海大學文化研究系副研究員

自2003年北京大學以「一流」為口號高調推行教改以來，關於中國大學的批評已連篇累牘。最新一波的批評文章始於2016年教育部撤銷「985」、「211」，改建「雙一流」的新政[1]。只是，由政府主導管理高等教育的基本模式未變，對行政化管理的討伐也就可以永遠彈唱。這類批評背後的一大潛台詞是：如果給大學鬆綁，大學便有能力自治。可倘若以此明確詢問今天的大學中人，又很少有人真正相信。在這裏，人們遭遇了社會批評在當代中國的普遍困境，即當長時間批評一類制度性頑疾，卻又無法推動切實的改進，原有的替代方案也隨着時勢推移失去效力時[2]，如何更加坦誠持續地面對舊疾未去、新病又來，問題焦點不斷變化和彼此疊加的實際狀況？如果社會批評者自身尚且缺乏這一「續航」能力，又如何能夠指望當政官員抵制政績誘惑、避免病急亂投醫的盲目和混亂？

有見及此，本章希望通過對所在高校和系所的教學活動的實際觀察，展開另一條思考大學問題的線索。這一線索，不在於回答政府應該如何管理大學的「難題」，而是希望更有力地提出今天的大學究竟如何自我理解這一問題。大學在既有的社會結構

---

1. 2016年6月，教育部官網在6月宣佈《關於繼續實施「985工程」建設專案的意見》等「985」「211」工程以及重點、優勢學科建設的相關文件失效，中央對新時期高等教育重點建設作出新部署，將「985工程」、「211工程」、「優勢學科創新平台」、「特色重點學科建設」等重點建設專案，統一納入世界一流大學和一流學科建設。

2. 目前，對於時代變遷後大學中人本身的意識、學術共同體的構成，以及由此而來的對大學的理解這一部分的討論相對較少。比較特別的努力來自于項飆（2015）的〈中國社會科學「知青時代」的終結〉，文章認為隨着知青時代的結束，整個學術共同體的氛圍和相關的學術實踐，都有非常大的改變，並直言不諱地指出：「後知青時代，研究操作是高度專業化的；民間半民間的專業知識生產不復存在，學者和政府之間的合作是以強化政府管治為主要目的、以封閉的智庫諮詢、命題作文為主要方式的。」《文化縱橫》，北京：《文化縱橫》雜誌社，12月刊。

裏，創造新的不同空間類型的實際狀況和難度，則是這一自我理解中應該首先被討論的議題。

混亂的「課堂」：大學空間的理解現狀

自晚清以來，中國社會中的現代大學一直是一種特殊的社會空間。這不光是因為大學維繫着現代知識類型的成型與生產，更因為從一開始，它就獲得了一種社會空間上的進步性，負有示範乃至推動其他類型的社會空間改造的功能。在這一意義上說，大學相對「獨立」和「完整」的一個重要條件就是來自它與其他社會空間的這一特別的關聯方式[3]。可以看到，在當前討論大學的諸種話語中，大學的這一示範與推動的空間特性並未被放棄，且是多數立論的出發點。但此類「不放棄」又往往是在不討論迅速變化的社會結構中，大學空間的獨特性或進步性何以維繫的狀況下展開的。這一缺失的背後，實際上是對今天大學空間問題的理解不足。

這裏，不妨先來說說今年我在大學「課堂」上遇到的一件「小事」。

---

3. 在《新帝國主義》中，大衛•哈威將資本在地理空間中的循環運動和剝奪性積累的普遍規律作了極為犀利的描述。倘若將這　對空間和資本關係的論述和對日益市場化的大學教育相關聯，那麼，一個需要進一步思考的問題是，作為社會自我保護運動的一個部分，教育運用與積累時間和空間的模式，是否可以徹底被上述資本的運動和其創造/毀壞空間的模式同化？如果答案並非全然的肯定，那麼大學教育空間實際上是基於哪種原則被堅持或重建？（大衛•哈威（2009）。《新帝國主義》。北京：社會科學文獻出版社。）

2012年以來，針對S大學的本科生，我開設了一門叫做「日常生活中的文化分析」的大類通識課，採取課前閱讀、課堂討論與網絡發言相結合的課堂模式。這一課堂模式基於以下條件逐步形成。其一，每輪選修這門課程的學生人數較多——一個班約100名左右，因此在短短兩課時內，無法保證學生充分參與課堂討論。其二，大類通識課雖然可以聘請助教，但學校提供的聘請條件頗為苛刻——每50名學生方能聘請一名助教，助教費用為200元。沒有教學經驗的研究生，如何組織50名本科生展開有效的網上或網下的討論？任課教師如何與助教保持有效溝通，以便在如此少的助教費用下，使之免於「學術勞工」的心境？這些都是問題。最後，幾年前，S大學購買了網絡課堂（Blackboard），鼓勵教師多多利用，加強師生之間的交流。至此，通過網絡課堂，提供閱讀材料，鼓勵學生在課堂和網上積極發言，彼此交流看法，成為一個相對適合的選擇；線上和線下，無論缺少哪一塊，剩下的那一部分都很難獨立運行，達成教學目標。

在這一課堂模式的背後，是一系列社會狀況變遷導致的大學教育空間重構的問題。首先，在持續了近二十年的大學擴招和教育資源高度集中之後，二三線城市的大學開始出現萎縮，而上海、北京這些城市的學生數量仍穩步增長。在既有的大學空間中，為這些學生提供足夠的可供選擇的課程，控制課堂人數和保證教學質素，這些問題沒有真正解決。其次，社會空間歸根究底是一種社會關係的組織和再生產。大學空間自然也不例外。然而，隨着大學教育的市場化，學生在數量和質素上的改變，知識生產在社會結構中位置的轉移，以及教師的社會處境和自我理解的變更，所有這些都使得原來的師生關係發生了巨大變化。這一關係如何在行政管理和市場邏輯之外，參與、維繫乃至整合教育

空間的問題，變得日益突出。最後，隨着網絡時代到來，大學和中學一樣，越來越「強調」多媒體技術的運用，虛擬課堂、BBS等手段，理所當然地進入課程。然而，在網絡的衝擊下，面對面的大學課堂如何展開教與學？新的技術手段究竟如何運用，方能有利於大學教育空間的重構？這不僅包括什麼樣的課程需要更多地使用Blackboard，也包括在網絡課堂中，如何展開討論才能讓大家彼此傾聽和相互看到，教師如何組織和參與這一形式的討論、並將其與線下的教學空間相結合等一系列問題[4]。顯然，對大學來說，新的教育空間的出現與融合，既意味着對舊有的教學習慣／技能的挑戰，也是重新理解大學教育空間的契機。結果如何，則取決於人們打算如何共同面對這一挑戰。

令人遺憾的是，在大學教育中，這類問題少有被認真的思考和正面的討論[5]。這意味着，僅僅依靠具體而分散的教學過程，師

---

4. 據我粗淺的觀察，在S大學的Blackboard的運用中，數學類或電腦類基礎課程的使用頻率最高，人文類通識課的使用率則普遍較低，以至於「日常生活中的文化分析」的課程名稱在整個排行榜上顯得頗為突兀。

5. 一個頗為滑稽的現象是，當人們忙於議論今天的中國大學之時——無論是為政府出謀劃策，還是作為「反對派」口頭抵抗，其出發點都極為統一。那就是，站在了（未來）管理者或統治者的立場之上，謀篇佈局，卻很少有人願意為作為整體的大學——既包括大學師生，也包括基層行政人員——在當前狀況中自處，推動或提供切實的建議。在我看來，這也是今天中國知識分子感覺結構中非常有趣的一個部分：要麼將自己理解為微不足道的小人物，對整個歷史也好社會也好，毫無力量可言，要麼就一步站在領導者或統治者的角度，提出批評或設想新的治理方案，把「知識就是權力」的意識無限放大。在這一感覺結構中，知識分子無意於尋找自己的立足點，由此形成的大學批評的一整套話語，不過是其中的一個例子罷了。

生之間需要長期的磨合方能推進這些問題^[6]。而這樣的磨合期，又往往是現有的大學課程制度不提供的。一件富有象徵性的「小事」則進一步說明，在今天大學教育的自我理解中，一旦教育空間重構的問題被忽略，或教育空間只是作為物質手段被對待時，教育主管部門頒佈的相關制度和措施也就帶有極大的任意性。

2016年秋季學期伊始，在沒有任何通知的情況下，S大學的Blackboard突然無法登入。這讓站在講台前，向學生介紹課程的我措手不及。台下的學生，有一兩個已經遇到過相同的情況。他們告訴我說，這是因為學校和Blackboard在續約方面出現問題。最初，我對這樣的解釋將信將疑，或者說，我無法相信學校對待網絡教學空間的態度竟會如此「隨意」。等到打電話詢問負責本科教務的行政人員時，才明白這是真的：學校和網絡公司的合同到期，續約不暢，導致Blackboard無法使用。問到何時才能使用、本學期內能否重新開通之類的問題時，答覆是一連串的「不知道」^[7]。寫作此文時，秋季學期已經結束。當我向校方再次詢問冬季學期使用Blackboard的問題時，得到的回覆是：「Blackboard一直有支付問題，因此能不能繼續使用還有待確定，請老師另謀網絡平台和學生交流。」

---

6. 我的課堂經驗正是如此。我會收集學生們在網絡課堂上的發言，當做成簡報向全班同學展示時，他們都表現出濃厚的傾聽興趣。可是，這樣的興趣在網絡課堂的討論中卻很少出現，自顧自地說話、只看自己感興趣的話題而無回覆，以及無法區分在一般BBS上的灌水和在網絡課堂中的發言，是他們的基本狀態。於是，在使用了兩個學年的網絡課堂之後，如何在網絡課堂中展開討論，討論需要遵守哪些基本的規則，成了必須在線下課堂展開和推動的話題。

7. 之後，雖然採取了一些補救措施，比如開通討論郵箱，但想要在短短的十周內，彌補這類課堂空間的突然缺失，形成新的課堂模式，着實困難。

　　這樣的「隨意」，並不意味着當局對高等教學質素不重視。因為就在輕描淡寫地處理網絡課堂的同時，主管部門對看得見摸得着的教學空間的要求和監控，大大加強了。2012年1月，S市教育委員會下達《關於開展市屬本科高校骨幹教師教學激勵計劃試點工作的通知》，特別強調學校應建立並完善大學教師為本科生學習提供輔導的坐班答疑制度和晚自習輔導制度。S大學是執行這一制度的試點學校。這兩項制度，落實在教師的工作表上，成了教師每擔任一門本科生課程，就需要配套提供兩課時的在固定地點的答疑時間；同時，每學年必須安排20次的晚自習，即在指定的晚上，留在辦公室內「守株待兔」[8]。凡是在規定的時間和地點沒有出現的老師，一律視為教學事故予以處罰[9]。

　　顯然，在提高高等教育質素的壓力下，大學正生產出對「教學」五花八門的新認定。其中根本的一條便是不斷增加對時間和空間的管控。這看似無可厚非，學校本就是現代社會中展開規訓與懲罰的樣板間。但此處的問題恰恰在於，當人們以教育之名，重新規定大學的時空、展開分配和治理之時，它的依據是什麼？這些依據呈現出哪種大學教育的自我理解？倘若這些依據，不僅無法推進時代變遷中大學教育所需的自我理解，反而損害之，那麼這些「規定」，又將對大學教育空間造成什麼樣影響？

---

8. 就我所了解的情況來說，基本上沒有本科生會在晚自習的時間段前來，也很少學生會在答疑時間段出現。在答疑和晚自習這兩項制度中，本科生成了老師們集體等待的「果陀」。真正受益的反而是研究生，他們與指導教師見面討論或展開讀書會的時間，因這樣兩個硬性制度而變得日常和固定了。

9. 對今天的教育部門而言，可以用來獎勵和處罰人的手段已經極為有限，唯一的方法就是發錢和扣錢。因此，執行試點的大學，可以從教育部門得到一筆額外的經費，以獎勵完成坐班答疑和晚自習制度的教師。而對那些沒有「出現」的教師所在的系所或學院，則實行連坐式的扣錢懲罰。

就此而言，S大學內網絡課堂的悄然「關閉」和坐班制度的強勢成型，看似偶然，實則表現出大學在理解教育空間時的高度混亂。「規定」和「隨意」，不過是這一混亂的兩幅面孔，並由此形成惡性循環。在當前大學教育的危機中，主管者希望有所作為。實際的做法是花了大量的人力物力，監管實際的空間，由此劃定時間，卻對大學教育應該思考和規範，使之有利於有組織的知識生產的虛擬空間的分配和使用問題，放任自流。在嚴格的明顯脫離實際的監管之下，對待大學教育的態度日益消極，成為大多數教師的集體無意識。這使得他們一旦離開了被強行規定的時間和空間，既不會主動建設大學教育空間，更遑論為自己所隸屬的大學共同體思考新的教育空間如何整合的問題。而此種消極所導致的教育水平下降，反過來又讓行政部門的監管，顯得並不那麼無理。至此，當大學教育的空間形式相對穩定，且被國家大包大攬之後，對這一問題失去感受能力，進而喪失自我理解能力，是今天中國大學的一般狀態。目前大學空間的混亂狀況，不過是大學失去自我理解能力和行政部門強勢管理之間相互作用，彼此拉低的結果。

想要打破上述的惡性循環，首先需要澄清的，是隱含在混亂中，由管理者和大學教師們共用的對於大學空間的定見。

其中的第一條，就把大學視為由實際的地點、圍牆、大樓和課程、考試等一系列組織或管理手段所構成的固有空間。因此，對大學的管理者而言，無法向學生提供教室是教學事故，而網絡課堂的「失蹤」，則不在此列。值得指出的是，在這裏，網絡空間不過是其他空間類型對於大學教育空間展開衝擊的一個最為明顯的例子。如果留心一下大學校園裏的海報展板、宣講招聘資訊的話，便會發現，以消費和商業的方式組織起來的其他社會空間，同樣大規模地滲透在大學的圍牆之內。所有這些，實際上都

在迫問一個問題：今天大學教育空間，其組織的特殊性，究竟體現在哪裏？對整個社會而言，除了是由國家賦予的頒發文憑證書的特權外，它對於社會知識的生產，對既有的社會關係的生產和規範，以及把握社會整體的雄心，和其他類型的空間相比，究竟有何進步之處？如果不能回答這個問題，便等於自動放棄了大學對於知識生產及其背後的空間生產的規範能力。而這正是讓大學區別於其他、獨立自主起來的基本依據。

其次，這一定延伸出另一種無意識，廣泛地見於樂意對大學展開批評的人士身上，包括我自己。那就是，大學空間的建設、整合和理解，是掌握着權力的主管部門的事務，是他們需要展開整體籌謀思慮之事。普通師生只管使用和批評，不問其他，更談不上對這一空間的所有權和建設權。這一意識，實際上使得大學空間徹底淪為有待治理的對象。在這樣的空間中工作與生活，自然也就很容易催生出一種被治理者的心態，並形成對既有的大學空間內的權力關係的基本想像。在這一想像裏，對方的大權在握和自己的毫無權力，形成鮮明的對比，構成此後判斷和行動的「現實」前提。

最後，這也就形成了在大學內部發起抵抗時的慣性模式，一種可笑的局面由此出現。批評者往往要求政府當局或市場應該對大學拿出有不同的治理邏輯，卻對自己如何發現乃至堅持教育自身邏輯的責任，輕輕放過。正是在這一慣性中，大學教育空間的特殊性，在「抵抗」或「批評」名義下被徹底放棄。

如果説，在形成之初，大學的雄心在於通過有組織的知識活動對社會展開整體把握，形成不同的空間理解和組織方式的話，那麼如何通過教育空間的整合和革新，維持這一整體把握的能力和體現在空間構成上的特殊性，便是大學自我理解時始終需要面

對的任務。在此，教育者面對的問題不是取捨既有的社會空間，而是對這些空間展開判斷和規範，形成不同的空間組織樣式，並由此獲取教育所特有的獨立和進步的價值。

至此，大學教育空間並非天然正當和可供依賴的對象，相反，它需要時時核對總和更新。而今天展開大學批評的任務，除卻對行政當局不知疲倦的「批判」之外，更應該思考的是：如果說，建設新的大學教育空間是一種必須，那麼，在上述現實條件中，參與在這一大學空間中的人們的實際能力如何？是什麼的現實條件和認識方式限制了人們參與的能力？哪些思想和行動上的慣性，構成了今天大學展開空間更新和自我理解時的無形障礙？

新教育空間的可能性：空間慣性中的網站和月會

回到我在S大學遇到的這件「小事」上來。當行政人員要求我「另謀網絡平台和學生交流」的時候，我的第一個反應是窘迫。一是因為實際問題：一旦離開由體制保障的網絡空間，倉促之間如何找到適合和一百多名學生展開討論的虛擬場所？另一是作為大學中人，且自認為關注教育議題，對於主管部門的這種「隨意」並非第一天知道，卻依舊毫無防備。在這一毫無防備的背後，反映了對當前這套體制和既有空間的高度依賴。然而，更令人窘迫的是，這樣的準備，或者說，企圖創造大學內部不同的教育空間的努力，對文化研究並不陌生，卻往往不成功。這說明想要打破定見的宰制，對大學空間進行不同方向的建設，僅是意識到上述定見是不夠的，還需要回答更進一步的問題，從而理解為何對既有的大學空間的批評，總是無法轉化為建設新型空間的努力。

　　用王曉明老師在《文化研究的三道難題》中的話說，S大學的文化研究系是在充分意識到文化研究進入體制後可能逐漸喪失批判和社會實踐的活力的情況下，「硬着頭皮擠入現行大學體制的」，並從開始就企圖通過一系列教學制度上的安排，開拓一個文化研究的獨立空間[10]。轉眼間，七八年過去了，這一獨立空間的建設情況如何呢？在這裏，僅以網站和月會的狀況為例，展開初步的討論。

　　從2003年成立至今，當代文化研究網已有十多年的歷史。最初的網站，由首頁、熱風論壇和課程討論區等多個部分構成，鼓勵對文化研究有興趣的師生共同參與。此後，網站經歷了多次改版。2012年，參與網站更新作為研究生實踐課的內容列入培養方案，予以評價和考核。這一改動基於以下兩個原因。第一，之前學生參與網站的方式，以自願為主。一旦確定參加之後，便會參與網站工作的規則制定、工作討論和內容更新。由此反覆出現的問題便是，每次開完工作會議，人人熱情高漲，信心滿滿，內容更新也比較積極及時。可是過了一段時間後，熱情和積極性隨之消退，原有的工作制度便開始形同虛設。由於是自願參加，對這樣的行為缺乏問責機制，往往不了了之。一般的補救方法是再次開會或更換一批學生。雖然是這樣，網站還是做了不少工作，但如何形成有效的運作機制，既保證網站的持續更新，又可以讓學生在「做」的過程中加深對文化研究的理解，這一問題一直沒有解決。將其納入課程內容，便是一次新的嘗試。第二，2012年文化研究系成立獨立的學科點，正式招收名正言順屬於「文化研

10. 王曉明（2012）。〈文化研究的三道難題〉，《近視與遠望》。上海：復旦大學出版社。

究」的研究生。如何將文化研究的理論學習和社會實踐相結合，不流於專業化和學科化，是文化研究系在開設課程時面對的一大問題。受到台灣世新大學社會發展研究所實踐課程的啟發，文化研究系也希望可以開設這類課程，以便在制度上確認文化研究對社會實踐和理論學習之間關係的基本看法。比較其他仍然有待開拓的平台[11]，當代文化研究網是相對成熟的媒體實踐平台。至此，當代文化研究網正式成為文化研究教與學的體制性空間的一部分[12]。

可惜，這一嘗試的結果不盡如人意。課程化的評價和考核沒有解決學生參與熱情及其持續性的問題。雖然對定期更新文章、撰寫快評、組織圓桌等的要求一再降低，但一個奇怪的現象是，無論如何降低要求，這些預定的課程任務總是無法完成。2015年，以當代文化研究網為主，其他實踐活動為輔的實踐課程，在一年級碩士的培養計劃中被取消；2016年，整個實踐課程取消。

另一項教學制度——文化研究系的月會，同樣在2012年開始運作，目的是為全系師生在課程規定之外，提供一個定期的思想交流平台。月會分為三個部分：第一部分是邀請本系師生或其他青年學者，環繞自己關心的議題發言。第二部分主要由學生提出一個熱點問題供大家討論。第三部分則是漫談，主要用於交流資訊。最初的模式由系內老師負責組織，一月一次，但越是到後來越無法定期進行。常見的理由是湊不齊時間。由於月會不是體

---

11. 在中國內地的語境中，文化研究基本上仍是學科體制的產物，其在學術思想上的傳播和其與社會實踐活動的互動關係，並沒有同步發生。彼時，對文化研究系而言，文化研究實踐課的其他兩個部分內容，即「我們的城市」市民論壇和工人文化共建，都剛剛起步。

12. 在此之前，網站雖然同樣具有這一功能，但並未被制度化。

制內非開不可的會，於是就很容易讓路給其他事務。從2015年開始，停辦月會的提議一再出現。2016年10月，月會保留原有模式，但交由學生組織。

不難發現，網站也好，月會也好，最初的設想都很理想，目標也頗為明確，就是本着對文化研究的理解，藉由體制的力量——這是一個系所——創造不同的教育空間。但實際上，在現有的體制內，僅有這類籠統的意識是不夠的。一旦實際操作起來，便會面臨一系列無法用抽象的理想來打發的身心混亂。

第一個問題是，在網站或月會這樣的企圖創造不同類型的教育空間的設置中，師生應該抱有哪種對制度的理解？這個問題，對教師或學生而言的意義也許不同，但其在理解「制度」時的障礙卻頗有雷同之處。長久以來，在慣於被（學校/政府）治理的狀態中，中國人對於制度的反感近乎成為一種本能。這一本能是一種一經出現便和社會生活中已經積累起來的其他不滿迅速串聯結盟，並形成不斷自我合理化的情緒。它往往既不屑於辨識其針對的是什麼制度，也無限延宕這樣的反應有何實際意義的問題；只要一產生反感，便在制度之外尋找取巧的捷徑，或想方設法破壞制度的約束力。即便在歡迎和接受文化研究思路的人之間，仍然很有一部分這樣的本能。

從理性角度來看，這樣的本能自然極為幼稚。但在現實中，如何化解此類自以為是的「微觀抵抗」，是日常教學中必須面對的一大問題。比如，對學生來說，無論是網站要求的上傳文章、撰寫快評或組織圓桌，還是月會要求的學術發言、話題討論，是不同難度的學習任務；如果缺乏學習主動性，往往無法完成。但學習的主動性，就目前的教育制度和社會狀況而言，卻是有待挖掘的東西。它的構成成分，除卻對知識的好奇，對現實的熱

情，還有很大一部分是既有的教育空間所導致的學習和生活的巨大慣性。此時，如果沒有嚴格的教導和監督，沒有制度上的強制性，主動性即便出現，也很難長久維持。然而，在上述反感的本能中，任何強制性往往被不假思索地理解為「壓迫」，哪怕只是迫使人改變原來更「舒服自在」的狀態。而關於個人自由和興趣、權力關係之類的說辭，便在這樣的時刻噴湧而出。更值得注意的是，這樣的理解不僅在學生中存在，在教師中也有同樣情況。後者往往表現為，不敢或不願用制度嚴格要求學生，認為那樣做有「壓迫」的嫌疑。如此一來二去，理念再好的制度也就變得形同虛設。

其二，與這種情緒性反感相伴隨的另一種混亂，是信心的缺乏，以及由此而來的「及時兌現」的訴求。人們一方面極度需要由新事物來支援的信心，以抵抗對現實的不滿，但另一方面，在給予新事物生長時間和空間條件時，又表現得極為吝嗇。其中的邏輯往往是：既然新的教育空間是有意義的，那麼最好立即證明，如果不能立竿見影地證明，那怎麼能夠叫人相信呢？在這種邏輯的支配下，新的教學制度和組織方式會遇到各種看似「有理」的問題。比如，月會主講者的內容太過無聊或不夠深刻，是不是在浪費大家的時間呢？網站文章的瀏覽量那麼低，更新有意義嗎？快評寫了沒人看，有什麼意思呢？學生花時間做了大量瑣碎的「實踐」，真的有意義嗎？大家已經很忙了，新的制度把大家搞得更忙，忙到無法做「我」更想做的事，這有意義嗎？如果上面這些問題的答案都是否定，那麼，這個制度究竟有什麼繼續存在的必要呢？

對想要在嚴酷的環境中確立自身的另類教育空間而言，這些問題往往似是而非。這不僅是因為教育從本質上說，仍然是到目

前為止，所有人類活動中最需要時間、無法通過任何技術手段加速的積累運動；更因為上述質疑者往往有意無意地要求教育和資本一樣，通過一家獨大式的運作模式「及時兌現」，獲得迅速的成功。然而，這些噪音般的提問，不斷發起對新空間的質問。動輒推倒重來，成了信心匱乏者們逃避現實的武器。

最後，不同的批判立場、思想傾向和解決思路，在這一新的教育空間的建設中，應該如何共處？這一問題，顯然具有文化研究的特殊性質。文化研究將自己理解為是一種必須介入現實和改變現實的力量。當人們對現實的判斷有所不同時，思想傾向、主義或所謂「路線」取捨的問題便會出現[13]。當這一取捨和教育空間的建設相關聯時，問題也就變得格外具體：這一空間的包容性和臨界點究竟如何確定？在這一新的教育空間裏，包容和排斥的依據是什麼？在這裏，韋伯關於「價值中立」的論述，雖不一定適用，但恐怕還是存在着兩種不同的對待教育空間的方式。它們的分歧之處並不在於如何判斷現實，而是對教育空間的不同理解。換言之，在緊迫的現實中，哪種新的教育空間是文化研究應該追求的，什麼是這一類空間得以自立的理據？倘若對這一點沒有正面的交鋒，那麼，僅有的「避免體制化」或「堅持跨學科」

---

13. 此處，繼續引用王曉明老師在《文化研究的三道難題》（2012）對中國內地文化研究從何着手介入現實這一問題的基本概括是：「目前，文化研究圈內的回答大致是兩個：一個認為，主要的動力來自城市裏的中等收入的階層（而非『中產階級』），這個階層成分複雜……有相當一部分人，明白自己的真實社會地位，亦有一定的文化和經濟資本，因此，他們既有變革的願望，也有變革的能量。……另一個回答則認為，良性變革的震中的動力，還是來自城鄉的底層民眾，主要是城市低收入階層、農民工和留在鄉村的尚未賦予的農民，因為他們承受了最大的壓迫，而按照毛澤東式的思路：哪裏壓迫最大，哪裏反抗就最大。」這是他在2009年做的概括。今天中國社會的狀況已經有相當大的改變，文化研究內部的思路也所變化，但大體而言，仍不脱這兩個大類。

之類的論述，並不足以支撐起文化研究想要在體制內生存且創造新的教育空間時所必須的基本共識。

新的教育空間為何是必須的？獎學金後續

至此，在現有的大學體制內革新和創造新空間的難度，不光來自霸道得近乎「無厘頭」的行政權力，也不直接來自企圖夷平一切的資本之力。更直接的來源恐怕是在行政和資本的長期治理之下，內化了種種既有的空間慣性而不自覺的大學中人。一旦在這一空間慣性中，將空間的創造、養成和維護，視為體制的責任，與自己無關，或對上述問題持一個「知道分子」的態度，卻不願意時時準備，為新的空間持續努力，那麼最終受到損害的，自然也是這同一個群體。

在〈通向未來的船票：作為通識教育的文化研究〉中，我記錄了2014年開始的中國大學研究生收費和學業獎學金制度，以及文化研究系的師生對於這一制度的思考和討論：

> 對文化研究系的師生而言，學業獎學金的評定問題變得格外現實……在此過程中，文化研究系的師生還是不可避免地要「分錢」，但區別於教育部的「以利誘之」，學生在思考和探索新的分配方案時，從來不是立足於一個糟糕的功利化的現在，而是從他們所相信的更美好的未來出發，來設想今天對金錢的支配，或如何運用經濟的力量，建立起不美好的現實和更美好公正的未來之間的實際聯繫。而所有這些，正是當「學業獎學金」試圖將人直接碾壓為彼此競爭或無差別的個人時，文化研究的教與學所產生的現實。[14]

---

14. 羅小茗（2015）。〈通向未來的船票：作為通識教育的文化研究〉，《末日船票：日常生活中的文化分析》。上海：上海人民出版社。16頁。

現在看來，這樣的記錄仍是太過樂觀了。在中國大學教育的體制中，從「說出真理」到「運用真理，有所作為」的距離，比原本以為的更加大。想要建設新的教育空間的人們，倘若不能正視這個距離，過於樂觀，進而喪失對情況的基本判斷，那失敗也不不為怪。

就拿當年這一輪學業獎學金的內部討論來說，參與者對於這一資本化制度的批評，可說頗為一致，由此感到的憤慨也極為真實。這些自然可以視為學習了文化研究的結果。但當討論推進到需要構想和協商一個切實方案來推行的階段，和網站及月會相類似的結構性問題便開始出現。簡言之，就是一旦需要通過內部討論，確立一個制度，每個成員應該如何看待這項制度對自己的強制性？他們是否有信心堅持從更長遠的創造共同體或形成新空間的角度，非臨時性效用的角度理解制度的確立？如何理解在這一狀況中，教師和學生各自擁有的權利和必須履行的義務？不同的思想立場，如何在這一類事件中彼此協作，共同推動制度的形成？

在後續的討論中，這些問題並未得到討論和澄清的機會。在此情況下，學生提出教師應該退出具體方案的討論，理由是教師參與是一種壓力和權力關係的表現，應該由學生自己來組織後續討論。同樣的，教師在明確提出和推動上述問題的討論之前，全盤接受了學生的意見。最後，教師的退出，在某種意義上也就意味着討論的悄然中止。雖然有零星的學生要求進一步討論，但回應者寥寥，以至於此事最終不了了之。

事後回顧，可以相對清晰地看到，如果無法就上述問題在文化研究系內部形成基本共識，那麼僅僅是針對獎學金一事，以事論事的知識的批判或情感的累積，無法提供讓人擺脫既有的空間慣性，投身於新制度建設的足夠動能。同樣應該看到的是，上述

共識不是事情突發時可以倉促成形的判斷。它們實際上是文化研究這個空間內發生的各類事件和教學過程中時刻積累的產物。這意味着，對文化研究來說，半日裏如果對以網站、月會為代表在新空間創造過程出現的混亂不清，不做及時的澄清和爭論，那麼一個必然的後果便是一旦需要面對這樣的事件，展開集體行動時，文化研究的共識永遠不足。或者說，文化研究既有的共識，實際上無法在體制內為一個需要行動的集體事件，提供足夠的討論和施行的空間。

2016年是國家收取研究生學費的第三年，也是學業獎學金發放的第三年。這一年，S大學的研究生們突然發現，三六九等的獎學金數額大大減少了。即便是拔得頭籌，拿到的獎金也要比他們每年付出的學費少上數千元。如果說以往的發佈，是小部分人盈利，大部分人收支平衡，小部分人虧本的話，那麼這一次，所有S大學的研究生，尤其是文科生，恐怕就沒有所謂的「受益者」。於是，照例是學生不滿抗議，學院安撫協調。這樣的「抵抗」不負有創造新的空間的意識，更多的是發洩因自己利益受損而來的激烈情緒。但也是這樣的「抵抗」及其後續效果，讓人更加意識到，在一個高度治理化的社會中，倘若不能建立一個能夠長久與之相區別的空間，確立不同的空間組織邏輯，那麼想要避免治理者的「規定」和「隨意」，或者想要對這些時時都可能發生的「規定」和「隨意」做出有意義和有力量的反應，便是不可能完成的任務。

在這裏，有必要回顧一下涂爾幹討論巴黎大學時講的小故事：由於與教皇之間的權力紛爭，法國皇帝威脅要關閉巴黎大學，誰知巴黎大學的師生們卻毫不畏懼，表示隨時可以離開巴黎，到其他地方重建大學。最終，法國皇帝威脅未遂，只能低頭

認輸，巴黎大學也就繼續留在巴黎。對此，涂爾幹評論道：「當時的確有些具體情勢，讓貧困賦予這些群體以力量，讓他們可以四處流動，增強了他們的抵抗能力。」[15]在涂爾幹看來，正是巴黎大學師生們的兩手空空，讓他們具有了一種抵抗力。把這個小故事放到今天來看，讓一個大學離開了固有的空間依舊能夠重組的，恐怕並非他們的赤貧，而是在赤貧之外，他們對於自己所擁有的教育空間、這一空間特有的知識生產能力，以及願意為這一空間重建所投入的勞動能力的高度自信與自覺。沒有這樣的自信和自覺，赤貧便只會讓人向權力和資本頻頻折腰。而這正是今天的大學變得屢弱無力，讓大學內的所有勞動集體貶值的原因所在。

---

15. 【法】涂爾幹Durkheim, E.（2003）。《教育思想的演進》。上海：上海人民出版社。125頁。

7

十年從教記

文｜黃燈
　　廣東金融學院財經傳媒系教授

引言

筆者自2005年中山大學中文系博士畢業後，進入廣州　所以金融專業為主的二本院校工作。在十年從教經驗中，通過與學生課堂、課後，在校、畢業的交往，切身感受到了教育和青年關係、教育理念和青年命運，以及教育主體的身份認同危機，可用於與國際文化教育理論作建構性的對話。具體說來，本章主要討論如下問題：其一，學生階層分化在入學前早已完成，在工具理性（參考法蘭克福學派對此的批判，例如Adorno & Horkheimer 1979, 1947 和 Marcus 1998）的強力滲透下，一套與成功學合謀的觀念成為高校的主流價值觀，在原子化、碎片化的具體語境中，個體與時代的關係被輕易移到個體的機遇、命運和努力程度上，個體層面學生與命運的抗爭，和整體層面學生無法與命運抗爭，兩者構成了觸目驚心的對比。其二，教育主體被邊緣化的後果對底層家庭的孩子帶來直接影響，一方面，他們無法像90年代前期，通過高等教育改變階層命運，另一方面，面臨劣質化的教育質素，也難以獲得個體能力的真正提升，某種程度上，教育對他們而言，已被還原為經濟行為和資源流通的環節。其三，面對「就業壓倒一切」語境，在教學資源有限的情況下，通過通識類課程，讓學生接受到更好的人文教育，幫助他們建構更豐富的價值認知，並盡力打開理解世界的通道，成為我通過《大學語文》的教學實踐，探討另一種教育目標能否達成的嘗試。

2006年，在原有文秘教研室基礎上，學校以中文為基礎，成立財經傳媒系。對二本高校而言，在大眾化教育理念下，功利化的氛圍和目標牽引，使其徹底臣服於市場邏輯，根本不會兼顧教育本身在培養獨立、完善之人目標上的能動性，以致在具體教學

過程中，總是面對來自學生、學校、課程設置、專業設置、人才培養方案等層面的質疑、調整，甚至干擾。這種淪為流水線上的教育過程（參考批判教育學對此的批判，如Freire 1979），事實上遮蔽了另一層更深的關係，即高等教育和中國青年的命運。作為置身其中的教學主體，我一直迷惑，教育目標的短視化和青年命運的長遠性到底呈現出一種怎樣的關係？在困惑中，我又有怎樣的發揮主觀能動性的空間？本章通過十年從教的經驗敍述，以此進入對中國二本高校現狀的思考和反省，並在此基礎上，初步勾勒中國青年命運和高等教育及教師的關係。

青年階層分化與教育的關聯

　　我任職的高校因為是一所財經類的普通院校，其專業設置體現了鮮明的應用特色，主要包括金融、會計、經濟貿易、互聯網金融、保險、勞動經濟、工商管理、信用管理、數學等專業。因為側重財經類專業，學校整體氛圍活潑、功利，學生不重理論，重視應用型和實操性，就業70%落實到廣東省各類銀行，學生對自我期許更多落實到就業上，人文氛圍稀薄。和內地二本院校濃厚考研氛圍比較起來，只有10%學生選擇考研，學生考證意識強（幾乎人手一本會計證），至少70%學生做校外兼職，有較強融入社會的能力。

　　也正因為其應用型高校的定位，學生從一入學就能感受到領導、老師、學生幹部及各類社團傳遞出來的「就業焦慮症」，「就業」成為壓倒一切工作的重中之重，一切工作理所當然圍著就業指揮棒走，在此語境下，學生自然而然接受學校傳遞的「就

業即一切」的理念，並在課程設置、校園活動、學習內容上，都體現對「用」的追求（有關實用主義的批判，可參考Hui & Chan 2006）。加上學校經費主要來源於招生，每年招收的新生維持在5,000人左右，在有限的教學資源內，大班教學成為常態，我每次上課，看到黑壓壓的人群（一個班50人，上課一般是兩個班合併，大約100人），就感覺要深入討論問題幾乎不可能，甚至要將班上的學生記住都不可能。十年來，大部分孩子都如一個模糊的影子從我眼前閃過，相比教過的數千學生，留下印象的並不是太多。這種情況下，如何兼顧教學效果和學生規模，成為我最頭疼的問題。而事實上，這些面孔模糊的孩子，基礎大都不錯，很多甚至來自各城市、各地區的重點高中，加上財經類高校在經濟發達地區是熱門，其分數線相比同類的二本院校，往往也要高出一截，這奠定學校較好的生源。事實上，我發現，對更多孩子而言，他們的人生履歷，基本上遵循「不能輸在起跑線上，因而必須上培優班應試，以增強競爭力」的邏輯，人生歷程在「小升初——初升高——高升大學——大學為了就業——是否就業體現在所找的第一份工作（只有第一份工作才能進入就業統計數據）」中完成，換言之，對大部分孩子而言，他們來到大學之前的生活，可以用一句話概括：不能輸在起跑線的所有付出，只是為了找到一個滿足統計就業率的數據。這一事實極容易以就業率和高等教育之間的簡單關聯，掩蓋比就業率更重要的另一個因素——就業質素，在「就業」目標訴求下，學生強化了其作為人力資源、人力資本的物的屬性，而忽視了其個體成長的精神性需求。換言之，在就業引導高校的辦學理念下，整體數據所顯示的合理性，非常容易遮蔽個體命運與教育之間的真實關聯。而事實上，通過十年觀察，我發現就業質素和受教本身並沒有必然因果關係，決

定就業質素的不是教育本身，而是其他來自身份屬性的差異（有關身份屬性差異的理論反思，可參考 Hall & du Gay 1996）。

2006年，我當上系裏第一屆中文062111班的班主任，學生報到那天，我留意到不同家庭背景的孩子，上學的方式完全不同，印象深刻的有幾種：

1. 一個女生的爸爸向我反映，說視察了學生宿舍的情況，沒有空調，感覺條件太差，問能否到校外給孩子租房住，她的妻子，打扮時尚，站在一旁流淚，一則捨不得孩子，二則認為孩子的學校生活太吃苦。

2. 一個孩子沒有父母陪伴，只有一個比他大幾歲的哥哥，因為兩兄弟長得太像，外人一眼就能看出，哥哥看起來教育水平不是很高，但明顯有在廣州生活的經驗，處理事務熟門熟路。

3. 還有一家，不但父母來了，爺爺奶奶也來了，奶奶拄着拐杖，看起來有八十多歲，一臉幸福，感覺孫子能考上大學，是一件讓人特別自豪的事情。

4. 最常見的，孩子在一看就知道是農民的父母陪伴下來上學，爸爸陪孩子辦各種手續，媽媽怯生生地躲在樹蔭下守着行李，而新入學的大學生則看起來一臉懵懂，但又對新生活明顯充滿嚮往。

開學後，我特意到宿舍去了解情況，第一個女孩家境很富裕，父親是汕頭一家公司的老闆，媽媽比爸爸年輕很多，女孩倒是很快便適應了集體生活，與同學相處也融洽愉快；第二家的男孩，父親已經去世，媽媽在農村，家裏情況不是很好，但男孩性

格開朗，長相也很英俊，不自卑，生活讓他學會抓住一切機會以爭取利益，後來還在班級競選中當上班長。有一次我沒帶飯卡，他看到我，便說請我吃飯，直接帶我到食堂底層，讓打飯的師傅給我打了一份飯，根本就沒有收錢，原來打飯的師傅是他鄉里。這個男孩適應能力強，不講規則，也沒有什麼道德感。第三個孩子則來自惠州一個教師家庭，父母看起來教養不錯，得知我是班主任，立即邀請我去惠州玩，孩子入學後，各方面都非常符合好學生的標準，專業功底也不錯。更多的孩子則悄無聲息，在班上默默無聞，也不願和老師多溝通，到畢業時，印象都不是很深刻，女生尤其如此。事實上，對二本院校而言，可以說，學生的階層分化在入學前就已經完成，教育的實際功效，其邊際效應早已遞減。以上面提到的四類孩子為例，除了第二類依靠個人的能力和對社會的適應，貌似在現實中能找到一個立足之地，但因為出身卑微所致對社會無條件地迎合，實際上，在他從事的金融行業，本身就給他的前途留下了巨大隱患。第一類孩子的父母早就替子女安排好了出路，孩子唸書的唯一目標，就是能順利拿到畢業證，拿到進入社會的入場券；第三類孩子也在父母打點下，一畢業就回老家考了公務員，父母早已買好房子，生活基本無憂。只有第四類孩子，恰如他們在校的沉默一樣，畢業以後，在茫茫人海中依然悄無聲息，在各類被敘述為個體命運的話語中，獨自承受生活的考驗，命運並沒有因為他們在艱難中，接受了高等教育就獲得明顯改觀。

多年來，這些孩子龐大的隊伍，愈來愈成為我心中隱匿的另外群體。對這群孩子而言，他們的就業同樣進入了學校統計的就業數據，但這一份根基不牢的職業，並未給其人生錨定牢固的發展椿基，畢業很久依然處於漂泊和動盪不安的階段，是他們真實的生存情況。

　　和我聯繫時間最長的，是2005年我剛任教的一個女生。她性格內向，不愛多言，原本考到了外省的一個學校，因為無法適應外地生活，選擇回家重讀，重新考到了我們學校，而兩個學校的層次沒有太大差別。她熱愛文學，心思敏感、細膩，性格倔強，也頗有才華，但家境不好，畢業以後，始終在各類公司輾轉，最後一次，因為不答應公司領導的非分要求，憤然辭職。從她的信中，我總能得到她的資訊，她也會告訴我班上其他學生的資訊：

　　　　還有，老師，小玲，不知道你還記得她嗎？她在銀行做文員的，今年4月份結婚了，她的BB預產期在10月份，她是我們班上第一個當媽媽的人，很幸福。還有，班長阿丹聽班上的一個同學說她今年10月份結婚，也是挺值得讓人高興的事情。不過，有一件不好的事情是，文秘一班的霞琪同學被人騙去做傳銷了，原本我也有和她聯繫的，她原本也想騙我去做，但後來她做傳銷的事情在系群裏公開了，我和其他同學勸她回頭，但她不接受我們的勸告，實在沒辦法之下，我放棄了和她做朋友。最近，找工作找得很累，才發現，原來「安穩」對於一個女孩子來說有多重要，剛畢業還很有拼勁地想着出人頭地，現在只想找一份一個月有四五天假放，有點收入有點時間的工作，還想找個男朋友拍拍拖就這樣結婚生孩子，平凡地生活下去。（2009年8月11日）

找工作始終沒有進展，半個月後，她告訴我：

　　　　但，現在我真的很迷茫，感到很無助。快三個月過去了，還沒找到合適的工作。每天上網投簡歷，去面試，失望，身心疲憊。晚上睡不着，害怕明天睜開眼睛又是一天，日子過得惶恐惶恐。有時實在太壓抑，半夜睜開眼睛大哭，這種景況實在是讓人撕心裂肺。有時候，會悲觀地感覺自己的人生已經走到盡頭，反觀別人的日子都是過得那麼好，心裏也很酸，怎麼自己就不能像別人那樣過得好好的，非得要像現在這樣落魄？

　　在失戀、失業的打擊下，她像突然消失一樣，直到今年，我才知道，她已經得了抑鬱症，已經到了需要藥物才能維持下去的程度。

　　還有一個孩子，2010級的甘肅女孩，那一年我在肇慶校區上課，晚上要在那兒過一夜，她總是跑過來和我聊天，彷彿有滿肚子的話說不完，她告訴我家裏非常窮，讀書特別辛苦，能夠考到廣州很不容易，也正因為高中太累，她現在犯有頭痛的毛病，家裏對她寄寓了太大希望，她總是感覺自己做得不夠好，為此經常自責不已。臨近畢業，她跑過來告訴我，不知該找什麼工作，已經在廣州呆習慣了，不想回到家鄉，但呆在廣州，前景根本無法想像，我叫她和我始終保持聯繫，但畢業後，我再也沒聽到她任何消息。她最後一次來我辦公室時，非要拿兩個家裏種的蘋果給我，怎麼推辭都沒用。

　　還有一個是現在還在學校的女孩，一次上討論課，主題是蕭紅與電影《黃金時代》。同學們輪着發言時，她在觀望中終於大膽走上了講台，非常平實的模樣，紮着馬尾，架一副眼鏡，樣子不時髦，帶着農村孩子的淳樸氣質。她很認真地說了一句：「反正我感謝這個時代，讓我能夠進入大學讀書。」在隨後的講述中，她講起自小口吃，持續了十幾年，遭受了很多忽視和歧視，經過痛苦的磨練，終於能夠將話講清，終於能夠像今天這樣，站在講台，面對這麼多人。她還講起一進大學自己就開始在外面打工，完全不依賴家裏的供養，她知道父母在農村的難處。我聽到她說：「反正我感謝這個時代」時，內心感觸特別深，當時我的眼淚就出來了，我不是為她的自信而感動（事實上，她的表現也並不是特別自信），而是為她的真誠而感動，為她願意在課堂上，當着上百個孩子的面，當着老師的面，講出自己真實的內心而感動。對她而言，感謝這個時代，也許指的是，一個有缺陷的

個體通過努力，居然能夠考上大學，居然能夠獲得上大學的機會，她沒有將這種改變歸結到個人努力，而是歸結於時代提供的機遇。我注意到當時課堂下面很多女孩子的眼睛都紅了，課堂寂靜無聲，大家都在認真傾聽這個貌不驚人的女生，用最淳樸的感情講自己的故事。一個通過蕭紅，關於時代和個體命運的課堂討論，卻引發這個女孩袒露內心的願望，這完全超出了我的意料之外。她小小的身軀，倔強的心靈讓我感到心疼，我總隱隱約約感覺她本身的樂觀裏隱藏了某種危機。一年以後，我觀察到這個女孩愈來愈沉默，臉上再也看不到課堂上曾經出現的笑容，也不愛和人説話，甚至連同一宿舍的人都不怎麼交往，我有幾次課後找她交流，她都默默無語，不願多言。更令我驚訝的是，難度不大的文學史期末考試，竟然只得了十幾分，幾乎是我任教以來的最低分數。我隱隱的不安終於變為現實，這種底層家庭出生的孩子，一旦從考取大學的喜悦中醒悟過來，回到真實的現實世界，無法正視自己的真實境況，往往成為她們成長過程中，心裏調試最難過的一個環節。

但現實中，另一套與成功學密切相關的價值觀卻非常盛行，它鼓吹個人努力，鼓吹個人機遇和運氣，將孩子的未來和個體偶然的命運相結合，故意遮蔽其和現實、時代之間的深刻關聯。在具體語境中，將個體與社會的尖鋭對抗，輕易轉移到個體是否努力的層面，從而使得底層孩子的思維和視野，常常局限於對家庭和個人先天條件的不滿（可參閱國際學界對此的討論，例如Brown 2003）。朋友圈中，學生家境千差萬別，有些孩子炫耀的內容是媽媽6,000元一件的衣服，是和妹妹在深圳海邊別墅群環境優雅的房間中，制定出國旅遊計劃的休閒。而另外的孩子，卻在街上發送傳單，家裏一年的收入，可能都不夠其他同學媽媽買一條夏天的裙子。不得不承認，社會的分化和分層早已在學生

入學之前就已完成，他們儘管能在同一物理空間、時間相處，甚至還能發展出同學之誼，但一到畢業時，面臨真實社會的底片曝光，他們背後的家庭所顯示的差異，早已決定了各自一清二楚的結局。

需要探討的是，在撕裂的社會語境中，教育在彌合兩者之間到底該有什麼作為？青年人的命運是否該任由原生家庭所處的階層位置，以及並不完善的市場主宰？除了塑造一個就業的人，塑造一個內心植入堅定價值觀的人，同樣是高等教育應該承擔的基本任務。說到底，教育的問題和任何時代的基本命題一樣，面臨的核心是青年問題。但事實是，在工具理性的強力滲透下，一套與成功學合謀的觀念成為高校的主流價值觀，在原子化、碎片化的具體語境中（參考Arendt 1976, part 3），個體與時代的關係被輕易轉移到了個體的機遇、命運和努力程度上，個體層面學生與命運的抗爭，和整體層面學生無法與命運抗爭，兩者構成了觸目驚心的對比，我學生的命運和分層，就是對此的鮮活注解。

教育主體的隱匿

既然二本高校工作的中心來源對「就業」指標的確認，那同時就意味着高校在價值觀層面，放棄了對青年人精神空間營構的主觀能動性。為了就業[1]，很多學校的其他活動都無條件讓步，國內有些偏遠地區的高校甚至以考研為特色，日常教學全部

---

1. 2014年12月，「熱風學術第二屆青年論壇」上，我甚至聽戴錦華老師提到，連北大都關注就業，大大增加專業碩士的比例，北大尚且有就業焦慮，更不用提普通的學校。

圍繞考研應試，其動力就來自考研算作就業指標。以我所在的高校為例，為了不影響就業，讓學生順利拿到畢業證，教學管理部門會強調放鬆對學生的考核，要求任課教師儘量少抓不及格率，有些家長因為學生沒有拿到畢業證，甚至聯合到學校鬧事，這些因素也是促使學校讓步的重要原因。總而言之，在市場、就業、家長、學校、學生等組成的龐大系統中，所有的棋子都能起決定作用，不能任人擺佈，唯獨教師這個棋子，成為最能任人擺佈的變數，也成為量化考核落實最徹底的群體。學校層面，會通過職稱、聘用、嚴酷的層級和科研管理控制來控制教師；學生層面，則擁有殺手鐧「學生評教」來暗中左右老師的教學方式；家長層面，因為學校並軌收費，更多是一種消費者心態，一旦學生利益受損，往往通過維權的方式，暗中要脅學校。這種種要求，只因為高校要服從「就業」這個貌似強大的目標，從而使得教師本該具有的塑造人、改變人、傳遞價值觀念、傳遞心靈力量和精神營養的基本功能與職業要求被放逐。事實上，將學生培養成為成功的人，還是完善的人，幾乎所有高校，包括國內名牌高校和普通二本院校，已沒有本質差別，只不過，對二本院校而言，「大眾化教育」和「就業」的合謀，在市場經濟語境下，更容易成為其理直氣壯的辦學邏輯，「新自由主義」在教育領域的強力滲透，在二本高校表現得更為徹底和明顯（國際相關的討論，可參閱 Giroux 2000, 2002）。但從教育本源而言，高校教育和其他教育一樣，其過程更像農作物栽培，每一棵農作物都是獨一無二生命體，具有活潑潑的生命力。可惜，「大眾化教育」階段，教育過程更像工業流水上的生產，學生的成長單向度理解為製造產品，對共性的重視極大掩蓋了學生個體差異，對個性的忽視讓學生成為數位化描述、管理並缺乏體溫的個體，就業率、各類證書、分數成了敘述學生的常用詞匯。大眾化教育背景下，高校被「工

具理性」裏挾，以功利性成功替代了個體完善、完整；以應試和外在的評價破壞了教育的尊嚴、樂趣；以冰冷的分數和無窮的指標銷蝕人最寶貴的好奇心、求知欲。我校作為一所大眾化教育背景下發展起來的財經類院校，同樣遭受着當下高等教育發展的困局，其中，被動遭受「科學思維」獨霸管理最為明顯，因為評價過程過多滲入理工科機制，教師作為教育主體被各類指標一步步格式化為數字和表格的奴隸，教育的激情、快樂在各種內耗式管理中消失殆盡。概而言之，儘管從辦學形式而言，大學已經難以恢復到市場經濟前的精英教育時代，走向大眾化是其必然趨勢，但這並不意味着當下的大學，尤其是專業單一的大學必須拋棄精英教育的基本理念，並將人文空間的營構拱手相讓給就業目標，畢竟，本科階段，相對就業的單一指標，學生精神成長的現實需求依然存在。

對底層家庭的孩子而言，因為階層局限，他們不但無法獲得好的就業機會，也因為對教師這一角色的放逐，他們也無法通過高等教育，獲得更好機會，來提升自我認知、自我完善，提升作為一個人的基本的競爭力、思考力、判斷力，在貌似合理的辦學邏輯中，不但無法像90年代前期，通過高等教育改變階層命運，也無法在劣質化的教育質素中獲得能力的真正提升，實際上遭受了雙重的剝奪。在學生分層入校前早已完成的情況下，對學生培養的匱乏，讓底層家庭的孩子，陷入了更深的困境，接受高等教育的實際意義，在某種程度上，已經還原為一種經濟行為和資源流通的環節。

也正因為教育生態的扭曲，直接將教師置於邊緣地位，很多原本具有教學熱情的老師，經過幾年折騰，也逐漸喪失了熱情、耐心，只得將注意力轉向個人小天地，將更多精力對付各種體制

考核，以確保自己的飯碗萬古長青。在這一生態鏈中，教師的邊緣化，最後真正受傷害的恰恰是學生，損失的後果最終落到學生頭上。換言之，在就業指揮棒下，「學校——教師——學生」三者的關係所營構的力量對比，對學校而言，只要就業指標看起來圓滿，它就能獲得辦學的最大合法性；對教師而言，其職業屬性更多流於傳遞專業技能；對學生而言，它是一切結果的承擔者，貌似以消費者的名義佔有最強勢的地位，實際上是整個環節中損失最大的群體，這一點在底層出生的孩子身上尤其明顯。

　　十年來，在從教過程中，作為教育主體，我最大的困惑，正來自不知該向學生灌輸怎樣的價值理念。儘管自己也試圖通過公共課程的教學，盡力在功利夾縫中塞入文化視角下的人文教育，但總感覺只是一種無奈中的權衡之計，在就業壓倒一切、實用為王的語境中，面臨學生精神上的困惑，無法理直氣壯和他們講清現實運行的邏輯，才是我內心真正迷惑和困擾之處。一茬茬的年輕人成長起來，朝氣勃勃的身軀難掩精神成長的困惑，但教師作為教育主體，卻完全沒有辦法將一個讓人確信的價值觀念，通過教育的途徑傳遞給學生。在網絡和商業的裹脅下，任由他們進入叢林法則，在後現代理論油彩的塗抹中，任由他們通過碎片化生活獲取對世界的感知。這個群體和國家的前途、命運之間的關係，在喧囂的泡沫中，早已被無聲的力量不知不覺地淡化、放逐，而毫不自知。不可忽視的是，高校除了傳送人力資源，負責知識的生產、傳遞，事實上還承擔了修復社會、修復人心的功能，那麼，如何通過多層次的高等教育，為社會營構更廣闊的公共空間提供智力資源和人才資源，同樣成為高校就業以外的社會責任。二本院校那些同樣經過高考嚴酷競爭的學生，相比老牌、名牌高校而言，和中國現實有着更為密切的血肉關聯，他們若能

通過接受人文教育的薰陶，在就業的濃烈氛圍中，逐漸形成基本的價值觀念，將有利於社會公共空間的營構，也直接關係到未來社會是否具有彌合現實裂縫的可能，畢竟大學期間的精神成長、人文素養和當代青年公共關懷的確立，和能否有效建立真正公共空間密不可分。那麼，對教育主體而言，面臨上述的實際情況，是否能夠在各類夾縫中，有所真正的實踐和作為？

一種嘗試：通識課程中的人文教育實踐

也正因為意識到學生精神成長的實際需求，在「就業壓倒一切」的語境中，給他們帶來了真實的撕裂感和心靈困惑，多年來，如何在教學資源有限的情況下，通過通識類課程，讓學生接受到更好的人文教育，幫助他們多一些其他層面的價值建構，多一些理解世界的通道，成為我教學實踐的重要內容[2]。通過和系部老師溝通，大家很快達成共識，並決定在「大學語文」這門涉及面最廣的公共課程中，盡量多滲透一點人文教育的內容。系裏楊林教授帶領大家在「文字——文學——文化——心靈」的邏輯構架中，自編了針對性極強的教材，實際上，整個教材的基本視角，正立足於以文化研究的視角，如何將人文教育內容滲透進通識課程。對我而言，在教學中，如何落實課程改革後的目標，成為實踐面臨的首要問題。具體說來，我首先面臨以下兩重挑戰：其一，平時學生對無用通識類課程的質疑。幾乎每一學期都有學生直接問：「大學語文」有什麼用？廣東籍學生因為從小處於濃

---

2. 這大概有點類近本書的另外兩位作者羅小茗和潘家恩所作的嘗試。

厚的商業氛圍中，他們對實用性知識特別容易接受，並且願意花時間和功夫去學習[3]，哪怕中文專業的學生，也是人手一本《經濟學原理》[4]，但對不實用的科目，他們則很少有興趣去追問。儘管明知道通過講理無法消除學生的質疑，但如果能夠營構一種輕鬆愉悅的氛圍，能夠激發他們的感受力和表達欲望，對突破清一色財經類課程的圍剿，至少不是一件壞事。其二，如何平衡學生理論水平和教學難度的關係。對我校這樣處於經濟發達地區的二本院校而言，學術氛圍非常稀薄，學生理論思維很弱，幾乎不能進行深度太強的課程（如果講得太深，學生會向教務處投訴，教務處和系領導會要求老師儘量講得淺顯易懂。而且講得太深，學生評教不好，老師也會自動降低教學難度。一般新來的博士面對這個問題，會有一年的適應期），這種情況下，如何將理論化的問題用日常化的語言表述出來，往往成為考驗老師上課效果的重要方面。儘管學校定位為應用型本科，但系裏老師針對本系情況，還是堅持本科生應該有基本的理論思維訓練和人文素養積累。之所以在「大學語文」這種最容易被當作隨便塗抹油彩的通識課程中，植入明確文化研究意識，也是權衡和妥協後迫不得已的結果。既然這樣，如何將課堂調整到「學生願意進，願意聽，願意講」的地步，也即在堅持個人教學風格和知識結構的同時，

---

3. 1015324班的林景國説：「剛進大學，我還雄心勃勃，立下志向，大學四年要閱讀哪些書。慢慢地，在這所學校的氛圍影響下，我早已把那志向拋到九霄雲外，變得跟大家一樣，對於專業課看得很重，想着畢業出去找工作，專業知識得過硬。於是，大學這兩年，我僅有的這點學習時間就貢獻給了專業課和各種考證的準備，沒有認真上過一節大學語文課，更不用説課外時間能自覺去閱讀一些文學書籍。」

4. 我系中文專業的學生必修課裏面有「經濟學原理」、「高等數學」等。其目的是為了和學校整體金融氛圍相適應，為學生進入銀行工作提供基礎的知識準備。

如何結合學生的接受能力，最大限度地發揮課堂的教學效果，便成為我教學的基本底線。但到底如何在龐雜的文學教學內容中，撐出一條明確的主線，真正滲透個人的教學意圖，成為經營課堂的首要問題，確實，教授「大學語文」，如果不時提醒自己通過課程激發學生對現實的反思，並打通和個體經驗通道，便很容易陷入對文本和作品的過度解讀，陷入對瑣細文學知識的糾纏。逼迫自己帶着問題上課，也逼迫學生盡可能回應問題，成為我經營課堂的內在肌理，這樣，落實課程教學目標，最關鍵的環節便成為「問題設計」，與此相應，「課堂討論」的方式就有了用武之地。下面，結合課程內容，介紹具體的教學情況。

考慮到學生為大一新生，依據慣例，第一次上課會和學生討論他們熟悉的中學教育，並且會提兩個問題：為什麼讀書？什麼是知識？在討論「為什麼讀書」時，儘管學生提供的答案五花八門[5]，根本無法推斷出一個共識性的結論，但學生願意敞開心扉，至少能夠營構開放性的課堂氛圍。尤其是一些在農村出生的孩子，很容易被課堂情緒感染，願意說出自己的心裏話。有一個女生，說起小時候口吃厲害，快10歲了話都說不流暢，現在能上大學，她很知足，感覺讀書真是最幸福的事情。儘管「什麼是知識」，通過討論不能得出明確答案，但卻可以此為契機，激發學

5　2006年3月1日，學生在課堂上提供的答案：1、为父母爭光；2、人是逼出來的，為了提高生活質素；3、為了下半生的幸福；4、為了追求開心有趣的東西；5、拿文憑；6、為了就業和吃飯；7、「書中自有顏如玉，書中自有黃金屋」；8、精神需求；9、賺錢；10、時代的需求，個人地位增強的需求；11、為了自身的增值，教育是對自己的一種投資；12、為了社會上不多一個敗類；13、為了繼承文化遺產；14、讓家人更幸福；15、小時侯不懂讀書，長大了為了生活必須讀書；16、打倒日本帝國主義；17、稱霸世界。

生在大學生活中早日從應試模式中擺脫出來，學會獨自面對生活，更多關注人生經驗和學習之間的內在關聯，儘早打破多年應試教育強行隔斷現實通道的格局。

在講解中國古典詩詞一講時，課堂的進入同樣通過討論問題開始。問題的設置，由表及裏，第一個問題：說說各位對傳統文化的相關想像和記憶？學生反映非常熱烈，給出的答案頗具嶺南特色，諸如「騎樓/中醫/財神爺/媽祖廟/重男輕女/潮劇/煲湯」等。顯然，學生參與的熱情，很容易將他們帶到對傳統文化審視情境中，但離正視古典詩詞尚有距離。這樣，接着討論第二個問題：最能表達中國人生存經驗和情感體驗的文體是什麼？學生很快便能理解「古典詩歌」對我們積澱傳統文化記憶、傳遞情感體驗所起作用。在此基礎上再進入對《詩經》和《春江花月夜》賞析，學生和中學時期對古典詩歌的感受便會不一樣。落實到文化研究整體線索，古典詩詞的教學更多作為情境而出現，在呈現傳統燦爛文化時，必須理清另一條線索，詩歌發展到後期已經愈來愈無法承載中國現實遭遇，白話文運動的興起，面臨解決思想表達和語言之間的矛盾。這樣，自然就進入下一章節的內容「如何理解中國現代詩」。此後，隨着教學內容的推進，也以「問題的設置」推動課堂進展。如「傾城之戀與張愛玲小說中的女性」一講中，結合文本細讀，印象中學生討論得最熱烈的問題是「范柳原和白流蘇之間是否存在愛情？他們對對方的感情需求有何差異？」但不論講授什麼內容，從文學角度，巧妙引導學生對當下文明模式進行反思，完全可以在教學過程中實現。對古典詩詞的觀照，對現代詩歌的浸淫，對沈從文、張愛玲等作家的剖析，都是引導學生思考現代性後果的重要契機。其次，配合課堂教學，課外閱讀的跟進成了教學活動中的重要一環。為了追蹤

學生的課外閱讀情況，我嘗試三年之內將同一閱讀書目[6]在第一堂課就交給學生，並且明確要求平時成績來自書目書籍的讀書手記。跟蹤的結果，三年之內，只有一個學生讀完了《西方哲學史》，還有一個學生讀完了一冊《世界通史》[7]，基本沒有對理論書籍的閱讀手記，此種結果的出現，不過以事實印證了學生與理論隔膜的實際情況。考慮到課外閱讀的要求附着於「大學語文」之上，對非中文專業的學生，我沒有採取強制措施，更沒有將學生的課外閱讀和學業成績掛鈎，而是採取引導方式，希望他們能夠自願多讀理論書籍。

從教學效果看，我深感若想將文化研究滲透進通識課程中，並藉此幫助學生自覺積累人文素養，如果不能深入到他們心靈深處，不能以平等姿態正視和接納其真實訴求，「大學語文」就會淪為知識灌輸和整理，教學便只能停留於表象，對學生達不到任何觸動。但若能藉此進入到學生內心世界，接納他們真實想法和困惑，則會取得意想不到的溝通效果。至少，在整個教學過程中，因為注重對學生的傾聽和接納，注重和學生建立良好溝通關係，整個教學形成了外在於教育之外的信任關係，師生之間因而瀰漫着內在的精神交流，實際上獲得了互相見證成長的效果，課堂因而具有溫暖人心的滋養力量。至少學生通過教學，能反省

---

6. 閱讀書目分為四個部分：基本的人文書籍、基本的社科讀本、基礎文藝理論讀本和基礎文學作品讀本。其中「基本人文書籍」，包括羅素《西方哲學史》；斯塔夫里亞諾斯《全球通史》；斯塔夫里亞諾斯《全球分裂》；馮友蘭《中國哲學簡史》；顧頡剛《中國史學入門》；王治河《撲朔迷離的遊戲》；傑里米・里夫金《熵：一種新的世界觀》；伊・普利高津《從混沌到有序》；貢德・弗蘭克《白銀資本》；莫里斯・邁斯納《毛澤東的中國及後毛澤東的中國》；艾倫・杜寧《多少算夠》；曹錦清《黃河邊的中國》；盧梭《論人類不平等的起源和基礎》等。

7. 三年之內的學生合計超過1,500人。

自身真實處境，並願意向老師呈現內心困惑，以1015313班陳曉虹為例，在期末考試試卷中，她說：

> 我是中國制度性教育的產兒，深切體會到這一路走來的坎坷。明明那麼平坦的應試道路，我為何卻把它說成坎坷呢？誠然，我的坎坷並非指外在的，而是指心靈。大學以前的十二年應試生涯，老師教會我的是答題的框架，得分的要訣，但是卻不會教我用欣賞的眼光去文學世界裏走一趟。我一直不解，為什麼那麼美的文章一定要把它支解只為找到後面題目的答案？為什麼作文永遠都不讓寫詩歌並且議論文的格式一定要準確？本來我是那麼的喜歡文學，可是心靈卻一度地因為諸如此類的事情受到傷害，我的心靈得不到滿足，因為沒有文學。

多年來，根據對學生的觀察，我一直深信，相對中學階段漫長和個體人生體驗脫節的應試教育，如何教會學生在課堂、知識和個體人生體驗之間建立可靠的關聯，激發他們真正的人文思考習慣，實在是任何大學不能回避的基本責任。而我在課堂上的某些改革和實踐，實際上也只是基於當前高校的基本困境，個人所做的一些細枝末節的修復和努力。在無法通過教育更好促進底層孩子階層流通的現實中，讓他們精神深處多一點的對社會認知的自覺，成為我的卑微心願。

參考書目

Adorno, Theodor and Max Horkheimer (1979, 1947). "The culture industry: Enlightenment as mass deception," in *Dialectic of Enlightenment*. London: Verso.

Arendt, Hannah (1976). *The Origins of Totalitarianism*. New York: Schocken Books.

Brown, Megan (2003). "Survival at work: Flexibility and adaptability in American corporate culture," *Cultural Studies, 17*(5): 713–733.

Freire, Paulo (1997). *Pedagogy of the Oppressed*. New Revised 20th-Anniversary Edition. New York: Continuum.

Giroux, Henry A. (2000). *Stealing Innocence—Corporate Culture's* War on Children. New York: Palgrave.

Giroux, Henry A. (2002) "Neoliberalism, corporate culture, and the promise of higher education: The university as a democratic public sphere," *Harvard Educational Review, 72*(4): 425–464.

Griffin, Christine (1993). *Representations of the Study of Youth and Adolescence in Britain and America*. Cambridge, UK: Polity Press.

Hui Po-keung & Stephen Chan (2006). "Contextual utility and practicality—Cultural research for the school community in Hong Kong," *Cultural Studies Review, (12)*2: 165–182.

Hall, Stuart & Paul du Gay, eds. (1996). *Questions of Cultural Identity*. London: SAGE Publications.

Helve, Helena & Gunilla Holm (2005). *Contemporary Youth Research–Local Experiences and Global Connections*. Burlington, VT: Ashgate.

Marcus, Herbert (1998). *Technology, War and Fascism*. London and New York: Routledge.

Rose, Nikolas (1999). "'Preface' & 'Obliged to be free'," in *Governing the Soul: The Shaping of the Private Self*. London: Free Association Books. pp. 217–232.

Tilleczek, Kate (2011). *Approaching Youth Studies–Being, Becoming, and Belonging*. Oxford: Oxford University Press.

8

鄉土作為視野：
以通識課程「鄉村與現代」教學為例

文｜潘家恩
重慶大學文學與文化研究中心主任

緣起

被譽為「文化研究之父」的斯圖爾特‧霍爾（Stuart Hall）（2015a，223頁；231頁）認為：「文化研究從來就不只是一件事情，而應該是『一種能把理論和實踐聯合起來的實踐』和『一種依據形勢不斷調整並結合形勢的行動』」，因此，當面對文化研究在全球理論旅行中普遍存在其稱之為「學科化、職業化、口技化」等現狀時，他強調文化研究應是「一種福柯意義上的話語型構」和「一套充滿爭論的在地化知識」，它沒有「單純的源頭」。因此，他對當前文化研究在方法和展開方式上的過度同質化表示不滿，認為「這種鋪天蓋地的文本化，會以某種方式把權力和政治構造成僅僅與語言和文本性本身相關的事情」，並由此發出文化研究應該「在地化和介入性」的籲求（霍爾 2015b）。而在十年前的一次訪談中，當被問及對中國文化研究的發展建議時，霍爾不假思索地說：「你們要研究自己的問題，從中國現實中提取問題。」（金惠敏 2006）。

作為霍爾的學生和美國重要的文化研究學者，勞倫斯‧格羅斯堡（Lawrence Grossberg，內地譯格羅斯伯格）[1]對文化研究「是什麼」和「不是什麼」有着相呼應的認識。在他看來：「文化研究拒絕把自身建構為可以自由穿行於歷史和政治語境的一種完成並唯一的理論主張，其更應解讀為在變化着的歷史工程與思想資源中不斷重建自身的努力」（勞倫斯 2000，67-68頁），因此它「不是一門學科，它幾乎可以在任何一個學科找到歸宿並使用任何學科的研究對象」，更要研究的應該是「複雜性」及其反覆強

---

1. 香港有時翻譯為高士柏，為前後文統一，此處及下文都取中國內地通用譯法。

調「脈絡/語境」（context，兩詞同義，本章採用「脈絡」譯法，下同），特別是「關鍵時刻的不同語境」（勞倫斯 2007、2011），特別是「地方語境與更大向量（也許是全球）之間複雜而不斷變化的關係」（勞倫斯 2000，71頁）。

正因如此，他建議應該超越文化研究的「歐洲中心論」，「不應盲目學習西方文化研究，而應汲取經驗並且書寫這些知性、理論性、實證和脈絡化實證，把它們融入周遭，並創造出一套亞洲自己的文化研究，即從自己的脈絡說話，也向自己的脈絡說話」（勞倫斯 2010）。

從這兩位代表性文化研究學者的表述中，可以看到其對當前文化研究日益因「普泛化」和「簡單化」而喪失活力之現狀的批判，同時通過對脈絡（語境）和複雜性的強調，回歸文化研究的實踐傳統與在地自覺。

然而長期以來，相對於中國如此龐大、複雜而嚴峻的「三農」問題與國情現實來說，當前華語世界文化研究的實踐和教學多以城市為主要對象與場域。如王曉明（2012，207頁）所指：「至少到目前為止，中國內地的文化研究基本上還是盯着『都市』，以至於文化研究幾乎可以等同於都市文化研究，文化研究界對今日鄉村現實的隔膜，由此造成的種種幻覺，都顯得非常矚目。」

回到學科緣起，「二戰」以來所誕生的文化研究一直有着關注並介入實踐的傳統，數位文化研究開創者都有參與英國成人教育教學實踐，並以此為理論創新基礎的經歷，但因國情與基本脈絡的不同，「工人」對於英國的重要性無疑與「農民」對於中國重要性相當。正是在這個理論實踐緊密連接的意義上，戴錦華（2012，168頁）指出：「文化研究出生伊始，便攜帶太多、過於沉重的現實『夾雜物』，而且始終是自覺地對直接、具體的現實情

境的正面回應與介入嘗試」。台灣文化研究學者陳光興（2009，110頁）也認為：「文化研究的基本精神正在於介入社會的論辯，而非倒退到象牙塔中。」

「三農」既是中國基本國情和歷史底色，也是近代以來數代知識分子不斷以理論和實踐進行多角度認識、討論與處理的重要命題，我們不僅要將文化研究的領域擴展覆蓋至「三農」，也需要具備「文化」視野的三農研究。

筆者曾在〈發現故鄉視野下的青年返鄉路〉[2]一文中指出，由於政治經濟文化的整體性出現變化，故鄉不僅如一些人所指出的「在淪陷」，同時也愈發成為一種「熟悉卻陌生」的複雜性存在。如果說被改造過的鄉村教育讓我們對腳下的土地與真正的鄉土社會日益感到「陌生」，那麼以城市為中心的現代文化則產生着進一步的「疏離」效果，它充分利用城鄉二元分割所內涵的追逐動力與人們內心追求舒適生活的普遍欲望，原本無可厚非，但當資源有限的「三農」被裹挾進消費社會「多少算夠」的無限邏輯與發展主義「進步至上」的幻象迷思時，城市和現代生活紮實真切地構成了鄉村新一代別無選擇的主導型夢想，這既是主流意識形態的勝利與凱旋，也是其盡力掩蓋但卻充滿裂隙「虛幻性」的呈現與暴露。

對於重慶這樣一個「大城市、大農村」區域，如何因地制宜地開展有別於北京、上海的文化研究探索？重慶大學作為一個工

---

2. 潘家恩（2014）。〈發現故鄉視野下的青年返鄉路〉，《天涯》，2014年第2期。海南：海南省作家協會。

科為主的綜合性大學，工業化和城市化（建築城規等相關學科在國內外有較高聲譽）為學科佈局與科研育人的兩條基本主線，如何在此格局下推動「三農」教學？雖然重慶大學作為「985」高校，但比起北京上海等一線城市的同類高校，來自農村與西部的生源相對較多，如何在教學中更好地調動學習者對鄉土的獨特經驗與認識基礎？

帶着這些問題，同時基於長期以來在體制外開展鄉村建設實踐的經驗反思，筆者自2012年起在重慶大學以通識課「鄉村與現代」為載體，希望推動一定的探索。

概況

「鄉村與現代」是重慶大學人文社會科學高等研究院，以全校各年級本科生（以大一、二為主）為對象而開設的社會科學類通識課，已連續開設了8個學期，每次課修讀人數約為90人，專業不限——以2014級秋季班為例，專業分佈在近20個不同領域，其中多數為工程類專業，學生在高中階段大多也是理科。

課程嘗試運用整體性視野和文化研究的跨學科方法，通過各組理論與影視文本的細讀與比較分析，利用任課教師常年從事鄉村建設一線工作的背景，聯繫當代實際。希望促進學生對「三農」議題及所延伸出各種現實問題的認識與反思，逐步培養重新連接「鄉村與城市、中國與全球、經濟與文化、理論與實踐」的批判性思考能力與文化敏感。

教學形式以課堂主講和隨堂討論為主（8-11次），輔以小班導修（3-5次）。為提高學生興趣，課堂上利用包括隨筆、電影、

紀錄片、網絡段子、網絡短片等形式多樣且具有時代氣息的各類文本為切入，由淺入深地帶出問題。同時以學習者身邊的各種生活事例、熟悉且內在的情感記憶（鄉愁、糾結、困惑……）為素材，以現實經驗和體認感知為媒介，提高學習者的興趣與關聯感，努力打破理論與實踐的常見分割，展現一個與主流呈現、論述想像不一樣的「鄉/土」空間。

密集型討論是確保課程效果的重要保障，導修課為學生進一步對課程內容展開探討分析和延伸討論提供空間。幫助學習者逐步形成問題意識，並加深學生對課程教學的理解，以及文本細讀中對核心觀點的把握與聯繫現實能力。故在90人的大班上安排三名研究生助教，每位助教直接負責30人小班的導修教學與討論群組織。同時也通過小組分工（每個小班再分三個10人小組，選組長一名），鍛煉學生收集資料、溝通自學、組織協調等能力。導修課上，各小組獨立準備，輪流進行15-20分鐘的彙報展示（由小組成員多人聯合進行），內容包括：相關文本核心觀點及相互聯繫、閱讀及結合課堂講解後的學習心得、現實啟示、問題困惑等。隨後由助教引導小班全體進行自由討論，並及時對學生的重要問題作出回應和總結，任課教師則以依次點評的方式逐班參加部分討論。

課程嚴格要求學生閱讀指定的影視和參考文獻（詳見後附大綱），並以這些材料為基礎參加課堂討論及完成小組彙報和期末報告。課程成績構成如下：平時成績（30%，包括課堂出勤、提問回答及發言情況）；小組彙報（30%，小班出勤及討論情況）；期末論文（40%）——要求圍繞課程主題並與現實有所聯繫，題材不限，可以是讀書報告，也可以是專題論文或調研報告，同時應該

包括課程學習總結與聯繫現實後的反思等，字數不少於3,000字。要求學生獨立思考，嚴格杜絕抄襲。

在教學資料方面，任課教師自編教材，並為課程開設公共郵箱，用於必讀文本、必看視頻資料、課程大綱、教學課件及動態更新之延伸資料的上傳和下載。研究生助教再分別建立導修班QQ聯繫群，用來直接傳遞課程資訊、小組討論的線上部分，以及來回應學生各種問題。

反饋

如果説直面並挑戰學習者對「鄉/土」刻板印象與定型化視野是筆者的出發點，那麼如何在現代社會強大的主流文化影響下，重新發現「鄉村與現代」錯綜複雜的關係及「三農」本身更為多元立體的面向，則是本課程的重點所在。這只是教學設計者一廂情願的想法嗎？這兩年來各輪教學實踐中，筆者在開課初期常常有不同程度的自我懷疑，但隨着教學的展開，許多猶豫也在同學們的回饋中消解。

為了改善課程，要求助教們在教學過程中通過面談、網聊、郵件等方式搜集學習者的回饋，同時在各輪課程的期末論文中也請同學們對課程設計提出具體的回饋與修改意見。以2014年秋季課的期末回饋為例，在談到修讀這程的動力與印象時，對於這些都剛剛從高中階段過來的學生來説，工商管理專業的宋同學談到：「在我的生活裏，充滿的是學習，早已和鄉村脱離了關係，但是我不甘放棄，我想去了解更多與國家民生相關的東西，我不想

當一個只會讀書的書呆子，我不想只活在自己小小的世界裏……所以我滿懷期待的走進這門課程」；物理學院的盧同學則認為：「我現在能夠做的就是改變我對鄉村的看法……儘管我們的專業領域都與它無關，但是它是我們的根這一點並不會改變。」對於這種「熟悉卻陌生」的事實和狀態，2014年公共管理的孫同學進一步說到：「我小的時候是在農村長大的，所以對於鄉村，我有着我自己的一些印象，但是在我沒有學習這門課之前，我沒有想過，今天鄉村與我想像中的會有如此大的差距。我也沒有想過其實農村正在慢慢的被現代化所改變，變得一種單一，變得不再那麼多姿多彩……」

對於這門課的收穫，多位同學都談到了對「鄉村」的重新認識，市場行銷2班的石同學指出：「這門課更多的是重新給鄉村一個定位，給鄉村與城市，與現代關係的一個定位。鄉村不是完全如想像中的那樣青山綠水，但是鄉村也並非是落後的代名詞……」但這種新理解本身就是複雜的，同樣包括着對各種浪漫化或簡單化的警惕與自覺，新聞2班的姚同學就反思到：「鄉村與現代的話題除了自己切身的感性認知外，大多來自於高中政治課本，不可避免的對城市與農村產生了標籤式的理解，想當然的以為城市的摩天大樓便是現代，便是進步，農村的閉塞便是貧窮與落後，理解的角度也傾向於物質經濟層面，而很少從思想的方面去考慮……」。

結合助教的回饋，並從各種課堂討論及歷次導修課的比較上看，許多同學都從最初的羞澀變為後來的隨性，泛泛而談的空話在逐步減少，聯繫實際的獨立思考在逐漸增多。有些同學開始從冰冷客觀但屬於別人的「留守調查」中談到自己的「留守故事」，讓現場很多同學產生共鳴；有些同學討論當前鄉村教育以

城市為中心的深層困境，感性地說到自己上小學時一年內換了五個語文老師，提到其中一位老師面對調令哭着不走時，言者和多位聽者眼睛都濕潤潤的；還有同學在討論農民的地位悄然地變化與城鄉關係時，回憶起有次爺爺在看電視時突然感慨：為什麼原來我們都稱呼「農民伯伯、農民兄弟」，今天怎麼都是冷冰冰的「農民工」……而到課程結束時，有同學直接提出要到任課教師參與的鄉村建設試驗點當志願者[3]，期待通過親身經歷改變偏見，加深對課程和相關現實問題的進一步認識。

反思

在2013秋季課上，有同學在期末論文中這樣寫：「鄉村，一個漸行漸遠的名詞，一個學期對鄉村的探討，鄉村在我腦中的輪廓是沒落但淳樸，是炊煙與黑煙交織的」。不管悲觀還是樂觀、接受還是反抗，許多東西就像同學筆下分不開的「炊煙」和「黑煙」，斷不可簡單地割裂和強調局部。

這個時代是「遊戲大學」、「娛樂至死」的時代，但也是「蝸居」、「蟻族」、「屌絲」與「富二代」、「拼爹」、「土豪」共舞，進而真切有效地挑戰曾堅信「知識改變命運」的時代；這個時代是「多少算夠」的時代，但也是三聚氰胺事件開啟食品危機惡性事

3.　在各輪課程中，的確有個別同學有進一步的實踐和改變。比如2012年秋季課後，2009級市場行銷3班的楊振擴同學受課程影響較深，改變了畢業時的人生選擇，放棄進入大城市企業的工作機會，回到老家攀枝花米易縣工作，並計劃未來進一步返鄉。回到自己的村莊創辦合作社，全身開展鄉村建設實踐。也有其他同學通過參加鄉村讀書會、生態農場實習等形式讓課程的學習不限於課堂。

件此起彼伏及「PM2.5」來襲、首堵（都）之城、「東方之豬（黃浦江飄豬）」等現狀撼動都市白領們優越感，以致出現市民下鄉、都市農夫等「逆城市化」端倪的時代；這個時代遍佈由成功學、勵志術和個人主義所共同構築的狂歡幻覺，但也充滿着各種官方說法和現實許諾的失效失落。這個時代不斷地自圓其說，但這個時代也不斷地捉襟見肘與裂隙叢生。

正因如此，鄉村雖然熟悉卻仍陌生，「鄉村與現代」的關係問題也從不靜態單一，而是錯綜複雜和充滿張力。特別對那些以「95後」為主體的「鄉村與現代」修讀者來說，成長並內在於如此糾結時代則是基本現實。這些都不斷提醒我們需要回到複雜而具體的脈絡——面對這已被現代教育「陌生化」過的鄉土，如何通過深入實踐的反觀與隨之展開的各種「借題發揮」，再次啟動學習者的鄉土經驗與情感記憶，在重新聯接中改變長期以來看待農村的「定型化」角度？如何通過重估「鄉村」在主流座標下被忽略與遮蔽的價值，再生產出可以直面當下現實狀況並有利於建設性改進的新知識？這都是這個課程的重點所在，無疑面對巨大的挑戰。

本課程教學以「鄉村」這個明顯地受到現代化衝擊，而又充滿裂隙與自相矛盾的「前沿地帶」為空間——其本身較為直接的呈現着現代發展的各種困境與後果，學習者中不少都對「城鄉不均」、「教育不公」、「留守童年」等有切膚之痛，即使那些完全沒有鄉村生活經驗的同學，也都可以勾連出自己父輩及親戚所得到的鄉村資訊。鄉土對於中國和大家來說，既是深度也是廣度。然而，對於在「速食文化」、「讀圖時代」、歷史縱深感消失中成長起來的「90後」來說，卻往往因動力不足而難以展開嚴肅認真的重思，哪怕只是對身邊的事情。

　　這些困難的背後既有先入為主的思維定勢與文化效果，更有重重疊疊且無所不在的意識形態影響。如果只是單向講解，效果自然有限。特別對於那些剛通過寒窗苦讀和激烈競爭而搶得「中產階級入場券」，自然對畢業後充滿幻想和期待的低年級同學來說，直接討論「蟻族」、「蝸居」、作為YY和精神勝利法的「屌絲逆襲」似乎略顯殘酷，嚴肅警告與直接提醒反可能被理解為冰冷的恐嚇與偏激而適得其反。

　　因此，更為現實的教學策略，不是取消或者打擊夢想，而是進一步深入夢想內部進行討論。通過提出多樣化的觀點，有意識地讓學習者自己去發現那些被遮蔽的視野。比如：在高房價與城市病愈發嚴重之事實困境前，對以「城市／大都市」為中心的主流發展思路進行質疑，同時對以鄉土破壞為代價的發展模式進行反思。但同時，也需要拒絕另一種偏向的浪漫化與同樣簡單化的常見處理。

　　在前述的文化環境與現實脈絡下，最困難的不是解構與質疑，而是如何減少不利於現實問題認識解決的犬儒主義和隨之而來的無力感，提供真正豐富的可能空間並產生建設性的改變效果。

　　為了實現這點，在教學和討論過程中需要開展更多的追問與互動。這恰也是巴西教育家弗萊雷（Paulo Freire）在數十年「受壓迫者教育學」實踐所總結的「對話」，弗萊雷強調這種「對話」不僅是在「掃盲者」與「被掃盲者」之間，還包括學習者與抽象理論、人與行動的對話，即行動與反思之間永無止境的對話（吳建興 2006，79頁）。比如，除幫助學習者「知其然」，掌握相關知識點外，更重要是通過不斷的互動而「知其所以然」並有更

準確的理解。比如，當同學談到鄉村教育時，很容易大而化之的說原有鄉村教師經驗不足，教師此時可以進一步追問「具體指什麼經驗？」，因為這個問題本身聯繫着現代教育「離農/去農」這一需要問題化的偏向；再如，在討論到現代農業時，學習者常按照主流邏輯認為問題在於農民科技應用率不夠高，且不說「科技醫治科技」本身的問題，此時如果能另闢蹊徑引出一個新的角度——以「農民」和「環境」為角度去思考所謂「高科技」可能產生的負面效果，則可能給討論者帶去一個全新的視野。換句話說，其中的教學重點不在於對錯判定或好壞指認，也不是需要一個「公說公有理，婆說婆有理」的泛泛而論，而是希望通過不同背景的學習者之間的討論，促進其對複雜張力有所認識，發展出更能包容多元另類視野和獨立思考的批判能力。

為確保互動效果，要儘量引導同學不從概念出發，而是用自己的說話[4]「貼着」文本（除大綱中現成文本外，鼓勵學習者自行尋找延伸文本）和現實經驗進行討論，同時在主題內設計一些容易討論（辯論）的開放性問題[5]，這不僅為了鍛煉學習者的口頭表達與聯繫歸納[6]能力，更希望學習者擺脫主流概念和邏輯所帶有的意識形態影響。

---

4. 在剛開始的導修課中，常有同學從概念出發，以網絡或期刊網上搜索的論述為框架，充滿着大而化之的「文件語言」與自上而下的「總理視角」，言者和聽者都覺得乏味和不知所云。任課老師和助教需要及時指出並予以糾正。

5. 比如在討論「鄉村與現代教育」時，就可以設計出「知識改變命運？」等便於論辯的題目，希望可以通過這種思考上的求異存同，以推動對這個80年代以來廣為流傳的口號進行新的認識，並嘗試把握其所折射出近30年中國社會的整體性變化。

6. 教學大綱的每個專題都由一組各自獨立但彼此呼應的文本（含影視）構成，希望在這個過程中培養學習者聯繫歸納的能力，同時逐步形成有利於跳出局部的整體性視野——比如農業出現問題，但從來不只是農業本身的問題，特別是當下農業被納入全球化後。

　　這個課程除了一般的課堂教學外，還會在課下進行各種形式的跟進，比如組織同學參加課程相關讀書會[7]，圍繞課堂文本和現實情況進行更集中的討論，以此鞏固教學效果。同時，又推薦學習者從身邊小事做起，進行多種形式的相關實踐[8]，克服眼高手低的情況，進而調整「精英—民眾」、「勞心者—勞力者」、「知—行」的主流位置，對抗常見由「對象化」所加深的「陌生化」，並對現代教育所強化養成的精英意識保持自省與自覺。

---

7. 2013年3月16日－6月12日，在校內組織了六次同名的延伸讀書會，參加者包括課程助教、課程學生；在校園裏公開招募的師牛，以及校外直接從事鄉村建設與農村發展一線實踐的工作人員。讀書會每兩周（周末）舉辦一次，每次有15–20人參加。

8. 既包括一般行動實踐（比如利用寒暑假及課餘時間下鄉支農、愛惜糧食、善待工友等），也包括認識層面上的實踐，比如重新認識「熟悉—陌生」的張力，用新的視野重新思考每天在身邊發生的事件和現象等。

附錄：重慶大學通識課程「鄉村與現代」教學大綱[9]

1. 導論：鄉村、現代化與百年中國

視頻集錦：《百年鄉建一波三折》（2014）

必讀文本： 張慧瑜（2012）。〈在希望的田野上〉，見《影像書寫——大眾文化的社會觀察（2008–2012）》。北京：三聯書店。

延伸文本： 潘家恩、溫鐵軍（2016）。〈三個百年：中國鄉村建設的脈絡與展開〉，《開放時代》。第4期。

2. 鄉村與現代教育

視頻集錦：《先生：陶行知》（深圳衛視）。

《農村10年撤點並校 日均減少學校62.8所》（CCTV新聞頻道）。

《穀子，穀子——台灣美濃的鄉土教育》。

必讀文本：〈叔叔、阿姨，我們不希望你們來支教〉（網絡文章）。

陶行知（1926）。〈中國鄉村教育之根本改造〉。

韓少功（2008）。〈山裏少年〉，《意林》。第2期。

延伸文本： 劉鐵芳（2006）。〈鄉村的終結與鄉村教育的文化缺失〉，《書屋》。第10期。

3. 導修課（一）：我與鄉村

討論材料：

王磊光（2015）。〈一位博士生的返鄉筆記〉（網絡文章）。

韓蓉、王昱娟，2017，一封來自返鄉畢業生的信：「我們去上大學，難道就是為了不再回到家鄉嗎」（網絡文章）。

潘家恩（2014）。〈鄉村與我們——80後實踐札記〉，《天涯》。第6期。

---

9. 筆者願意分享本課程的自編教材、教學課件及更為詳細的教學大綱等資料，希望和大家一起推動類似課程、讀書會的教學與探索，讓更多青年學子重新認識腳下的熱土，歡迎電郵詳細聯繫：panjiaen0807@163.com

4. 鄉村與現代民主(1)：從秋菊的困惑說起

電影：《秋菊打官司》。導演：張藝謀（1992）。

必讀文本：趙曉力（2005）。〈要命的地方——《秋菊打官司》再解讀〉，《北大法律評論》。第六卷，第二輯。

5. 鄉村與現代民主(2)：當法治遭遇鄉土

電影：《被告山杠爺》。導演：範元（1994）。

必讀文本：蘇力（2004）。〈秋菊的困惑與山杠爺的悲劇〉。見《法治及其本土資源》。北京：中國政法大學出版社。

6. 鄉村與現代文化

電影：《二嫫》。導演：周曉文（1994）。

　　　《神奇的金坷垃》（網絡視頻）

必讀文本：戴錦華（2000）。〈《二嫫》：現代寓言空間〉，見《霧中風景》。北京：北京大學出版社。

　　　　王曉明（2004）。〈L縣見聞〉，《天涯》。第6期。

7. 導修課(二)：《鄉土中國》之我見

討論材料：

費孝通（1998）。〈鄉土中國〉（節選），見《鄉土中國 生育制度》。北京：北京大學出版社，6–30頁，48–80頁。

討論要求：結合本單元影視作品、必讀文本及身邊案例，用自己的語言進行表述。

8. 鄉村與現代農業(1)：危機與裂隙

視頻集錦：《食品公司（Food. Inc）》。導演：羅伯特‧肯納（2008）。

　　　　《CCTV新聞調查：45天速生雞》、《深圳衛視：8分錢捲心菜》。

必讀文本：曹東勃（2010）。〈現代農業的困惑〉，《讀書》。第5期。

　　　　孫歌（2011）。〈東京停電〉，《天涯》。第3期。

9. 鄉村與現代農業（2）：新座標與新可能

視頻集錦：《CCTV朝聞天下：開朗農夫奮鬥史》、《中國社會農業CSA運動》。

必讀文本：石嫣（2012）。〈工業時代的食物社區再造〉，《綠葉》。第8期。

周立（2012）。〈農業體系的邏輯倒置及多元化農業的興起〉，《綠葉》。第11期。

10. 影像現場：《社區就是力量——古巴如何度過能源危機》

必讀文本：文佳筠（2010）。〈環境和資源危機時代農業向何處去?——古巴、朝鮮和美國農業的啟示〉，《開放時代》。第4期。

11. 導修課（三）：「危」中之「機」——反思與啟發

討論材料：E. F. 舒馬赫（1985）。〈「生產問題」與「和平與持久」〉，見《小的是美好的》（節選），虞鴻鈞、鄭關林譯，劉靜華校。北京：商務印書館。

討論要求：除討論材料外，同時結合本單元視頻短片、必讀文本及身邊案例，用自己的語言進行表述

12. 鄉村與全球化

視頻集錦：《自殺現場直播》。

《快樂經濟學》。

必讀文本：吳曉黎（2011）。〈農民自殺與印度農業危機〉，《社會觀察》。第7期。

13. 鄉村與城市化

電影視頻：《歸途列車》。導演：范立欣（2010）。

《青春，在擁擠中出發》（CCTV，2014）。

推薦歌曲：北京工友之家系列歌曲（www.dashengchang.org.cn）。

必讀文本：潘毅、鄧韻雪（2011）。〈富士康代工王國與當代農民工〉，《中國工人》。第2期。

王曉明（2013）。〈人無遠慮 必有近憂〉，《中華讀書報》。5月29日。

14. 導修課（四）：我看「80（90）後」

討論材料：楊慶祥（2014）。〈80後，怎麼辦？〉，《東吳學術》。第1期。

上海彩虹室內合唱團（2016）。《感覺身體被掏空》（網絡MV）。

15. 鄉土中國的現代意義

視頻集錦：《紮根鄉土 再造故鄉》。

必讀文本：賀雪峰（2006）。〈新農村建設與中國道路〉，《讀書》。第8期。

潘家恩（2014）。〈發現視野下的青年返鄉路〉，《天涯》。第2期。

16. 導修課（五）：總結與反思

參考文獻

王曉明（2012）。〈中國大陸文化研究的三道難題：以上海大學文化研究系為例〉。見王曉明、朱善傑編，《從首爾到墨爾本：太平洋西岸文化研究的歷史與未來》。上海：上海書店出版社。

金惠敏（2006）。〈聽霍爾說英國文化研究——斯圖亞特·霍爾訪談記〉。見《首都師範大學學報（社會科學版）》。北京：首都師範大學。第5期。

吳建興（2006）。〈撼動世界的成人教育學家：包羅·弗雷勒〉。見賴淑雅主編，《區區一齣戲——社區劇場理念與實務手冊》。台灣：台灣應用劇場發展中心、財團法人跨界文教基金會。

陳光興（2009）。〈文化研究在台灣到底意味着什麼？〉。見孫曉忠編，《方法與個案——文化研究演講集》。上海：上海書店出版社。

勞倫斯·格羅斯伯格（Lawrence Grossberg）（2000）。〈文化研究的流通〉。見羅鋼、劉象愚主編，《文化研究讀本》。北京：中國社會科學出版社。

勞倫斯·格羅斯伯格（Lawrence Grossberg）、劉康（2007）。〈關鍵時刻的語境大串聯——關於文化研究的對話〉。見《南京大學學報（哲學·人文科學·社會科學）》。南京：南京大學。第3期。

勞倫斯·格羅斯伯格（Lawrence Grossberg）、馮應謙、陳韜文（2010）。〈文化研究之落地生根〉。見香港中文大學傳播研究中心、香港浸會大學媒介與傳播研究中心編，《傳播與社會學刊》總。香港：中文大學出版社。第11期。

勞倫斯·格羅斯伯格（Lawrence Grossberg）、史岩林、張東芹（2011）。〈關於理論與問題的探討——與勞倫斯·格羅斯伯格教授的對話〉。見陶東風、周憲主編，《文化研究》。北京：社會科學文獻出版社。第11輯。

斯圖亞特·霍爾（Stuart McPhail Hall），孟登迎（譯）（2015a）。〈文化研究的興起與人文學科的危機〉。見《文化研究》。北京：社會科學文獻出版社。第20輯。

斯圖亞特·霍爾（Stuart McPhail Hall），孟登迎（譯）（2015b）。〈文化研究及其理論遺產〉。見《上海文化》。上海：上海文化雜誌社。第2期。

戴錦華（2012）。〈座標·霧障與文化研究〉。見王曉明、朱善傑編，《從首爾到墨爾本：太平洋西岸文化研究的歷史與未來》。上海：上海書店出版社。

香港經驗

9

從生態公義思考現代教育與暴力

文｜劉健芝
　　嶺南大學文化研究系副教授

引言

　　生態問題是現代發展的暴力問題，現代教育人致服務於現代發展，因此，現代發展的暴力問題也是現代教育的問題。

　　批判現代主義的人文學科和社會運動，從公義的層面思考暴力，審視暴力在行使過程中的機制、手段、知識系統，但是較多涉及人對人的社會不公和經濟不公（帝國主義、殖民主義、金權壟斷、種族主義、性別歧視等），卻嚴重地忽略現代發展的暴力在人對自然的層面上，對大自然造成不可挽回的傷害，而傷害又由大多數人承受。

　　本章擬借用福柯（Michel Foucault）關於event（「事件」）的概念，回顧我在文化研究系教授的本科生和研究生課程的內容設計和教學方式，在納入生態公義的命題時，尋求與學生一起疏理現代主義暴力的歷史烙印，扣連各種的社會不公和生態不義，參照現代性排斥、遮蔽的邊緣、底層社群的存活條件和文化哲理，以培育感知、思辨、行動的能力。

社會公義與生態公義

　　2010年11月，我參加聯合國教科文組織在印度阿麥達巴舉行的「促進可持續發展的教育」（Education for Sustainable Development）的論壇時，得知印度最高法院早在1991年已經規定全國所有大學本科生必須修讀一門環境生態科，以體現憲法第21條以保證公民有「生命權」，即有「健康環境權」。僅僅修讀一門課，內容如何，師資如何，成效説不定很有限，但是，這樣詮釋憲法的最高法院法令，多少説明了環境生態問題從80年代中期

已經進入教育改革者和決策當局的視野，即是說，印度的教育界在90年代——環境生態問題還沒有在全球主流媒體和政治中顯得如今天那樣迫在眉睫的時候——已經關注這問題。

印度有不少經驗讓我覺得挺有意思的，舉一些我在首部新德里耳聞目睹的例子：有人司法訴訟勝訴，阻止了高樓的興建，理由是高樓擋住了低樓住客的陽光權；商業看板甚少豎立路邊，因為大眾覺得它們有礙市容；全部公共大巴用石油氣，不找藉口說不夠驅動力；牛群依然享受在城市中心馬路的遊蕩權；驢車、駱駝車、馬車、手推車、三輪車，照樣上「高速」公路……聽到這些現象，肯定有人會嗤之以鼻，覺得再次證明了印度不夠現代化，不夠現代文明，不夠現代效率……可是，對我來說，這些例子不僅顯示印度民間社會的環境生態意識頗高，而更重要的是，印度還沒有被裹挾在高度壟斷、高度商業先行的資本主義意識形態裏，儘管主要的政黨，不管左、中、右，都以追求現代化發展為政綱。「現代化」，幾乎成為今天全球國家和政黨的正當追求，不現代，就等同落後，就該名列榜末，就該蒙羞。現代教育，無論冠以什麼美名——明德格物、慎思篤行、兼容並包、全人教育——都離不開兩大功能：推動現代社會的發展，推動現代主體性的建構；而現代社會的發展主要是資本主義的經濟發展，現代主體性的建構主要是塑造積極參與資本主義經濟發展的主體。換句話說，所謂現代化是資本壟斷的現代化。

可是，如果我們採取的不是主流精英的角度，只懂尊崇和歌頌勝利者、成功者，而是採取庶民百姓的角度，關注佔社會大多數的底層人、邊緣人（往往被指認為「失敗者」）的境況，就會看到，現代化巨輪滾過之後，「落後」原住民部落被殲滅、「落後」國家的資源被掠奪、「落後」民眾顛沛流離；但主流對於毫無緩

解反而日益嚴重的社會分化、貧富不均、環境破壞，似乎已習以為常。在「發展就是硬道理」的不可置疑的大方向下，在不惜一切代價尋求發展的心態下，誰付出了沉重代價，承擔了「發展」的後果，是不被真正認識、感知的。

於是，現代教育儘管以「啟蒙」的「理性」「科學」為立場，但沒有，也不能對現代化和發展提出深刻批判。即使是激進的、開放的知識分子，也往往陷於現代與傳統、理性與感性、科學與迷信對立的二分法，前者為優、後者為劣，傳統、迷信、非理性，都要被排除、捨棄、超越。

也因此，即使是激進的、開放的知識分子關注的所謂「社會公義」，儘管要爭取全人的幸福，但對現代科學依然抱有迷信，例如接受現代社會建構的關於現代健康、衛生、醫療等理念；在考慮社會公義的時候，往往側重分配問題；同時，把責任主要放在國家、政府、權力中心之上，要他們維護所謂的社會公義、平均分配等。然而，所謂「平均分配」的問題，並不僅屬於社會公義的範疇。分配的問題不僅是財富的分配問題；資本主義發展產生的種種對人、社會、自然的破壞，不是平均分配的，資本主義造成的種種惡果，不僅是剝削的問題；社會關係崩解、生活環境惡化、生態災難頻仍的惡果，主要由默默無聞、無法言說的大多數人承擔。因此，討論分配的問題，不可以不考慮社會和生態災難的分配，即是說，思考社會公義的問題不可與思考生態公義的問題分割。

作為教育工作者，我們要推進把社會公義和生態公義相扣連的教育，首先要批判現代化的歷史──五百多年來的殖民主義掠奪和帝國主義霸權，在今天不因「發展中」國家似乎取得政治獨立甚至實行「民主政制」而「進步」了，而是在經濟上更被牽

制、資源盡被掠奪、更無力應對生態災難和社會災難。壟斷，不僅是社會資源日益集中在少數集團手裏，而且是社會原有的互相依賴、扶持的社會關係被摧毀，變成個人主義的、獨立利己的所謂「消費者」的關係。

因此，思考生態教育，不是從個人主義的、理性「自主」的角度出發，而是要尋找並推進人與人、人與自然、人與其存在的環境的互動所產生的、相對穩定的、不可或缺的、共同分享的東西，從具體生活的層面出發去發掘、促進、推動組織自主的生活，在種種互動中形成合作的、共生的關係。

新世紀以來，全球暖化、核能災難等，已成為常識性詞彙了。不難發現，生態、環保作為課題，在大學、中學甚至小學逐漸被納入課程。然而，談生態問題不一定觸及生態公義問題。例如，主流教育談生態問題，不會談資本主義，特別是工業資本主義的破壞性，而是側重個人能做什麼去保護環境，也就是把資本壟斷破壞的責任放到每個個人身上。沒有學生不在學校課程內談論過「環保」，在課餘活動中「實踐」過環保，擔任學校環保大使的大有人在，卻鮮見把環境污染、現代化發展、資本主義、殖民主義扣連地思考。也因此，主流教育不會推動破壞資本主義利益的做法，例如提倡自主生活、探索從本地資源自主着手，發展水、能源、食物、農業的自主社會生活的適用技術和社區共享關係。

嶺南大學教學設計

我在嶺南大學翻譯系和文化研究系任教30年。開始的幾年，經歷和目睹了風起雲湧的80年代末、90年代初的中國、東歐、蘇

聯的政治變遷，當時主要關注的是民主政治，其中，自由、人權、民主的訴求，儘管帶着馬克思主義者對資本主義經濟和社會的批判，但畢竟離不開西方民主政制模式的框架，也因此，社會抗爭的相關經濟命題，離不開財富分配和全民福利的議題。

1993年6月5日，我讀到中國內地農民持久抗稅抗爭的報導，驚覺自己的視野一直被主流傳媒和社會運動界的城市中心偏見所左右，我聚焦首都天安門廣場，卻沒着意尋看偏遠邊緣的農村境況，儘管我在本科和研究生時期，讀了不少關於中國農村的文學作品。那年的下半年，我和香港一些朋友組織了「中國社會服務與發展研究中心」(Centre for Social and Development Studies of China, CSD)，自籌資金，年底時探訪江西農村，與省婦聯和省衛生處發展一些姑且名之為「扶貧」的項目。一方面，我們協助全國第一個民間婦女合作儲金會在江西山區貧困農村成立，運作至今；為了義賣有機百合，我們成立了「綠色扶貧社」[1]；連續幾年在炎夏酷暑的季節到江西渝水區農村考察和推廣基層婦幼醫療服務；另一方面，為了提高自己對農業的認識，不至於五穀不分，我持續兩年每個周末在香港錦田跟有機農夫學習耕種，種上幾十種農作物，了解有機耕種的困難，以便體會農民為何難於轉型，拋棄化肥農藥。

與香港農民和江西農民交往，向他們學習，認知和感受他們的境況苦樂，這種體驗，讓我更深切地領會我喜愛的內地作家筆下的農村、農民狀況，也讓我從農民的角度，看到現代化不僅犧牲他們經濟和生活上的利益，而且在文化上把他們矮化貶低。

---

1. 薛翠（2007）。〈王華連：百合的路子〉。見陳順馨主編，《多彩的和平——108名婦女的故事》。北京：中央編譯出版社。420–428頁。

2000年之後，我參與了中國內地的鄉村建設運動，從支持翟城晏陽初鄉村建設學院、北京小毛驢市民農園、愛故鄉活動，到促進和平婦女生態、生計和生活經驗交流[2]，更多地探尋建立自主生態社區的條件、機遇與約制。

　　1993年開始，我以「亞洲學者交流中心」（Asian Regional Exchange for New Alternatives, ARENA）理事會主席的身份，有幸與亞洲的行動學者交往，1996年在印度喀拉拉邦舉行多個亞洲國家學者與農民交流的整合亞洲另類發展工作（Integrating Alternative Development Efforts in Asia, IADEA）會議[3]，讓我看到中國農民面對的困境，並不是中國「特色」，而是與其他國家現代化進程中被犧牲、被拋棄的農民群體有很多相似之處。從2000年開始，我訪問印度農村十多次，對於喀拉拉邦民間自我組織的「民眾科學運動」（People's Science Movement），和左翼政黨在短暫五年 (1996-2001) 任期內推動的「人民計劃」（People's Planning Campaign），印象特深；在比哈爾邦，了解到無地農民水深火熱，有超過十個地下毛派農民游擊黨派與政府和大地主進行鬥爭；與他們交談，看到絕望驅使的行動。幾次到尼泊爾，與各方交談，看到在現代民主議會政治的角力消磨中，土改失之交臂[4]。此後，陸續去了越南、柬埔寨、泰國、菲律賓、馬來西亞、印尼、斯里蘭卡、

2.　作為「2005年全球千名婦女爭評諾貝爾和平獎」活動的推動者，我在過去十年負責全球和平婦女聯會的「生計與生態」交流活動。

3.　ARENA (1996). *Integrating Alternative Development Efforts in Asia.* Hong Kong: ARENA.http://our-global-u.org/oguorg/en/?page_id=672

4.　溫鐵軍、劉健芝等（2009）。〈土地制度變遷與國家建設──尼泊爾土改與東亞經驗的比較研究〉。見蔡繼明、廓梅主編，《論中國土地制度改革》。北京：中國財政經濟出版社。621-629頁。

南韓、日本、埃及、突尼斯、以色列、巴勒斯坦、馬里、南非、塞內加爾、肯亞、阿爾及利亞、墨西哥、秘魯、委內瑞拉、危地馬拉、厄瓜多爾、阿根廷、古巴、巴西、法國、西班牙、芬蘭、波蘭、俄羅斯等國，了解三農狀況和抗爭經驗，對話關注社會公義和生態公義的思想家如François Houtart、Muto Ichiyo、Samir Amin、Vinod Raina、Surichai Wungaeo、Luis Lopezllera、Pedro Paez, Sam Moyo、Remy Herrera、Ebrima Sall、Mayu Santana、Margo Okazawa-Rey等，同時學習長期在農村、在原住民部落建設的社會活動家的經驗（女性是中堅力量，不少是通過全球和平婦女活動相識相知的），例如Eliana Apaza、Cristina Lavalle、Elisabeth Decrey、Sima Samar、Clara Charf、Supawadee Petrat、Naruemon Thabchumpon、M P Parameswaran、Jorge Ishizawa、Jorge Santiago、Joao Pedro Stedile、Gustavo Esteva、Subcommander Marcos等[5]。聽其言、觀其行，扣連個人生命的曲折道路和大時代的轉折變遷，了解他們怎樣結合理論和實踐，對我來說，不僅是增長知識、開闊視野，而且是感悟到在艱難的抉擇、矛盾、彷徨和追求之中，人的脆弱和堅韌。過去十年我關注研究的兩大議題——全球暖化和福島核災難，讓我在憂心包括人類在內的物種大毀滅的焦慮中，迫切尋找延緩毀滅時刻來臨的救亡努力。

　　對我來說，教學與研究是不可分的。被學術體制承認的研究成果，是在英文核心期刊上的發表，是政府特設資助項目的數量和金額，可是，這些「成果」是否一定對同學「有用」，對社會自救「有益」，我是存疑的。我着重在教學裏更新、補充我在國內外

---

5. 我對四十多位思想家和活動家做過錄影訪談，參看http://our-global-u.org/oguorg/en/?page_id=1316

的研究經驗和反思，希望同學探究思考並培育行動的能力。我們不僅要分析問題，也要參照正面的經驗，發掘可能性，才不至於被悲觀、無奈、犬儒、憤怒取消行動積極性。

舉例來說，面對現代化的暴力，有什麼現存的東西可作反抗參照，而不止流於概念？我會給同學推薦農村或原住民的經驗。在很多少數民族或者較好保留農村傳統的社群裏，可以學習到在某個環境中經年累月形成的生存之道。傳統社會的語言，不是「科學」語言，但經年累月跟環境磨合形成的東西裏面，有很多長遠可持續的可行之道，有關的生態知識，包含在他們的語言、觀念、習俗、儀式裏面。現代性的暴力和盲點，是簡單地把他們看成落後的、要否定的東西，同時打壓消滅他們原來可以自主生活的知識和技術；但如果我們謙虛學習聆聽，可以借助他們的生存之道來解構我們普遍接受的現代化的盲點，探尋我們在日常生活裏可實踐、可轉化的空間和條件。例如，我多次與友人去墨西哥恰帕斯州，接觸、學習薩帕塔運動的理念、實踐、困局、突破，獲益良多[6]。

對我來說，教學是把這些思考帶給同學與之交流的嘗試。在本科課程，我在「文學與文化研究」、「閱讀的政治」、「面對暴力」、「在地管治」、「全球文化與公民身份」、「教育與文化研究」等科目裏，引進對現代化暴力的分析與思考，對另類實踐的觸摸與審視。我希望同學擺脫照本宣科的習慣，不僅限於讀文本、做摘要、「掌握」作者意思，而是借他山之石，借助作者的視點，來審視反思自己的處境。舉例，我讓同學讀Eduardo Galeano

---

6. 戴錦華、劉健芝主編（2006）。《蒙面騎士》。上海：上海人民出版社。

的《拉丁美洲被切開的血管》，然後用同樣手法寫非洲或者亞洲被切開的血管的故事，或做錄影剪接，與人分享[7]。同時，我因應科目的內容，設計同學自選做相關的服務研習，包括到錦田生活館、元朗大棠或者嶺南校園從事農耕，到香港各大院校參觀校園農耕運營與訪問同學的觀感。此外，從90年代末我在內地做農村項目以來，每年安排同學在暑期正式（有學分）或非正式到江西、河北、北京等農場當實習生，既可體驗農活，也可與內地的青年志願者交流、切磋、爭論；也曾安排同學到印度喀拉拉邦住進普通農戶家裏，幾周下來，有些發展了友誼，偶聞同學回去探望。本書薛翠的文章詳細談到這些同學的經驗回饋，在此不贅。

文化研究碩士（MCS）課程，探索的空間更大。除了定期教授的「教學法與文化研究」和「全球化與當代社會變遷」課程之外，我與同事合作設計兩個系列課程，一個探索歷史與當代危機，一個思考農業、生態、食物問題。第一系列是「文化再現與詮釋專題」，與內地學者戴錦華、溫鐵軍合作設計，每年或隔年開辦一次，不重複題目，但會把課程內容錄音或錄影，以便日後編成教材：

「歷史記憶與未來想像」（2015-16）

「殖民記憶、現實與災難」（2013-14）

「從文學與電影看當代世界危機與出路」（2011-12）

「拉丁美洲與當代中國發展經驗比較」（2010-11）

「二十世紀的遺產——重訪六十年代」（2008-09）

「電影和文學中的現代中國」（2006-07）

「『後冷戰』文學電影的再現與社會反思」（2004-05）

---

7. 例如，蘇婉筠同學做了關於非洲的短片，網上有480次點擊率。https://www.youtube.com/watch?v=iiur8RD6NEk

第二系列針對生態可持續問題，我參與設計Vinod Raina與Jorge Ishizawa等國外專家開辦的「技術、可持續性與教育」(2010-11，2006-07)、結合香港有機農夫經驗的「吃的文化政治學」(2016-17)、「道在泥土：全球/本地農業與食物運動」(2015-16)和「食物主權與農耕革命」(2014-15)[8]。同學除了修讀課程文本外，也參與農活、參觀農場和製作食物。自從2015年9月開始了嶺南彩園計劃之後，通過「彩園耕讀組」和《彩園通訊》，每月有農活勞動日、食物分享日、講座和電影觀賞，提供機會給教職員、畢業生和家眷朋友，以及不是正式修讀文化研究課程的同學參與[9]。

同學的學習經驗

大學教學體制的主要的模式是老師講課、同學做報告、答考題和被評核。我多年來嘗試刺激同學的主動性，打動他們，讓他們對思考的問題感到興趣，即使談不上熱情，至少也不會反感厭惡。我理解同學自覺或不自覺地叛逆，或者敷衍了事，或者奉命讀書，不完全和個人不好學不上進有關，而是一定程度上對長年壓迫他們的應試教育制度的反應。

因此，在討論社會公義和生態公義的問題時，「理性」地閱讀文章、研究個案和整理資料是不可或缺的。但是，怎麼融入「情感」，達到震撼、衝擊的效果，改變原有的固執或習慣，是我在設計課程時不斷探索的。

---

8. 所有課程大綱參看 http://www.ln.edu.hk/cultural/programmes/MCS/mcscourseplan.php

9. 《涓流彩園錄》收集了2014年9月到2015年12月彩園計劃第一期的相關文字和圖片，參看 http://commons.ln.edu.hk/ln_gardeners_book/1/

最近幾屆修讀文化研究課程的本科同學給我的印象，大致上是樸素直率，少有虛偽、獻媚、矯情，但比較被動。也許，他們大多是改制後，完成六年中學課程直接升讀大學，稍為少了以往五年後應考中學會考兩年後再參加公開試，經過激烈拼搏而留下的殘酷烙印。讀大學如何影響他們的人生，其中修讀的幾門課如何影響他們的觀念或抉擇，是難以在短期內見到的，也是難以用理性的語言表達出來；即使同學說了他們覺得真誠的話，也未必就是如此。可是，作為老師，儘量從同學的回饋裏窺探端倪，理解他的需要和轉變，並以此作為參照，改進教學方法和進路，是必須做的。所以，每一門課考試卷的最後部分，我會鼓勵同學談談他們的感受和評價，儘管我知道，同學出於禮貌或謹慎，少會表達負面的意見，最多留一空白。

在這裏，我想先引用一些讓我感動、鼓舞的例子，再借用福柯關於event（「事件」）的概念，探討可能觸動event的機遇[10]。

參加農耕服務研習的同學。要在反思會上要輪流說出感受。幾年來，參加農耕的同學有上百人。我常聽到的回饋，一是開始意識到食物安全的問題，認為香港應該多發展農業，也減少長途運輸帶來的能源浪費；另一是種田之後，感受到天氣變幻莫測（或酷熱，或大雨，或颱風），看見農作物生長不易，從微觀的種植作物聯繫到熱島效應和全球暖化，從無意識地消費食物到珍惜食物的來之不易。很多同學說，他們現在會珍惜食物，不隨便浪費，聽來有點陳腔濫調，但是同學說得真誠，互相呼應，可以看出他們的生活態度產生了重要的改變。其中一位同學說

---

10. 一般來說event多被翻譯成「事件」，但為了保留event在福柯等脈絡下的意義，本文沿用event一詞。

的着實讓我感動。她説：「我很少去市場，但有一天，我跟着媽媽去買菜。菠菜15元一斤，我聽後非常憤怒。為什麼這麼便宜？我在農耕課上，那麼辛苦種了兩個月，定期澆水，用心抓蟲，才值15元一斤？我很憤怒。」我不小看這個憤怒的感受。一般消費者認為愈便宜愈好。這位同學去買菜的時候，忘記了她作為消費者的身份和利益，改從農夫的角度來看價值和價格。這是難得的潛移默化的改變。

我想用較多篇幅討論三位文化研究系同學的福島之行。同學在2016年3月去福島考察核災難發生後五年的狀況，回來後，4月18日在嶺南大學做公開的彙報講座[11]，並在香港的雜誌撰文，發表見聞[12]。我問她們，回來後與家人和朋友交流，有什麼感受？她們的答覆顯出真切的反省。

> （蕭韻婷同學）：當家人朋友知道我將會到福島考察時，無不感到擔心，吩咐我一定要好好做好防範措施，但當我問他們我應怎樣做時，他們都表示不清楚。我明白家人的憂慮，但是次機會難得，只能好好説服安慰家人。到福島考察前，我們先在網上收集資料，發現許多輻射的後果與食品安全問題，心中感到有點不安，擔心到福島考察後自身安全問題。但到達福島後，所有在網上得悉的資料都看不出，只有一片荒蕪的土地。但感覺更令人不寒而慄，證明了輻射的影響是無形的，但產生的後果不可逆轉，對人類極度危險，缺乏這方面的知識，根本難以防範輻射後果。

---

11. https://www.youtube.com/watch?v=z4oeqLZnh3I&feature=youtu.be

12. 《香港01》2016年6月7日；http://www.hk01.com/即時國際/24417/福島5周年—香港學生深入福島禁區—揭示除染人員遭外判壓榨；http://www.hk01.com/即時國際/24430/福島5周年—母親成立民間輻射測定室—自己捍衞孩子未來。

（楊菁喬同學）：福島考察回來後，與朋友分享到訪經歷，將所看到的告訴他們。然而，聽後似乎維持「各家自掃門前雪」的態度，明白事情的嚴重性卻沒有關注的動力。知道福島有問題，就去別處旅行。若要動員更多人，除了實地考察以外，也許就必須提及事情的迫切性與切身性，讓他人產生共鳴。

（黎梓瑩同學）：回來之後，我除了和同行同學做了報告外，也跟一些朋友分享我的經歷。其中一次，當我告訴一個朋友政府是如何為了利益，欺騙強迫災民遷回核污染嚴重的地方，她當下就做出極其難以置信的表情，反問我：「你怎麼知道你説的都是真的，政府的才是假的？」當時我受到了第二次衝擊。那一刻，我一時不知道要怎樣回答，心裏就想：「對，我怎麼可以這麼確定的呢？」畢竟在日本那幾天，大部分時間都用在旁聽峰會討論，聽的都是他人轉述，即便那是一位專家，我也不應該理所當然地完全相信他們的話。然後回想過去這七天，最能夠令我堅信日本政府企圖隱藏福島問題這套説法的，回到最基本，原來也是自己的經歷和感受。

就是因為我親眼看到一個個零保護裝備的除污染工人在田野間工作；親眼看到一堆堆沒有邊際的核污染物堆放在美麗的山下、森林、田野間；親眼看着手中量度輻射水準的儀器上的讀數；親身到民間組織參觀見證到他們多年的付出；親眼看到福島縣居民在被問到311事件的尷尬和沉默⋯⋯這一切一切才是我回來後能夠如此有信心向朋友轉述福島現今困境的真正原因，而不是在演講上看到的圖表和數字。當然資料也非常重要，只是這些都是被簡化後間接接受到的資訊，在接受它們同時，亦應抱有如接受官方解釋一樣的態度。我想，這些資料只是輔助，最重要的是不能忘記冰冷疏離文字背後的生命，只有一個個真實的故事和經歷才是信念中堅固的核心。

這就是我學到最重要的東西。亦是因為這樣，我重新回想第一次參與校園耕種的意義。誰都有能力解釋農業集團如何以基因改造壟斷市場欺壓農民，但只有親身耕種去感受到人與農田之間在供求以外的感情連繫，才能夠令自己真正相信口中説的話。看到福島的農民如何

失去他們的土地，他們的根；再看到近期馬屎埔收地，居民的剖白，我才明白為何自己之前唸了這麼多理論卻愈來愈犬儒的原因，因為我一直都欠缺了切身的感受。

三位同學不約而同地強調了親身的感受是如何深刻，帶來了衝擊。從對輻射的恐懼、聽到的社會歧視的不公、到面對朋友質問時的無言迫使自己整理思路與感情，可以説她們經歷了一次event，讓自己暴露在充滿不確定性的環境裏，讓機遇撼動習慣的固執，衝開制約的樊籠。

同學遭受的情感衝擊，不僅帶來對問題更為深刻的認知，也觸動了倫理的關懷。楊菁喬同學説：

> 在進行福島與切爾諾貝爾的資料搜集時，看到由政府和電力公司發放的資料，都傾向對核電技術的肯定，也對未來核電事業持有很大的信心。但他們只針對盈利增長和經濟效益，對於安全問題避而不談或以科學資料來混淆視聽。資料選取的偏頗若不經過了解背後原因，很容易會令我們只了解問題的表面，忽略當中的利害關係。再者，其實關注核問題最大的方向仍是對下一代的影響，畢竟兒童的能動力依賴成人，而且輻射容易對未完全發展的孩童有較大的影響。在不少片段看到兒童在受輻射影響後，身體機能受損，令他們在日常生活中出現障礙，這都是有關部門在事件發生後，因支持不足而導致兒童的創傷。關注核電説到底還是對下一代負責任，透過兩次嚴重核事故的經驗，警惕世人若持續對大自然進行破壞，終有一天會出現比核災再大的人為災難發生。

黎梓瑩同學以〈耕田耕到去福島〉為題，撰文説：

> 假如半年之前問我會不會為了了解福島情況而冒險進入災區，我很可能會説不。一切機緣都在一年前我上劉健芝老師的課開始。當時是嶺南校園耕種計劃開始的第一年。老實説，我一直對環保議

題都沒有太大關注，畢竟從前都認為環保是很科學的東西。那一年因為學科而參與了耕種活動，基於我是很怕蛇蟲鼠蟻的人，所以其實對耕種計劃也談不上有什麼熱誠。不過在那一科的學期中，我的確因為課堂內容而對食物、生態和跨國集團之間的矛盾產生興趣，從而再更加深入地了解到資本利益集團在日常生活的層面是如何控制了世界各地的人。

今年再修劉老師的課，選擇了不再種田，很大程度上是因為老師一直鼓勵學生做自己有興趣的事，之後我就開始做福島核電議題的研究。對我而言，今天回望開始研究福島議題的那一天，感覺有點奇妙。由起初對核電的了解僅限於中學地理課的皮毛知識，到今天竟然可以搞清核能源發電的不同單位和化學名稱，這些對於我這個數理化從來沒有合格過的人來說是非常不可思議的事，也令我更切身地感受到只有自發去摸索研究才能夠在一個議題上有穩固的理解。因此，我在上一個學期知道有機會到福島考察時，也沒有多想就決定要親身去一趟。這一次的經歷亦對我自己證明了「讀萬卷書不如行萬里路」的說法，雖然這句話極其陳腔濫調，但在親身感受到後又有了更深的體會。

整個考察七天下來，我感受最深刻的是我一直沒有意料到的東西。

在出發到東京和福島考察之前，我想像自己可以親身接觸福島核災的受害者，了解他們災後所受的影響，所以我找了身邊略懂日文的朋友大概替我翻譯了幾條簡單問題。但是在那幾天，接觸了幾位來自福島縣的縣民後，我才開始發覺到，之前預設的問題其實不太適用。

起初，我想像福島縣民面對最大的困難一定是健康受輻射危害還有被逼離開家園的無奈，所以我擬定的幾條問題都集中在這兩個方面。但後來得到的回答是我腦中完全沒有出現過的想法：對他們而言，傷害最深的，竟然是被國內其他地方的同胞歧視。

在幾天反核論壇的會議中，有一位參加的觀眾公開分享了她的感受。她是來自福島的一位母親，一直以匿名方式參與為核災甲狀腺癌受害者爭取權益的運動。在會上她說她一直隱藏身份是怕會連累家人被歧視。

在這些人的回答中可以看到他們最大的壓力來自外界的誤解。我反思自己，在出發前，我對福島的單一理解，在很大程度上印證了受訪者們的說法：福島這個名字很容易被簡化，大部分人對福島的理解就是核輻射。真正的問題在於我們對自己的無知都太視之為理所當然。我們往往看不到，福島這個名詞背後，是一個個有血有肉的人每天在社會上的掙扎；我們的忽視與冷漠無形中助長了對他們的欺壓，原來人類往往比看不見嗅不到的輻射來得更要可怕。[13]

讀到同學那麼真切的文字，作為老師，我很欣慰。大學體制要老師在教授的每一門課的大綱裏，填寫同學修讀後會有什麼預期「成果」（outcome），我總是不懂怎麼填寫這一項，因為「成果」因人而異。如果我寫：「預期成果是同學同情並理解弱勢者遭受的歧視與不公；扣連社會公義與生態公義；改造自我的『現代』主體性；摒棄犬儒、積極行動；建構自主社群的條件與空間……」，說不定會被認為不夠學術、欠缺理性客觀，要求退回重寫。如果我寫我真實地期待：「同學有機緣遭遇event」，肯定會招惹非議，過不了學術素質掌控委員會（Academic Quality Assurance Committee，AQAC）一關。

---

13. 引自三位同學於2016年6月21、22日回應我的提問而發給我的電郵。

可是，我在教學生涯裏最想做到的，是開闊同學的認知和想像，提供多種可能性，作出鋪墊，期望同學在某種機緣下，遭遇福柯、Negri/Hardt 所指稱的event[14]。

生命自有歷史脈絡，在多種多樣的關係和力量的交集中成長。「多種多樣」意味生命歷程是開放的，不是封閉的，即不能囿於任何按照必然規律的所謂理性規劃的框框中。多樣性意味着不為控制、預計的偶發關係在生長過程中有重要作用，這也構成生命個體的獨特性（singularity）及可變性（affectability）。獨特性、可變性在歷史中生成，也可說是新經驗的誕生，即既有的秩序及存在狀態經歷了被擾亂、打破從而自我組織而成新秩序。Event一般而言可以是描述這樣的經驗，但更確切地說，在我們的具體歷史脈絡中，在宰制力量支配的等級社會裏，event更是指生命開放性所標示的不屈的自由，在面對支配和控制手段時表現的阻力和反抗（resistance一詞的多義），以至尋求新主體性協力營造自主的空間。

福島經驗作為一次event，對於三位同學的新主體性的塑造有多深刻，是未知之素。既有的秩序及存在狀態受到擾亂，但是慣性和社會主流心態，有巨大的力量恢復舊主體性裏的保守、犬儒、妒恨、消極。Gayatri Spivak認為「人文教育是要致力於學生的非強迫性的欲求重組」（Education in the Humanities attempts to be an

---

14. Foucault (1982). "The subject and power," in *Michel Foucault: Beyond Structuralism and Hermeneutics*, Hubert Dreyfus and Paul Rabinow. Chicago: University of Chicago. 221–222. Negri and Hardt (2009). *Commonwealth*. Cambridge: Harvard U Press. 57–61.

uncoercive rearrangement of desires）[15]。非強迫性，意即重組的力量
和過程並非靠外在的體制和強權威迫利誘，但是原有的欲求卻是
長年潛移默化的，要有重組，談何容易。對主體性的塑造，是不
可不爭奪的陣地；教育應該致力陣地的爭奪，而不應淪為技術培
訓、服務資本的工具。作為教育工作者，我們的耕耘，是尋求與
學生一起疏理現代主義暴力的歷史、烙印，扣連形形式式的社會
不公和生態不義，參照現代性排斥、遮蔽的邊緣、底層社群的存
活條件和文化哲理，開拓各種可能性，促進event發生，以培育感
知、思辨、行動的能力。

15.　Spivak, Gayatri Chakravorty (2004). "Righting wrongs", *The South Atlantic Quarterly*, 103(2/3):526, Spring/Summer.

10

含糊性、實習勞動與香港高等教育：
香港個案

文｜葉蔭聰
　　嶺南大學文化研究系助理教授

---

*　本文的英文版為2015. "Negotiating educated subjectivity: Intern labour and higher education in Hong Kong." *tripleC: Communication, Capitalism & Critique, 13*(2):1–8. 本文對英文版略作修改及補充。

自2001年起，我的同事和我（2003年開始）開始教授一門實習課，學生都是嶺南大學文化研究系的，實習機構有三大類：媒體、表演藝術及社區組織。過去六年，該課程已成為我們學系文學士課程的選修科。課程評估顯示，大部分同學對這一科讚賞有嘉，對實習所學頗為滿意。但是，我漸漸發覺，只有很少同學在畢業後進入實習機構的行業裏做全職職員，原因似乎並非由於這些行業工作機會不足。事實上，不少同學不太熱衷在曾經實習的行業裏工作，所以，我對學生為何覺得這些無償或低薪的實習勞動重要及有價值，感到有點疑惑[1]。

香港缺乏實習生的正式統計數字，他們對香港經濟作出多少貢獻也沒有評估，但有可以肯定的是，相關計劃及實習崗位與日俱增。例如，嶺南大學參與實習計劃的學生，由2011年的185人，增至2014年的295人，每年以17.4%比率增長[2]。雖然香港政府認同學校擴展實習計劃，但「可僱性」（employability）並不是很重要的關注點及議程。主因可能是香港就業市場比其他先進國家的好（Government of the Hong Kong Special Administrative Region 2012, p. 83）。2014年第二季度，年青人（25-29歲）及大學畢業生的失業率分別只有3.5%及2.7%，這個數字跟香港整體失業率相約（Government of the Hong Kong Special Administrative Region 2014, p. 73)，與歐洲比較則可謂有天淵之別。

失業率低並不意味着大學生及畢業生的工作和生活很舒適，他們經常需要長時間工作，薪金微薄，又要償還學貸，為了

---

1. 部分機構提供港幣2,000元至5,000元不等的津貼，得不到任何機構津貼的同學，系方提供2,000元津貼。

2. 資料由嶺南大學學生事務處提供，數字不包括那些沒有向事務處匯報的系所。

將來有能力在極度昂貴的房地產市場裏買一個面積細小的單位，所以要努力儲錢（The Hong Kong Federation of Youth Groups 2013）。根據Randstad（2014, pp. 13-14）的調查，本地工人工時長及工作壓力大，工作滿意度是全球最低。儘管香港幾乎充分就業，但許多年青人對自己的未來感到悲觀。

　　本文探討實習生如何商議（negotiate）他們的工作身份認同，並聚焦在高等教育及「新」資本主義經濟的轉變的交匯點。換言之，即要審視他們如何接收、抗拒及調整教育機構、實習機構及社會大眾有關「實習工作」的意義。現有對實習的研究多強調西方國家的創意及文化產業再結構化，以及文化勞工（cultural worker）供應過剩與實習的關係，同時，也關注實習對接受過高等教育的年青人的事業影響（Frenette 2013; Hesmondhalgh 2010; Overell 2010），而我的個案研究則着重高等教育與實習生的勞動經驗的關係。我認為，把大學生介入實習勞動的過程理論化是十分重要，這更可讓我們理解實習在非專業領域裏擴張的原因。換言之，如果實習並不是為了進入專業或行業而作出的準備，那實習的動力是什麼？

實習勞動：工作還是學習？

　　不少論者對實習持批判態度，他們常指出，無償或低薪實習計劃是勞動關係惡化，或者創意產業帶來的結果。例如，文化勞工的非常規就業模式、不穩定的勞動條件，以及全球社會經濟不平等（International Labor Organization 2004; Neff & Arata 2007; Pun & Chan 2012, pp. 391-392），日益增加的實習生其實就是朝不保夕的勞動大軍的新成員（Standing 2011; Perlin 2012），同時，遍地開花的

實習計劃也被視作各個推動新自由主義政策的政府的成果，例如英國新工黨，它曾以推動創意產業及小型商業政策來挽救經濟，實習是其中一種變相僱傭方式（Oakley 2011）。

在各類有關實習的批判性研究中，有些學者特別注意工作文化，尤其是創意產業的新價值和實習。例如，David Hesmondhalgh 及 Sarah Baker（2011, pp. 145-146）在他們的創意產業研究中指出，無償實習及低薪自由職業工作常被合理化成自我實現，又或是入行的第一步。學者Alexander Frenette則從不同角度解釋實習計劃存在及擴張的原因（2013, p. 372），他強調實習勞動的「含糊」（ambiguity）特性，包括臨時性、彈性的工作角色、強調適應性的技巧，這些都對充滿期待的實習生很吸引。一方面，公司感到要把實習計劃正規化十分困難，要滿足實習生的不同背景、興趣、投入並不容易，公司於是傾向要實習生根據自己的能力、興趣及機構的即時需要，擔當各類工作，包括瑣碎的雜務、行政工作到專業職責；另一方面，缺乏清晰界定的目標及工作性質，能吸引懷着不同動機但又沒有多少工作經驗的年青人。Frenette認為，實習工作的含糊性，隱晦地被界定為與傳統就業關係相反的工作，前者含糊，後者較清晰，它被預設成與創意產業及其組織文化相吻合的工作類型，不穩定又難以預料（Frenette 2013, p. 368）。

Frenette 的觀點十分精闢，然而，順着這個思路，高等教育在塑造實習勞動的「含糊性」，則仍要更仔細地審視。高等教育及工作為本學習（work-based learning）的研究經常只是確認實習對學生及教育者的好處（Swail and Kampits 2004），並發展各類模式把教育路徑與事業發展接合起來（Howard 2004），又或者辨認出令教學法變得具批判性的條件（Breunig 2005; Lester &

Costley 2010; Berger, Wardle & Zezulkova 2013）。有些學者則評估高等教育在「可僱性」上的效用，以及它對專業實習及認同的影響（Thornham & O'Sullivan 2004; Willis 2010）。然而，我們實在有需要進一步理解實習學生的工作—學習經驗的性質，因為它介乎勞動及教育實踐之間。由於大部分實習生都是學生或剛畢業的，他們作為學習者的種種複雜內涵，以及它們與教學實踐和工作場所的關係，十分值得我們去檢視。實習生經常在工人與學習者兩個角色之間徘徊，在設計細緻的實習課中更是如此。當實習生每天工作的同時，也會持續地檢視自己的想法、動機、感覺及行為，他們有時問「為何」更多於「如何」。而我的研究就是嘗試處理主觀經驗，探討他們在專業領域及教育機構之間，如何商議自己身份的過程。

資料、方法及背景

本章的資料來自2010年來我作為實習課導師的參與式觀察，以及2014年跟10位年青畢業生（三男七女）所做的訪談[3]。受訪者是從110位曾參與實習的同學中選出來，樣本包含曾在三個領域裏工作的年青人，訪問的內容環繞實習期望、選擇機構、獲取實習崗位、第一印象、樂趣與挫折，同時，受訪者也分享了自己對實習的評價及各類記憶。訪問亦涉及實習與他們的學習、事業期望及當下工作的關係，同時，我也訪問了另外兩位導師，了解整個課程的背景、教學哲學、教學法及課程設計。

---

3. 大約有一半個案由研究助理陳佩明訪問。

實習課的目的是鼓勵主修文化研究的學生把理論實踐，並獲取更多有關「文化工作」(cultural work) 的技巧及知識，發展專業態度及氣質 (ethos)，為日後的事業作準備 (Department of Cultural Studies, Lingnan University 2013)。值得注意的是，「文化工作」所指的不是特定的行業及專業，它在很大程度上是由導師界定，只要導師認定是有意義的機構及工作便可以了。我們可以說，只要被選為實習機構，學生在機構負責人及導師指導下工作，以及思考自己的工作，這便是「文化工作」了。這聽起來有點隨意及同義反覆。事實上，所謂有意義，有時意味着機構屬於三類機構之一，而工作內容能讓學生認識行業便可以了。因此，「文化工作」這個說法本身已具有很大的含糊性。

這門課是整個嶺南大學文化研究學士課程的一個特點，我們學系的學士課程是華語世界裏第一個本科文化研究學士課程。根據課程發起人及設計者陳清僑教授的說法，課程的主旨是「策略性把界別或邊界重新接合」(strategic border re-alignment) (Chan 2002, p. 231)。換言之，它具有跨學科取向，不單把不同學科帶進來，也突出香港及中國的社會及文化語境，強調在地的議題。大部分系內教員進入文化研究領域的原因是不滿傳統學科的限制，因此，從常規的學科裏解放出來，成為課程的精神，它懷有一種跨越既有學科及專業的視野，指導研究與社會實踐。這個取向又與學生有關，正如課程的校外評核教授 Graeme Turner 指出，嶺南學生是一群經濟及文化資本相對較低的非精英學生，課程鼓勵他們進入文化研究概念與自身社會參與之間的知性及實踐對話，而並不單純是閱讀理論經典 (Turner 2012, p. 87)。實習課的領域不限於特定的專業範疇，或特定的「文化工作」界定，它源自系內老師的社會文化關懷，以及與必修課程及兩個分支領域

（streams of study）──「社會及歷史研究」及「文學及媒體研究」的銜接。由於實習課被界定為與社區及社群交互接合的機會，實習機構多因利成便地由導師個人網絡及社會參與所接觸的機構中選取出來的。

　　以下我會描述與討論受訪者的共同期望，並分析他們的期望如何在自己的學習環境之中產生。接着會集中分析那些愉快及挫敗的經驗個案，並把他們如何適應勞動狀況的模式勾勒出來。同時，我會把「透過勞動而學習」（labouring to learn）的過程，以及這個過程與高等教育的關係呈現出來。最後，我會作出總結，討論這些經驗對香港受過高等教育的年青人的重要性。

表10.1　受訪者名單（名字經修改）

姓名	性別	年齡	機構性質
Josephine	女	25	媒體
Kelvin	男	29	非政府組織
Eva	女	24	表演藝術團體
Fiona	女	23	非政府組織
Patrick	男	26	媒體
Erica	女	25	表演藝術團體
Holden	男	24	媒體與藝術
Emily	女	24	媒體
Sussie	女	23	非政府組織
Pinky	女	23	媒體

出處：葉蔭聰（2010），訪談。

研究成果及分析

期望

　　實習經驗雖然千差萬別，但學生最初的期望卻十分相似。例如，儘管導師強調實習讓學生踏進某些行業或擴大人際網絡，但實習生並不一定對日後的事業抱有很大期望。除了一名實習生外，其餘的人均承認，兩個月內獲取學分（3分）是實習最重要的回報及動機，因為實習期比一個正常學期要短，這似乎比獲取專業技能及建立人際關係以為未來事業鋪路來得更重要。他們很少認真地規劃過事業，學生選擇機構一般只視乎機構是否有趣及是否具挑戰性。

　　一些學生視實習為難得的機會，做一些與自己生活方式及性格不同的東西。Josephine是個乖學生，努力讀書，但在課堂上很少發言，也少參與課外活動，她不熱衷社會及政治爭議；所以我知道她選擇了當獨立媒體的實習記者時，感到有點意外。她的答案很簡單，就是要一個特別的經歷：「我想試一下，同時看看這是否適合我，我有點好奇，想知道自己是否適合做一些與公共事務有關的工作」。結果，她自己及實習機構對她的表現的評價都不好，她似乎沒有改變自己的性格，她最後得出結論：她根本不適合這個行業。

　　另一個例子是Fiona，她及她家庭的宗教信仰在道德上頗為保守，她有關同性戀的議題，又或是性權的女性主義理論（Pro-Sex Feminist Theories）的知識，主要來自課堂，她對近年本地有關性別及性傾向歧視、色情及同性婚姻合法化等議題感到很疑惑，因為與她的家庭教育及信仰有許多抵觸之處。她在個人立場不明確的情況下，選擇了到一個同志團體做實習，她視這次為學習更

多元性權議題的機會。Fiona在實習機構裏的角色有一定含糊性，既非倡議者，又不是職員，但這反而讓她在參與倡議的同時，沒有責任要認同同志活躍分子的訴求：「畢業之後，基於我的宗教信仰，我大概不會有機會去思考這些與宗教衝突的性議題，尤其是聆聽性小眾的觀點。」

　　Josephine和Fiona視她們的實習崗位為一個機會，讓她們可以離開較習慣或較主流的工作與生活，即使實習工作的性質有時與普通的辦公室工作沒有太大差別。根據我的訪談及觀察，學生視實習為課室以外的學習，即使是整理檔案、打電話給陌生人及替機構作推廣或聯繫、輸入資料、無聊地坐在辦公室或緊張地嘗試與忙碌的同事交談，大部分學生都很有耐性及積極地投入。儘管有些機構期望實習生日後成為新一代的員工，他們還是自視為學習者，他們想接受挑戰及獲取接觸「真實世界」的機會，不想老是待在象牙塔的大學及日常生活中。含糊的工作角色恰好能讓她們「嘗新」。

剝削與愉悅

　　超過一半受訪實習生以「剝削」描述自己的工作經驗，雖然他們意指不一，但沒有強烈地感到「不公」。所謂「剝削」，除了是無償或低薪勞動外，一些實習生抱怨要做煩瑣的工作，而像個可有可無的雜工。Eva在一家表演藝術團體工作，負責客戶服務，經常接聽電話，偶爾還要幫上司煎煮中藥；Kelvin和Patrick在一家小型紀錄片公司工作，經常要送文件，有時工作很忙碌，自己也不知所在做什麼，也不甚明白機構的使命及宗旨。Patrick尤其不滿上司的家長式態度，他界定實習生的角色為「助理」：「實習生是要學習，但我們只是幫手」。Eva用了「彈性」一詞來形

容：「你不能問為何你要做這些，為何要做那些，公司規模小，員工與主任經常強調彈性，我的工作性質本身總是含含糊糊。」

他們感到被剝削得最深的不是無償勞動或沉重的工作，而是其他。Richard Sennett 曾指出，「新資本主義」有三個社會敗象：低機構忠誠、同事之間缺乏非正規的互信關係、機構及體制知識變弱（Sennett 2006, pp. 63-72），這恰好是實習生感到被剝削的處境。一方面，學生沒有受接專業知識的訓練，另一方面，大部分公司也無法向實習生提供正規的計劃，例如迎新活動、訓練、系統性指導及足夠的指引，實習生要由零開始去適應工作環境。

實習生的角色模糊，很大程度界定他們的工作狀態，但是，也有可能成為樂趣。Erica 有時也享受實習工作，特別是當她轉換到觀眾的角色；她的上司曾邀請她出席一些表演，聆聽她的意見和建議，以作改善，這是因為他的主管希望製作能更吸引年青人。影響工作滿意度的不單是工作性質，更重要是實習生是否或多大程度上能在自己的角色裏找到意義，並為這意義而工作。Patrick 抱怨上司視他為青少年，經常對他作出訓育與監視，但跟他在同一機構裏實習的同學 Holden 則非常享受多而雜的工作：「這真是有趣，我們有那麼多不同的工作任務，當我學會一樣，便被派到從事另一樣，眼界大開。」令 Holden 高興的是他視實習為學習如何經營一家小藝團，令他思考日後的長遠職場生涯。Kelvin 在一個社區組織工作，負責向公眾講解重建計劃對社區的影響，工作瑣碎零散，但他很認同機構的使命及宗旨，視實習為開拓眼界及提升意識的機會。Holden 和 Kelvin 皆視辛勞為取得特殊學習經驗的必經之路。

透過勞動而學習

不少研究者發現，實習期望與實習生發展出來的知識，或他們所建立的人際網絡之間，往往有很大差距（Frenette 2013; Tayler & de Laat 2013; Figiel 2013），我關注的焦點則是落在他們如何商議處理這些差距。儘管我的受訪者偶爾會抱怨工作環境及技術培訓不足，但沒有人覺得實習沒有收穫，大部分學生傾向接受，並期望學到一些技能、與同事維持良好關係，並專注地觀察實習機構的日常運作。有些人即使感到失望，也會壓抑自己的反感與批評，他們極少與機構衝突、爭論及重新評價機構，實習生往往把挫敗、失落和困惑變成反思性作業的主題交給導師，或與朋輩分享。有趣的是，他們把這些視為「啟蒙」，為此，他們強烈建議同學參與實習，因為，他們視之為反思自己知識背景、社會角色及事業規劃的寶貴機會。「反思」並不單是這個實習課其中一個評核的元素，例如寫周記及作業，它也有關於實習生的自我發展、事業準備及生涯規劃，這些都令他們接受無償實習勞動，甚至視之為「被啟蒙」的經歷。

所有實習生都視實習具有教育意義，但沒有人認為文化研究理論及概念在工作上有實際用途。實習反過來變成一副眼鏡，讓學生重新看待、理解及反思許多學術議題和概念。實習時的日常工作及觀察，不論經驗是正面或負面，都被視作類似課堂裏提及的具體例子，同時亦變成反思性作業的主題。例如，大部分學生說，他們終於明白「文化體制」、「文化工業」是什麼，同時，他們也在作業裏分享他們的想法。

　　然而，他們所學的並不限於學術知識。Josephine當實習記者經驗令她頗失望，因為她認為，上司沒有指導她的能力，此外她也發現自己對政治議題的知識方面貧乏和性格被動。儘管如此，她仍視實習為寶貴的學習經驗：「如果你去工作，你只學會如何完成工作，但實習令你思考更多。」她指的「思考」不是指學術方面，而是自己的未來。實習後，她放棄了當記者的夢想，認真地考慮其他工作。Kelvin在一個關注市區重建的團體工作，他認為實習給他的生命帶來一個全新的視野：「我過去怎能想像自己站在街頭派傳單，或跟路過的人講解社會上發生的大事？如果我不做實習，我自己永遠不會做這些。」儘管他現在只是一個辦公室小職員，沒有在任何社運團體做倡議工作，但他仍然相信自己不再像以往那樣政治冷感。Holden決定在一個規模大得多、有點科層化的機構工作，而不在一個像實習機構那樣小的團體工作，他期望自己能在一個更體制化的環境裏學習，了解媒體或藝團的組織方法；他說，在小團體實習帶給他自由與彈性，但缺乏足夠的指導和正式訓練，Holden的公司如今是香港一家大型報館，他是全職編輯。

　　Emily在一家商營電台實習，曾經每天工作超過12小時，她既做製作助理，也要兼做記者及節目主持，經過實習後，Emily想過放棄媒體工作夢想，因為，辛勞的實習經驗令她相信，沉重的工作量會毀掉她的人生。但是，幾個月後，她又改變主意，她再次物色媒體的工作：「在電台工作給我的不只是特殊技能，它給我一種新聞觸角，這很難形容，是一種思考模式，以及用一個精準和突出的角度表達資訊的能力。例如，我以前從不知道sound bite這回事。」她決定追逐她的媒體夢，但避開電台及其他她估計工作量大的工種，她嘗試在工作與生活之間取得平衡，甚至在工餘時間和友人辦一個介紹電影和影評的網站。其實，大

部分學生在實習後，沒有到實習的機構工作或從事相關行業，他們認為來得更迫切是清楚自己的事業規劃，以及尋找工作以至生活的意義。

從實習導師的角度來看，Emily 的例子是一個較完整的學習及實踐過程，她由傳統媒體出發，經歷過勞累的實習，思考、逃離及抗拒，最後嘗試重投媒體大領域，但找到一個不一樣的位置，使它與生活安排形成較良好及平衡的動態，為媒體勞動找到一些新的可能，甚至自己試辦媒體。但無可否認，這種例子較罕見。

結論

實習課的導師反覆強調「實踐」在文化研究的重要性，但大部分學生仍視自己是學習者，多於一個實踐者。對這些學生來說，實習不意味着付出無償勞動而學得一些技能，或者投入社區組織及文化工作，實習較像是一個「主動探索」（active searching）的過程，學生在嘗試、挑戰及重新調較那些在課堂裏學得的意念及想法，並改善自己的思考能力，尤其是對那些他們不熟悉的領域，簡言之，是反思自我及周遭的能力。令人失望沮喪的工作經驗沒有阻止他們「透過勞動去學習」。他們在不安之中找到安適之處，他們欣賞文化研究令他們裝備知識、知性的工具及指引，去為自己、自己的工作及實習機構建立一個批判性的眼界。

因此，雖然教學論述、實習工作角色及工作性質都有相當的含糊性，但這無礙他們投入工作及學習。相反，含糊性引導他們進入探索性的學習者角色。正如 Judith Tayler 及 Kim de Laat（2013, p. 93）指出，實習勞工用「實習自我」（internship selves）取代了「工

作自我」（work selves），把不愉快經驗歸為缺乏指導、欠友善的同事或自己倒霉，而少有批判地視無償勞動為剝削。

我這個小型研究則指出，實習是一個主體性商議過程，過程中產生一種高階學習，令學生扮演了自我指導的學習者（self-directed learners）。實習學生以他們含糊的角色，與令人沮喪的工作場所或繁重的工作保持距離；他們視自己的角色為學習者，尋求新經驗或反思，因此，無償或低薪實習變得可以忍受。從這個角度去看，實習是「知識型資本主義」的例子之一，亦是新自由主義重構下的大學改革結果，學習與工作之間的界線變得很含糊，因而造成資本主義的權力關係被經驗性學習的論述及實踐所掩蓋（Burton-Jones 1999; Marginson & Considine 2000; Olssen & Peters 2005）.

實習生不是被訓練成循規蹈矩，而是被鼓勵去把自己發展成「受教育的主體」（educated subject），他們自願調整「自我最內在的面向」（the innermost aspects of the self），去順應一個轉變中的體制環境（Fendler 2001）。因為這個原因，受訪者視實習為「啟蒙」，被教育的實質並不必然是知性的能力、特定技能或行為紀律，關鍵是發展了一個自我激發的主體，它蘊含了一種氣質、動機及欲望，接受各類挑戰，而這些挑戰被視為高度正面的經驗，一種學習過程中的冒險，甚至是一種福分。

後記

這個在地實踐案例，似乎指出文化研究教學為實習勞動生產更多更大的含糊性，若把實習生視為勞動者，那麼文化研究的確有成為新資本主義剝削的幫兇之嫌。我完全同意，應努力爭取

實習生的權益，一方面該向實習機構爭取較好的待遇（薪酬或津貼與其他勞動條件），另一方面，高等教育機構也應提供津貼。然而，這是一個勞工議題，單純站在教育工作者在這方面能爭取到的空間及進步相當有限，這可能是要與勞工團體、工會及左翼政黨合作結盟的議題。但是，另一個與教育工作者更相關的問題是，既然實習生的另一個身份（即使不是更重要，也是同等重要）是學習者，它便不能簡單視作為低薪或無薪勞動所找的借口。而需要進一步追問，教育工作者及機構如何創造更好的學習環境及過程，如果單純是一個不一樣的體驗，一種暫時偏離「常規」的挑戰，這的確是遠遠不足夠的。從教學操作及設計上，使實習所觸發的「主動探索」變成一種持續過程，對生活、事業規劃、產業及體制更具批判及創意的反思，讓年青人找到更好、更有力量的位置，這應該也是文化研究強調的「位置之戰」（war of position）之一。

參考資料

Berger, Richard, Jonathan Wardle & Marketa Zezulkova (2013). "No longer just making the tea: Media work placements and work-based learning in higher education," in *Cultural Work and Higher Education*, Daniel Ashton and Caitriona Noonan, eds. Hampshire: Palgrave Macmillan. 87–109.

Breunig, Mary (2005). "Turning experiential education and critical pedagogy theory into praxis," *Journal of Experiential Education*, 28(2): 106–122.

Burton-Jones, Alan (1999). *Knowledge Capitalism: Business, Work, and Learning in the New Economy*. Oxford: Oxford University Press.

Chan, Ching-kiu (2002). "Building cultural studies for postcolonial Hong Kong: Aspects of the postmodern ruins in between disciplines," *Cultural Studies: Interdisciplinarity and Translation, 20*: 217–237.

Department of Cultural Studies, Lingnan University (2013). *Internship Course (CUS 299), Student Handbook*. Accessed June 10, 2015. http://www.ln.edu.hk/cultural/students/internship/2013/Internship course Student Handbook 2013.pdf.

Fendler, Lynn (2001). "Educating flexible souls: the construction of subjectivity through developmentality and interaction," in *Governing the Child in the New Millennium*, Kenneth Hultqvist and Gunilla Dahlberg, eds. London: Routledge. 119–142.

Figiel, Joanna (2013). "Work experience without qualities? A documentary and critical account of an internship," *Ephemera: Theory & Politics in Organization*, 13(1): 33–52.

Frenette, Alexandre (2013). "Making the intern economy: Role and career challenges of the music industry intern," *Work and Occupations, 40*(4): 364–397.

Government of the Hong Kong Special Administrative Region (2012). *Third Quarter Economic Report 2012*. Hong Kong: Hong Kong SAR Government.

Government of the Hong Kong Special Administrative Region (2014). *Half-yearly Economic Report 2014*. Hong Kong: Hong Kong SAR Government.

Creative Common (CC) (2015). Creative Commons License.

Hesmondhalgh, David (2010). "User-generated content, free labour, and the cultural industries," *Ephemera: Theory & Politics in Organization, 10*(3/4): 267–284.

Hesmondhalgh, David & Sarah Baker (2011). *Creative Labour: Media Work in Three Cultural Industries*. New York and London: Routledge.

Howard, Adam (2004). "Cooperative education and internships at the threshold of the twenty-first century," in *Handbook for Research in Cooperative Education and Internships*, Patricia L. Linn, Adam Howard and Eric Miller, eds. Mahwah, NJ: Lawrence Erlbaum Associates. 3–10.

International Labor Organization (2004). *Economic Security for a Better World*. Geneva: ILO.

Lester, Stan & Carol Costley (2010). "Work-based learning at higher education level: Value, practice, and critique," *Studies in Higher Education*, 35(5): 561–575.

Marginson, Simon & Mark Considine (2000). *The Enterprise University: Governance, Strategy, Reinvention*. Melbourne: Cambridge University Press.

Neff, Gina & Giovanni Arata (2007). "The competitive privilege of working for free: Rethinking the roles that interns play in communication industries," Paper presented at the meeting of American Sociological Association. New York City, August 11.

Oakley, Kate (2011). "In its own image: New labour and the cultural workforce," *Cultural Trends*, 20(3–4): 281–289.

Olssen, Mark & Michael A. Peters (2005). "Neoliberalism, higher education, and the knowledge economy: From the free market to knowledge capitalism," *Journal of Education Policy*, 20(3): 313–345.

Overell, Stephen (2010). "The role of internships," in *Disconnected: Social Mobility and the Creative Industries*, Ryan Shorthouse, ed. London: Social Market Foundation. 80–89.

Perlin, Ross (2012). *Intern Nation: How to Earn Nothing and Learn Little in the Brave New Economy*. London: Verso.

Pun, Ngai & Jenny Chan (2012). "Global capital, the state, and chinese workers: The Foxconn experience," *Modern China*, 38(4): 383–410.

Randstad (2014). *Randstad World of Work Report: The Talent Strategy Game-changer Series*. Accessed September 26, 2014. http://www.randstad.cn/FileLoad/Attachment/20140224141329449.pdf.

Sennett, Richard (2006). *The Culture of the New Capitalism*. New Haven and London: Yale University Press.

Standing, Guy (2011). *The Precariat: The New Dangerous Class. New York*: Bloomsbury Academic.

Swail, Watson Scott & Eva Kampits (2004). *Work-based Learning and Higher Education: A Research Perspective*. Washington, DC: Educational Policy Institute.

Tayler, Judith & Kim de Laat (2013). "Feminist internships and the depression of political imaginations for women studies," *Feminist Formations*, 25(1): 84–110.

The Hong Kong Federation of Youth Groups (2013). *The Daily Needs and Financial Pressures of Young People with Government Loans*. Hong Kong: HKFYG.

Thornham, Sue & Tim O'Sullivan (2004). "Chasing the real: 'Employability' and the media studies curriculum," *Media, Culture & Society*, 33(2): 289–298.

Turner, Graeme, (2012). *What's Become of Cultural Studies*? Los Angeles: SAGE.

Willis, Jenny (2010). "How do students in the creative arts become creative professionals?" in *Learning to be Professional through a Higher Education*, Norman Jackson, ed. Accessed September 13, 2014. http://learningtobeprofessional.pbworks.com/f/JENNY+WILLIS+D4+FINAL.pdf.

11

不做「高等乞丐」：中港城市青年與鄉村建設運動

文 ｜ 薛翠
西南大學中國鄉村建設學院副教授

> 數十年來與此鄉村社會全不切合的西式學校教育，是專門誘致鄉村人於都市，提高他的欲望而毀滅他的能力，流為高等乞丐的；輪船火車的交通，新式工商業的興起，都市文明的模仿，皆是誘致人離開鄉村而卒之失其簡易安穩的生涯的⋯⋯
>
> 今日的問題正為數十年來都在「鄉村破壞」一大方向之下；此問題之解決唯有扭轉這方向而從事於「鄉村建設」─挽回民族生命的危機，要在於此。。
>
> ──梁漱溟（1932）[1]

1. 梁漱溟（1932）。〈山東鄉村建設研究院設立旨趣及辦法概要〉，見《中國民族自救運動之最後覺悟》。中國：村治月刊社。207-225頁。轉引自《梁漱溟全集》（第五卷）。濟南：山東人民出版社。222-239頁。

引言

1920-40年代，全球經濟蕭條，西方列強侵略，國內軍閥割據，民生凋敝，面對內憂外患，不同政治立場的知識分子各有救國藍圖，其中的鄉村建設運動領袖晏陽初、盧作孚、梁漱溟等主張重新建設鄉村，竭盡所能地為鄉土社會而非產業資本培養人才。對比現在的情況，小農社會積弱，工業資本滑落，金融資本橫行，一線城市像北京、上海、廣州、深圳，沿襲香港作為中國現代化「前店後廠」的「前店」模式，第三產業加速膨脹起來。

根據中國國家統計局發佈的《2015年國民經濟和社會發展統計公報》[2]，第一產業增加值佔國內生產總值（GDP）的比重為9.0%、第二產業增加值比重為40.5%、第三產業增加值比重為50.5%，首次突破50%。另一方面，根據2014年香港政府統計處數據，按經濟活動劃分的本地生產總值，第一產業（農業、漁業、採礦及採石）僅0.1%、第二產業（製造、電力、建築等）只佔7.3%、第三產業（服務業，包括貿易、零售、金融、保險、地產等）卻高達92.7%[3]。

過去三十年，中國沿海大城市爭相模仿紐約、倫敦、東京等城市，走上金融極化的道路，造成社會極度貧富懸殊，正如佔領華爾街運動所批判的，極少數金融資本家剝奪全球大眾的利益：1% VS 99%。根據彭博億萬富豪指數和國際貨幣基金組織的GDP估值進行計算發現，香港排第一位，超過歐美，香港十大富豪的

---

2. http://www.stats.gov.cn/tjsj/zxfb/201602/t20160229_1323991.html

3. http://www.censtatd.gov.hk/hkstat/sub/sp250_tc.jsp?tableID=036&ID=0&productType=8#N3 2/

總資產竟然相當於香港GDP的35%。中國內地則排第十二位，十大富豪的總資產相當於全國GDP的1%。再者，根據北京大學《中國民生發展報告2015》顯示，中國目前的收入和財產不平等狀況正日趨嚴重。中國家庭財產堅尼系數從1995年的0.45擴大到2012年的0.73。最上層1%的家庭佔有全國約三分之一的財產，而最底層25%的家庭擁有的財產總量僅在1%左右[4]。

八十多年前，梁漱溟批判學校教育全盤西化的惡果是生產了都市「高等乞丐」，毀滅了學生的生存能力，既不種田，也不上車間作坊，只想吃現成飯，養成寄生蟲的生活態度。對比現在的情況，高校的主流常規尚為產業資本與金融資本培養精英，筆者卻沿着鄉村建設運動前輩所指引的方向，致力於在高校內外尋找空間培養腳踏實地的鄉村建設人才，即培養學生頭腦與雙手並用，在田埂作坊實地勞動，養成自力更生的存活能力；更重要的是，「接底氣」，了解予以生命滋養的鄉土社會，繼承先天下之憂而憂的士人傳統，乃至延續知識分子與勞動人民打成一片的左翼傳統，共同致力改變1% VS 99%的世界。

八九之後下鄉

八九之後，香港社會運動陷入低潮，瀰漫犬儒與冷漠的新常態。筆者當時剛考上嶺南大學（前身為嶺南學院），校園最大型的抗爭運動僅僅為了自保——爭取升格正名為大學而已。1995年跟隨劉健芝老師到江西農村調研，並且協助農村婦女成立合作

4.　http://www.yicai.com/news/4738424.html

社，自此以後，對現實的理解不限於城市，對社會運動的訴求也不限於政治體制精英代表的替換，而是改為着重基層社會的民情與民生，並且思考大眾民主的形式與內涵。

筆者自2005年嶺南大學文化研究系博士畢業後，到上海和重慶的高校任教：華東師範大學社會學系（2006-2009）和西南大學中國鄉村建設學院（2012-），當中三年（2009-2011）在中國人民大學做博士後，研究國際鄉村建設運動。筆者從1994年加入中國社會服務及發展研究中心（China Social Service and Research Development Centre, CSD），1996年加入亞洲學者交流中心（Asian Regional Exchange for New Alternative, ARENA），除了研究中國的三農問題（農民、農村、農業），還到亞洲與拉丁美洲的農村調研，像日本、台灣、南韓、印度、印尼、泰國、菲律賓、柬埔寨、巴西、墨西哥、秘魯、厄瓜多爾等。在考察不同地區的農村的過程中，不斷思考現代化、殖民主義、資本主義、發展主義對鄉土社會的影響，以及借鑒在地化的、以民為本的另類實踐。

筆者在中港高校從事教學與科研工作超過十年，以鄉土社會或者以農民利益為本的課程寥寥無幾，遑論科研經費，因此，不向外多處申請經費，就要自掏腰包。儘管從學校建制獲得的資助微薄，但我盡力在課堂內外引導上海和重慶的大學生（大部分都在城市長大）重新認識中國歷史、為三農服務，參與當代的鄉村建設運動。另一方面，協助香港城市青年到中國內地農村實習，筆者所屬的CSD從1995年便開始帶領香港青年到江西農村去，甚至組織海外學習交流團，到印度南方的喀喇拉邦考察民眾科學運動（Kerala Sasthra Sahithya Parishad, KSSP）；從2002年開始，與嶺南大學文化研究系合作，每年協助兩至三名大學生下鄉，實習單位包括江西宜春萬載縣白水鄉路下灣里婦女儲金會、河北定州翟城晏陽初鄉村建設學院、北京小毛驢市民農園等。

　　帶領學生下鄉之前，我們組織讀書會，要求學生閱讀學習材料，互相討論，下鄉之後呈交書面報告，再召集開會討論。

　　我多年來與農村婦女打交道，有時候不知不覺流露城市精英自我中心的價值判斷，但我會時刻自我提醒，自我批評。

　　例如：江西萬載縣白水鄉路下灣里婦女儲金會約有一百名會員，選五人委員會，基本上都是中年婦女，年青的大多都出外打工。委員會設立百合種植責任制，下分五個小組，每個小組選一名組長。她們開會討論選組長的時候，我在旁建議XX做組長，理由是年輕活潑，初中學歷，有出外打工經驗，嫁到本村約一年，小孩半周歲，如果做了組長，可以團結比較年輕的成員。

　　沒想到幾個委員一聽之下，紛紛表示不同意，因為：「XX沒有勞動力啊！」她們看我一臉不解，便耐心解釋：「XX生了孩子，要餵奶，沒工夫。她嫁過來才一年，不會種百合，挑大糞、搖粉、曬乾等工序也不會做，連自己也不會做，哪怎麼帶領組員幹活啊！」我聽後立即噤聲。

　　後來選出來的各個組長幾乎都是中年婦女，小學學歷，孩子都上了小學，能下地勞動，也懂百合加工，而且在村裏的人際關係比較好，能喊人幹活。

　　我帶着城市精英的評審價值，選人只看重個人與學歷而已。農村婦女卻不僅看個人與學歷，更加看重體力勞動、家庭背景、鄉里人情、組織能力等。因此，我常常告誡學生下鄉的時候，務必抱着虛心學習的態度。

　　以下根據不同年份的學生的下鄉報告，以及新近對曾經下鄉的畢業生訪談，分析中港城市大學生親身下鄉的經歷、感受與影響，有些學生嘗試從庶民視野（subaltern perspective）角度，反思自身作為城市精英的優越位置，向農民虛心學習。有些即便走

進鄉土社會，卻鞏固了二元對立思維：我（城市）進步vs你（農村）落後、我（民主）vs你（獨裁），無疑加深了成見。

幹農活

香港城市青年到中國內地農村實習，跨越的不單是中港邊界，更是城鄉的差距、腦力與體力的差異、人與大自然的隔閡，而這種跨越卻從幹農活開始，從身體的變化開始。

1999年，楊愛媚曾經跟隨CSD到江西農村調研，她回憶道：

> 當時正值盛夏，江西的農村已經開始收割第一造稻米。雖然我在回家鄉的時候見過稻田，但卻沒有機會走近看看。這次才第一次有機會參與收割稻米的工作。我負責把收割下來的、鋪在曬穀場的稻粒收起來。這算是整個收割過程中最輕鬆的一道工序：把放在蓆子上的稻粒，用掃把掃起，然後裝進竹筐裏。看着稻粒在五、六點鐘的夕陽下泛着金黃色的光芒，心中深深感嘆：米雖然是我們香港人的主糧，吃了十多二十年，我卻從來沒有看過未磨掉外殼的稻粒，在陽光下閃着光芒，看得入神的同時，也在思考：我們香港人憑什麼可以自己不用動手而有口糧呢？

2004年，林子敏（女）曾經到晏陽初鄉村建設學院實習兩個月，回憶道：

> 那裏生活條件跟香港差遠了，但我們學到很多東西，感到非常充實、快樂。剛開始我們什麼農活都不會做，幸好當地農民耐心地教我們使用農具，怎麼種田、種小麥、割小麥、編草繩，還有生火燒水、炒菜做飯。有一次下大雨，大伙都衝出去搶收小麥，那些小麥都是我們很辛苦種的啊！那時候，終於明白什麼叫做「誰知盤中飧，粒粒皆辛苦」，漸漸地對糧食特別緊張、特別珍惜。下田勞動特別累，每天晚上都覺得腰痠背痛，但人慢慢地變得精神有勁兒，臉曬黑了，身體也結實了。

謝月娥（化名）在北京小毛驢市民農園實習兩個月，她在報告中坦言從勞動中獲得喜悅：

> 坦白說，我很喜歡勞動。平時沒有機會身處大自然這麼久，實習的時候卻是每天也能接觸大自然。陽光曬在皮膚上，加上點點微風，感覺很舒服。勞動以後，出了一身汗，那種暢快感是筆墨難以形容的。每天日出而作，日入而息，感覺自己健康多了。

> 對於沒有任何農耕經驗的我來說，勞動的確是十分有趣的。尤其是親手採摘蔬菜，感覺非常好。平日在菜市場和超級市場只能看到已收割好的蔬菜，現在居然看到整棵植物！餵豬也十分十分好玩。當我抱着一堆菜和瓜在遠處走向豬舍時，豬兒已經準備好等着吃，實在太厲害了。

高少峰（化名）也在北京小毛驢市民農園實習，承認兩個月的收穫是學會了耕作：

> 由最初對耕地一竅不通，到最後有基本的認識。之前，我接觸的農作物只是從書本中得知，完全沒有親眼看過農作物的生長過程。農作物得來不易，例如綠豆怎麼樣生產，以前我從來沒有想過。在小毛驢農場，我學會了。從採摘一根成熟的、咖啡色的、長長的豆子，放在太陽下曬乾，再把綠豆的表皮撕掉，整個過程都是親手做的，農夫的心血不可言喻。我身體力行全程參與，感覺好光榮。

> 我們並不知道農作物是怎麼生長的，亦忘記有農夫為我們默默耕耘，農夫好像成為了被遺忘的職業，T-Shirt 上寫着「沒有農夫誰能活於天地間」，使我反思現今主流社會所肯定的腦力勞動，而很少人選擇做體力勞動。但體力勞動是否就代表低下呢？這個問題我要重新思考。

他引用「沒有農夫誰能活於天地間」這句話，其實源自九十多年前的《農夫歌》：「穿的粗布衣，吃的家常飯，腰裏披着旱煙袋兒，頭戴草帽圈；手拿農作具，日在田野間，受些勞苦風寒，

功德高大如天。農事完畢積極納糧捐，將糧兒交納完，自在且得安然。士工商兵輕視咱，輕視咱，沒有農夫誰能活於天地間。」

1920-30年代，晏陽初和一大批海外留學歸國的知識分子，在定州市翟城村，與當地鄉紳精英米迪剛等共同推動鄉建運動。他們編千字課和歌曲，取材於農夫的生活現實，並且從農夫的視野看世界。他們提出「欲化農民，必先農民化」，意即先向農民學習，變成農民，然後才能夠引導和感化農民。

儘管學生下鄉的年份不同，留在村裏的時間長短不一，但不論調研與實習，田間勞動必不可少。讓學生學習農民「手拿農作具，日在田野間，受些勞苦」，他們的身體變化如汗流浹背、腰痠背痛，繼而對稻穀的讚嘆，對小麥的珍惜，甚至認同勞動光榮等，僅僅引導學生體驗現代教育的起點：「輕視咱（體力勞動者）。」

現代教育無不沿襲西方殖民主義的精英教育，終極目的之一：先蔑視體力勞動者，再剝削體力勞動者。

蹲旱廁

除了幹農活流汗水之外，最令城市青年難忘的是蹲旱廁，而如廁的痛苦經驗讓他們明白改善民生的重要性，乃至積極投入建造尿糞分離的生態廁所的培訓。

1999年，宋紅梅跟隨CSD到江西農村去，至今依然記得廁所的模樣：

> 村裏的婦女對我們很熱情，把好吃的都留給我們。菜式和口味都給我一種很特別的感覺。吃着吃着就撐飽了，吃過後，我急着處理的是大解小解。小解還勉強容易對付，在廚房某一個角落蹲下，完事後

用水沖掉。但過程中，我要留意廚房裏另一個角落兩隻肥豬的動向，雖然有一排矮小的圍欄把兩隻肥豬圈起來，又知道肥豬不會蹦蹦跳跳，不太可能跳過圍欄，但是肥豬發出的怪聲總讓人感受到威脅。

大解更是驚險百出，四面矮牆圍起來就算是茅廁，撲鼻而來是可怕的氣味，進去只見兩個大糞坑，放着四條長兩米濶一寸的木條板，如廁時除了要懂得閉氣，亦要有良好的平衡力。當要參觀某農戶先進的沼氣化糞池和沼氣產能設施時，我覺得特別興奮，渴望知道建築成本和難度。在任何一個地方，廁所應是最基本的急需的衛生設施，不應忽視。

十二年之後，林子敏回憶翟城村的廁所，最深刻的印象是噁心的蛆蟲：

> 那裏的廁所是旱廁，沒水沖洗，又要蹲着，剛開始我們誰也不想去，尤其下雨天，成千上萬條的蛆蟲到處鑽動，非常噁心。但不上廁所又不行，唯有硬着頭皮。後來，學院成立了建築培訓班，學習蓋生態房子、生態廁所、節能大禮堂等，我們都積極參加。那幾間生態廁所，我們都有汗馬功勞的份兒呢！

戴業賓（化名）從小毛驢市民農園的生態廁所思考堆肥，乃至可持續發展的生活：

> 農場裏兩個廁所都是生態廁所，即尿糞分離式廁所。農場導師黃志友曾經研究這種廁所的技術以及編撰書籍。通過尿糞分離式廁所，人類的排泄物被分開貯存，日後用作堆肥。如農業科學家阿伯特‧郝德爵士（Sir Albert Howard 1873－1947）20世紀30年代所提倡的如出一轍，他認為中國農民將所有有機廢物堆肥再回歸農田，這種自然循環是「維持大量人口生活而地力不衰的關鍵所在」。這些技術的背後理念，乃取之大自然，回饋大自然，達至可持續發展的生活。

傳統鄉土社會視糞便為黃金，中國生態學先行者莊子更說：「道在屎溺」。可惜，現代教育不但誘使城市青年輕視體力勞

動，更加蔑視與排斥糞便及蛆蟲，換言之，即體力勞動＝糞便。因此，引導學生反思現代教育，除了透過田間勞動，讓學生重新體認體力勞動的價值，同時還必須承認糞便的價值，使其重新回歸泥土，恢復大自然的循環：人➔糞便➔泥土➔糧食。

在現代城市生活中，抽水馬桶使人與糞便/泥土分離，但，依然存活於農村的豬➔沼➔果循環模式，或者尿糞分離生態廁所，讓學生看見乃至身體力行尋找另類生活的可能性。

制約與抗爭

引領上海與香港城市精英下鄉勞動與學習，讓他們慢慢培育反思的能力，從城鄉與性別的角度，理解農村致貧的宏觀因素，以及從社會的邊陲體認農村婦女的制約及抗爭的力量。

十七年之後，楊愛媚認為到江西農村調研，有助她初步認識中國農村婦女的生活現實，她回憶道：

> 願意接受家訪的家庭，大概已經算是村裏生活狀況比較穩定的，他們勤奮踏實，希望憑自己的努力，給家人過上好日子，但奈何農村的收入來源有限，種植經濟作物也得面對失收的風險，但同時要應付教育、醫療、農藥、肥料、種子、蓋房子、政府稅費等開支，一年下來的辛勤勞動，竟然也存不了多少錢，更擔心一場大病便將這僅有的積蓄耗去，還要向親友舉債，才能勉強保住性命。這讓我深深感到中國農村的社會制度真的十分不足，因此個人不論多努力，似乎也難以擺脫貧困的命運；唯一的出路似乎只有到城市打工碰運氣。對農村的這種初步見識，大概也令我稍為明白為何內地各大城市總是有這麼多農民工。

> 再者，也談到與性別相關的問題，一般是從婦女健康、婦科檢查談起，然後話題就會自自然然地談到作為女性、母親，在村裏要扮演什麼樣的角色，要犧牲自己的興趣及個人成長，她們一般較香港的女性早

婚，在農村的不利生活條件下，要維持家庭的日常供給，自然不容易，加上農村人口流動性低，人際關係網絡十分緊密，婦女的一舉一動都在全村人的道德審視底下進行，很多時候不得不默默承受社會對傳統女性角色的期望，要她們做到/理解香港女性輕言的自主獨立，無異是天方夜談。這也讓我看到女性角色的限制，往往與她所身處的社會階級不可分割。

老實説，這些家訪對我的影響很大，直到現在我還會想起這些片段。可令人難過的是，十多二十年後的今天，內地農村的情況沒有多大改善。每次看到中國政府官員對中國崛起誇誇其談，數説中國各種所謂「發展」、「進步」、「成就」，就教我不寒而慄。

楊愛媚當年觀察農村的貧困狀況，以及性別的不平等，至今，問題依然嚴峻。根據北京大學《中國民生發展報告2015》，公共服務存在巨大的城鄉差距、東中西區域差距和性別差距。報告顯示，1960年代出生的人群教育不平等程度最低，此後不平等程度不斷上升，1980年代出生的人群教育不平等程度達到歷史新高。

報告進一步在教育及醫療方面闡述城鄉差距與性別差距。在性別方面，女性的教育水平更低，工作和收入更差，相應健康水平也比男性更差。女性更容易有抑鬱傾向，自報慢性病的比例更高。在醫療方面，農村居民的抑鬱水平更高，其慢性病類型主要為高血壓、呼吸系統疾病和胃腸炎，這類疾病皆由於生活條件和醫療衛生服務差劣所導致。農村居民的新農合醫保雖然覆蓋率高於城市，但是保障力度明顯低於城市，因而農村居民的自付比例仍然高於城市[5]。

---

5. http://www.yicai.com/news/4738424.html

假如追溯歷史，農村長期致貧並非理所當然。當代鄉村建設運動領袖溫鐵軍，在其著作《八次危機：中國的真實經驗（1949-2009）》[6]中，從宏觀的政治經濟角度，回顧新中國六十年的工業化，引用孔祥智的研究，提出農民為國家現代化付出巨大的貢獻，但從另一角度，也可以說農村被犧牲了：

> 因此，只要發展中國家在單純的市場經濟體制下追求工業化和城市化加速，就會促使農村資源要素大幅度淨流出，導致本國的城鄉二元結構矛盾和「三農」問題的產生。

> 中國的發展經驗，就符合資本原始積累的規律。孔祥智的研究指出，除了農業自身的貢獻外，農民對國家建設的貢獻尤其表現為通過工農產品價格「剪刀差」為工業化建設提供資本積累，為非農產業提供充裕而廉價的勞動力，以及為城鎮化提供土地資源。新中國成立後，農民僅通過這三種方式為國家建設積累資金就至少達到17.3萬億元，可見，新中國成立六十年裏，農民對於新中國的創立和建設對於推動中國的工業化、城鎮化作出了巨大貢獻。

早在1937年，梁漱溟《鄉村建設理論》已經批判國內外資本家，甚至本土激進的革命家都破壞了鄉村：

> 外力之破壞鄉村尚屬有限，我們感受外面刺激而起反應，自動的破壞鄉村，殆十倍之不止……中國社會是以鄉村為基礎，並以鄉村為主體的。所有文化多半是從鄉村而來，又為鄉村而設——法制、禮俗、工商業等莫不如是。在近百年中，帝國主義的侵略，固然直接間接都在破壞鄉村，即中國人所作所為，一切維新革命民族自救，亦無非是破壞鄉村。所以中國近百年史，也可以說是一部鄉村破壞史[7]。

---

6. 溫鐵軍（2013）。《八次危機：中國的真實經驗（1949-2009）》。北京：東方出版社。

7. 梁漱溟（2006）。《鄉村建設理論》。上海：上海人民出版社。10-11頁。

正因為鄉村給破壞了，才有鄉村建設運動之興起。現在，農村裏普遍的現象是青壯勞動力出外打工，只剩下389961部隊（婦女、老人、兒童），即被產業資本市場所排斥的人群。現代教育誘使城市青年鄙視這些人群，相反，鄉建者卻致力於協助他們團結起來，重新建立城市知識分子與農民連接的紐帶，共同扭轉農村的劣勢。

1999年，與楊愛媚一同去江西農村調研的宋紅梅，稍為觀察到CSD代表的城市知識分子與農村婦女互相合作下所孕育的一股新生力量，微微地挑戰原來的權力關係：

> 我們在南昌市買了大型電視機和適合婦女和兒童閱讀的書籍。起初，我不太意識到這些物資對村民的重要性，我想就好像城裏人看看電視節目，看看書來充實自己或消磨時間罷了。但到了第二、第三天，我開始察覺到這些物資在這個由婦女組成的社群的作用，這涉及到公共資源的運用和管理，女性在參與這些事務的過程中突顯了女性權力，而該村本身的權力結構又好像因這股主張女性公共參與的新力量而有一些微妙的互動。我身為外來人，根本不可能在數幾天內就完全理解村裏的複雜關係。但我感到好奇的是，那所新建的儲金會場所、那些日漸增多的物資、儲金會會員生產的百合乾片和百合純粉、學前幼兒學習班和健康早餐、婦幼健康檢查等計劃，都讓這個村子變得很熱鬧和有活力。

2008年，全球金融危機爆發之際，我帶領上海學生下鄉調研。李佳琳察覺到在面對外部危機與風險的時候，農村婦女自我組織的集體力量的可貴，她回憶道：

> 我一共去江西宜春白水鄉婦女儲金會學習兩次。雖然每一次的行程只有三至五天，但是，那裏的村民都很熱情，儲金會的老師們讓我深刻了解到全球化對中國一個小鄉村的影響，也讓我看到了農村婦女依靠自我組織，用自己雙手的力量，培植有機百合，改善村鄰關係，讓

留守在農村的婦孺也可以有自己的生活，進而為農村建設做出貢獻。兩次活動讓我近距離接觸了農村生活，在心裏埋下了對村民和土地的感情。

三思香港

香港的實習生儘管身在北京小毛驢市民農園實習，心裏卻憂慮香港的未來，不但質疑香港佔據的優越位置，甚至思索「糧食自主」與「高度自治」的關連。

曾思良（化名）從小毛驢市民農園會員與工人辛勤下地，聯繫到糧食的問題：

> 即使是大熱天，也會見到他們努力地在田裏勞動，初時我確實不明白，烈日當空下為什麼要汗流浹背辛苦種地。後來跟他們談天，才得知他們小時候挨餓的故事，他們明白糧食的問題足以影響整個世界，這令我們重新調整對種田的看法，從一開始的只為興趣及消閒到為糧食問題找出可持續的解決方法。

小毛驢市民農園導師對楊明莉（化名）的評價很高，特別讚賞她在編輯、繪畫、翻譯、策劃等方面的出色表現，但她並沒有細述其專長，相反，她的視野從北京的農場，回到香港的農業及出路：

> 在香港，農業幾乎沒有了，作為國際大都會，撐起這個城市經濟的主要三大產業是地產、金融、旅遊，都不是實業，都沒有生產。然而一個這麼重要的產業竟然發展到今天這樣的地步，農地都被用來建樓房、做貨倉，沒有了農作物的生產。亦都不過幾十年間的事。當了解過農業後我覺得這樣的城市很可悲，糧食不能自給自足，需要從內地輸

入，當我們在談港人治港高度自治的時候，當糧食的控制權都沒有把握在自己的手上時，沒有了本地農業，自主從何談起？這是一個切身且真實的問題……這次的實習讓我認識到更多關於農業的知識及三農的問題，從而反思農業在香港的發展中到底佔了一個什麼樣的位置，以及其重要性。

何華恩（化名）則把在小毛驢市民農園實習的經驗引伸到香港的城鄉矛盾，甚至探索在香港建立另類生活方式的可能性：

> 我把在北京小毛驢市民農園的實習學到的經驗帶回到香港，使我對興建高鐵而要清拆菜園村的事件有更深入的看法……雖然高鐵事件中，興建高鐵和保留菜園村的角力間，菜園村落敗了。但事件引起了媒體的廣泛報導和市民的關注，尤其是香港八十、九十後的關注……志願者到現在還在菜園村舉辦各種活動，以其他形式讓公眾明白他們抗爭的意義。例如定期舉辦菜園村導賞團，為公眾介紹香港新界的農村歷史和菜園村原住民跟興建高鐵的抗爭過程，讓他們知道香港城鄉的發展，反思發展主義對香港乃至農村的影響。另外，也有志願者在菜園村舉辦了「菜園生活館」的展館，展示綠色與有機的生活方式，甚至讓市民參與製作有機食品的過程，讓身處在現代化城市生活環境的市民在參與過程中反思自己身處的生活環境，並思考另一種生活方式的可能性。這些理念與實踐都與北京小毛驢市民農園的宗旨與向市民推廣的信念一樣。

北京小毛驢市民農園除了接納香港大學生，也吸引了內地的高校精英一同實習。在實習的過程中，中港城市青年一起下田勞動，不但思考香港、北京、上海等大城市同樣面臨的困境：即產業資本與金融資本大舉下鄉，佔據土地資源，摧毀鄉土社會；同時，互相借鑑兩地的社會運動，如何從激烈的對立抵抗，改為基於生計與紮根鄉土。香港學生北上下鄉，視野裏有了城市，更有鄉土。唯有腳踏泥土，對底層社會有深刻的理解，而不流於虛妄。

何謂民主

城市精英一般自視甚高，滿腦子充斥着人權、民主、自由、平等、公平等空洞的能指，有些即便到農村勞動與學習，卻放不下對他者（內地/農村）的成見，也不花時間理解當地的權力關係與人情交往，硬是把自己所謂的高見套在別人身上，稍遇不順，便以「受害者」自居，高喊對方獨裁。以下實習生「私下出走夜遊北京」的例子說明某些城市精英非常自我中心，無視鄉規民約。

某年深夜，小毛驢市民農園的中港實習生突然失踪，全體關掉手機，到了凌晨兩點才開手機。農園負責人電話聯繫後，確證了他們私下夜遊北京，繼而在三里屯酒吧喝酒。事後，農園要求該幾名男生寫檢討書。

當事人之一的蔣學風（化名）在報告裏寫下《宿舍/下班後管理批判》，顯然毫無悔意，辯稱凡事都統制的「管理層、領導、長官」使他喪失「個人的自由權利」，頓時自認為受害人，有如「階下囚」：

> 這或許只是雞毛蒜皮的小事，但卻關於人的自我擁有權。又是關於那私下出走夜遊北京的事。管理層說這是關於我們人身安全的問題，他們要負責（機構的責任），所以我們要外出，一定要事先得到他們的肯首。這聽來好像很合理，但這種理論達到極致時，卻是對個體自由的極大踐踏。因為個體外出的行動是需要領導首肯而按照以上邏輯，領導批准是人情，不批准是道理。能否外出不是取決於個體的意志，而是長官的意志……不能外出，連起居小事都要統制，這跟監獄有什麼分別呢？

相反，楊愛媚在江西農村調研的經驗，使她不像蔣學風（化名）那麼輕易落入「我（香港）民主 vs 你（內地）獨裁」這

個簡單的二元對立，也不墮入為了發泄生活的不滿而找代罪羔羊的邏輯：

面對今時今日經常被大家熱烈討論的「中港矛盾」、「打倒共產黨」、「蝗蟲論」，基於以往對內地農村的認識和感受，也會讓我對於「內地人來香港爭資源」、「共產黨入侵香港」這些說法有所警惕，明白到所謂「內地人」是一群差異巨大的群體，不能代表某一類人，亦根本是什麼也沒有說明。這些說法的唯一用處，大概只是讓香港人將自己對於生活的不滿，找到一個發泄的對象而已。要求驅逐所有內地人，更是一個虛妄而不負責任的政治訴求。

楊愛媚除了到江西農村調研，還參加了2000年中港印交流學習團，考察印度喀拉拉邦的參與式民主，她認為比較香港與喀邦的民主形式和內涵，香港的民主制度實在有待改善：

此行我們主要考察喀邦推行的參與式民主，具體是指在農村透過村民之間互相協商，建設公共設施，例如引水灌溉系統，製作全村資源圖等，還有參觀了村政府的辦公室。參與式民主推行的重點是政府公開資訊，所有政府與民政相關的文件都存有副本，隨時供村民查閱。

此外，發起參與式民主的KSSP（喀拉拉民眾科學運動）還不停地做很多義工培訓，讓他們具有促進及協助村民進行民主討論的能力，在每一個村民會議內協助主持，讓不同的社會階級及經濟條件的參與者，均能夠平等地參與討論，並慢慢達成共識。這是中港印學習交流團最令我印象深刻的地方。

KSSP這種地區事務的協商方式，與香港一直沿用二十多年的代議政制模式，完全是兩碼子事。香港的區議會政治，並不鼓勵不同社群溝通與互動，只是按「少數必須服從多數」的原則去進行各項表決，於是便經常出現區議會議員，為爭取「政績」而對於邊緣社群的排斥和打壓。例如落力掃蕩「一樓一鳳」、「道友」、「露宿者」等，以

求製造社區「乾淨」、「高尚」的假象，但實際上社區內市民的個人參與，是非常有限，而且更抱着一種「你好同我搞掂呢個問題」的老闆心態，而不是抱着溝通和協商的精神去做社區建設。

畢業後，楊愛媚曾經出任亞洲學者交流中心幹事，現在任職香港婦女協進會。她認為江西農村調研與喀拉拉民主制度考察對自己的影響甚為深遠：

> 由於在大學本科讀書期間，認識了一群好老師及師姐，得到她們不斷地抽時間舉辦各種讀書會、推介不同的文章與讀物、邀請出席各類不同的論壇及討論，讓我在不知不覺中，不斷地為考察期間的觀察和體驗作準備；更是由於她們不斷的帶領和指引，讓我鞏固了某些信念，包括對公義的追求，對資本主義的討論與反思，另類社會發展的可能性，仍然影響着今天的我如何理解及回應身處的社會。

拯救歷史/未來

2012年，中國鄉村建設學院幾經波折，終於掛在重慶北碚區西南大學底下成立了。2013年，我開了一門本科生的通識課程——「可持續發展與鄉村建設」，是第一次在內地高校正式以「鄉村建設」為名義開課，頗具歷史意義。學生來自不同的專業，三分之二來自城市，三分之一來自農村，一般寒暑假才回鄉。我和同事一起合教，除了在課堂講授鄉村建設歷史、當代鄉建運動、國際（特別是亞洲、非洲、拉丁美洲）的鄉建案例之外，還有讓學院撥一點經費，額外安排學生實地考察蔡家崗鎮天印村重慶巴渝農耕文化陳列館。不過，這次課外活動純屬自願性質。

比較其他民國鄉建遺址像盧作孚紀念館與陶行知紀念館，巴渝農耕文化陳列館更加吸引年青人，因為館主劉映升先生親臨

現場講解，還教導青年人玩「草把龍」。劉映升先生是土生土長的蔡家崗鎮農民，後來當上中學教師，退休後自掏腰包，又到處籌資，在自家的院子裏建立巴渝農耕文化陳列館，並且動員全家投入工作：搜集農具、聯絡通訊、接待客人等，目的是把巴渝農耕文化普及到大眾中去。為了讓青少年了解農具的用途，劉先生費盡心力在每個農具上貼上標籤，一共寫了一千多首鄉土詩歌。

　　我們師生一行約 20 人，一邊參觀，一邊聽劉先生講述每件農具的文化內涵：

> 我當初寫犁頭的簡介時，只有一百多字，但卻寫了一個禮拜。犁頭看似簡單，但是仔細去分析其構造，卻很不簡單，我就去請教了很多上了年紀的農民，然後根據他們的回答做了這首打油詩：「老水牛拉老犁頭，退出歷史使人愁，養我華夏五千年，農耕文化深悠悠。」這首打油詩既寫犁頭，也體現了巴渝農耕文化陳列館的基本內容和主題思想。

　　被問及「鎮館之寶」是什麼，劉先生的回答竟是不值一錢的「乾穀草」，但其承載了三段歷史：

> 用一根乾穀草挽一個圈，作為出售商品的標籤，叫「草標」，把它插在背着孩子的背篼上，表示要出賣這個孩子。我寫道：「乾穀草，挽圈圈，背篼兒，插沿沿。兒是娘的心頭肉，娘賣兒進鬼門關。」揭露了舊社會的黑暗現實。

> 用乾穀草扭的「草捶」，記錄了一段抗戰歷史。只要講到抗戰勝利，我的耳畔就會響起深夜裏草捶敲大銅鑼的「哐哐」聲，「抗戰勝利囉！」母親從牀上爬起來，開了門，擠進舉着火把歡呼勝利的遊行隊伍。那時我才 3 歲。

> 用乾穀草編的「蔡家草把龍」，是我兒時過年的遊樂玩具，被譽為「重慶第三條龍」，正在申報非物質文化遺產保護。

劉先生即場教授學生如何編草把龍、組織隊伍、揮動草龍的技巧等，學生都興致勃勃，玩得很高興。學生在參觀報告上都說：「上了寶貴的一課，掃了巴渝農具的盲，見證了活的歷史，建議以後繼續安排實地考察的活動。」

當代鄉村建設運動推動愛故鄉人物評選，劉先生獲提名當選2015年十大愛故鄉人物。如果說現代化讓「老水牛與老犁頭退出歷史」，鄉建者卻致力於讓「老水牛、老犁頭、草把龍浮出歷史」，乃至拯救農耕文明的記憶／歷史／未來。

結語：教學相長 逆流而上

當下農業日漸式微，產業資本過剩，靠對外擴張以回避危機，卻同時尾隨國際金融泡沫經濟大潮流。

百年以來，鄉建者致力於批判那種親資本的、製造「高等乞丐」的現代精英教育，蓋其起點乃《農夫歌》最後的吶喊：「士工商兵輕視咱」，「輕視咱」，亦即蔑視勞動、厭惡糞便、鄙棄農村、貶抑婦女、空談民主。

若要反思現代精英教育，必須引導學生重新體認勞動、糞便、農村和婦女的價值，換言之，「沒有農夫誰能活於天地間」，也即「沒有勞動／糞便／農村／婦女，誰能活於天地間」。若然民主制度扣連了民生福祉，有了實質內涵（勞動／糞便／農村／婦女），便不會流於空洞。

沿着鄉建前輩的腳印，教學相長，逆流而上。

12

知識生產、教學法與社會運動：
以香港嶺南大學文化研究系為例

文｜許寶強
　　嶺南大學文化研究系客席副教授

註： 作者感謝所有受訪的畢業生的信任和參與，同時感謝梁銘君、溫劍榆和余可欣幫忙把部分訪談錄音化作文字。

……起源英國的文化研究，未進入學術建制，就是教工人馬克思；香港的左膠，帶着同樣信仰開展所謂群眾教育工程，卻未見官先打三百，左膠的所謂知性訓練未成，卻先置換許多詞彙，換成一堆抽離字眼，播毒於眾！左膠是什麼？就是一場政治傳訊大災難。假設左翼思潮是有用的，但他們把政治詞彙抽離化的速度，遠遠快過他們的所謂知性教育！人們失去實在的詞彙理解政治，思想就會亂七八糟，六神無主，最後連最低能陰謀論和謠言也判別不了。你自己看看那些香港左翼學者，有精力論證，無精力下結論，文章有頭威無尾陣，就知道他們已失去魄力！而且是他們那種虛無縹緲的後現代學術訓練，消耗他們的魄力和生命！沒有魄力的人，能教出的跟隨者自是精神萎靡，傷春悲秋。這是十分可憐而令人憤恨的狀況。我是替很多同輩感到婉惜，也對這種害人的政治傳訊感到憤恨。這也是我在文化研究畢業多年後，一番誠實話……（一位文化研究課程畢業生2016年在面書上的留言）

……跟住返轉頭睇呢排啲《明報》，嘩！嚇死人！個論述單一到暈，淨係講晒啲高官、經濟學者、法律學者、準領匯東嗰班，淨係講上訴過程，完全無宏觀咁講過成件事。講到唔上市唔得，阻我上市就係牛鬼蛇神。呢排睇緊本台譯既Bourdieu，死得。好嬲，不過又好無力，覺得自己學藝不精，得個講字。私營化問題、新自由主義既騙人措辭等等，我勉強都明，我都信。但係一落到實際香港情況上面，唔識回應。我一味講啲理論野，我明，其他人原來唔明，溝通唔到，枉論打破個市場萬能神話。而且人地一講，上唔到市，無嗰300億，房委會破產喎！我無言。因為我都唔知點解決好。點算好？（另一位文化研究課程畢業生於2004年底一封電郵內的說話）

前言

社會運動往往需要借助批判的知識推動，而批判的知識也經常從社會運動中汲取養分。然而，學院化的過程容易令知識

生產與社會運動的連繫斷裂，因此在學院工作、關心社會運動的朋友，希望尋找有效的方法，重新聯繫知識生產與社會運動。本章以筆者在香港嶺南大學文化研究系的教學經驗為例，探討在當代香港急促變化的政治脈絡下，知識生產與社會運動之間的關係和張力，並嘗試補充當中一個被長期忽略的環節——教學法（pedagogy）的角色。

香港嶺南大學的文化研究本科課程開辦了接近二十年，從2002年第一屆畢業生起，至今已有超過四百多位同學畢業，散落不同的工作崗位和生活環境。部分畢業生久不久會讓我們（老師）知悉其近況。然而，像文首引述的「誠實話」，並不是經常能聽到；較常聽見的是帶點無力的語調，訴說畢業後工作及生活的環境與文研課程傳播的理念落差甚大，就像文首另一位畢業生的文字。儘管不是經常聽到，但批評文研課程的「誠實話」，仍然是十分值得重視的訊息，尤其是對教師來說；至於經常聽到的「沮喪」，則有助課程設計者建立初步的猜想，作為系統地檢討回顧文研的教學效果的起點。更有意味的是，對文研徹底否定的批評，與接受文研的觀點、但感覺「學藝不精」而無力改變現實的沮喪，都對文研的「詞彙」或「理論野」（有關理論的東西）有類近的理解。

上述學生的一段「誠實話」，除了呈現近年香港政治脈絡轉變下的青少年——尤其是經歷了雨傘運動前後反「左膠」[1]的「本

---

1. 「左膠」是一個近年在香港網絡建構並流行於公共討論的空洞能指（empty signifier），指涉屬不同政治光譜的個人及組織，常帶不切實際、離地等貶意，主要用來攻擊倡議平等多元，守護一些「普世價值」的「泛民主派」、「社運人士」和學者或公共知識分子。「左」主要針對政治立場，（硬）「膠」出自香港粗俗語「戇居」或「戇鳩」的諧音，意指僵化、白痴。

土主義」[2]洗禮的一代——的不滿外，還承載了一些有助反思文研教育的重要訊息。「誠實話」對文研教育的指控有兩點，首先是批評文研所使用的政治詞彙，抽離現實，令人思想混亂；其次是指責香港左翼（文研）學者受「後現代學術」影響，論述「虛無縹緲」，缺乏「下結論」的「魄力」，結果只會令自己和跟隨者「精神萎靡、傷春悲秋」；另一段電郵的內容，反映的是畢業生帶着批判理念進入職場後的挫折與失望，原因是無法把學到和相信的一些批判觀點，以有效的溝通方式，影響他人，破除既有的文化統識（hegemony）——例如市場萬能的神話。儘管後者並不像前者般把溝通無效的原因完全歸咎於文研的語言詞彙、缺乏魄力，但也共享着前者的一種判斷，就是文研（至少是「學藝不精」）的論述，難以有效地影響主流大眾。

這兩種立場不盡相同，但同時質疑文研論述與公眾溝通的有效性的畢業生回饋，對旨在改造社會現狀的文研教師提出了重要的挑戰，迫使我們必須深入反思知識生產及傳播與社會運動的關係。社會運動中的「社會」，指涉的是比文研或批判知識圈遠為廣闊的場域和對象，要令「社會」運動起來，或賦予政治或文化運動「社會性」，與不同位置、想法、情感狀態的民眾進行持續而有效的對話溝通，是不可或缺的前提；而對大學教師來說，其中一群最直接面對的「民眾」，正是學生，尤其是人數眾多的本科學生。如何與這群特定的社會「民眾」進行持續而有效的對話溝通，涉及教學法與課程設計等領域的問題，然而，不僅在香

---

2. 有關香港「本土主義」的討論，可參閱 Hui & Lau（2015）和許寶強（2015c）。

港，海峽兩岸的文研或批判知識圈，有關其教學法與課程設計等領域的研究和反思，着墨實在不多[3]。

在兩岸三地，上世紀90年代初興起並逐漸於學院發展壯大的文研批判知識社群，早期對教學法與課程設計等領域的相對忽視是可以理解的，但到了今天，當文研在不少大學都或多或少佔有一席位，面對的學生民眾也不再僅限於早期人數有限、相對精英的研究院學生，而是人數眾多、背景各異、程度參差的本科學生，再加上科技（流動電話和互聯網）發展在很大程度上改變了學生的閱讀和對話習慣，以至政治和經濟的兩極分化引致的理性溝通障礙，在這新世代學生所置身的急促改變中的社會脈絡下，反思教學法與課程設計，自然比以前更迫切和重要。

下文以美國的文化研究學者格羅斯堡（Lawrence Grossberg）有關知識生產與社會運動的分析作為參考框架，嘗試透過補充教學法與課程設計的討論，初步分析在當代香港的社會脈絡下，文研的知識生產及傳播與社會運動的關係。

從知識到情感的政治

格羅斯堡在他的 *We All Want to Change the World*（2015）中，系統地討論了知識生產與社會運動/左翼政治的關係。儘管他開宗明義地指出他主要針對美國的讀者，或更準確地說，應是美國的

---

3. 例如《台灣社會研究》、《文化研究》、《熱風系列》，有關這些議題的文章，發表的並不太多。

左翼讀者，但書中一些論點也能給美國以外、關注知識生產與社會運動議題的讀者帶來一些啟發。

格羅斯堡處理的問題，與本章文首引述的畢業生反饋所指向的問題相近，也就是為何經常批判權貴和資本主義、揭露語言偽術的美國左翼，無法贏得民眾的支持？為何民眾不願意或無法跟循左翼社運或批判知識分子所提出的社會改造願景和行動策略？要回答這些問題，格羅斯堡認為我們必須質疑一些既有的左翼實踐，包括知識生產與政治組織方式，並嘗試尋找另類的知性對話和政治介入，一種更能夠包容現實的複雜與矛盾、又謙卑自省的實踐。

當代社會愈來愈兩極分化，政治立場各走極端，大量民眾變得犬儒冷漠，對世界的前景感到悲觀，失卻參與介入公共事務的熱情。面對這樣的社會脈絡文化氛圍，格羅斯堡嘗試尋找新的知識生產和政治實踐的方式，希望能克服美國左翼因缺乏耐性等原因而無法有效回應當代的危機。他認為，我們需要做的，是生產能夠幫助我們理解複雜社會現象的知識（講更好的故事），並嘗試理解民眾日常生活的情感政治，從而改造他們置身的社會脈絡。為此，格羅斯堡首先探討當代美國社會「知識危機」（crisis of knowledge）的成因和後果，並分析了他稱之為「悲觀主義的（情感）組織」（affective "organization of pessimism"）這主導著當代美國社會的情感結構（structure of feeling）。

「知識危機」是指人們愈來愈失去了判斷事實的基礎，甚至懷疑（主要由大學和媒體生產和傳播的）知識的真偽、價值和作用。其成因除了媒體外，大學也扮演了重要的角色。格羅斯堡不同意把當代社會的知識危機，全歸因於大眾和右翼政客的愚昧無知，因為他觀察到，不少接受左中右不同政治立場的飽學之士，

亦經常選擇性地接收或發放資訊，漠視與他們的政治立場或價值準則相異的「不方便證據」（inconvenience fact/evidence），出現了所謂的「亞馬遜效應」（"the Amazon effect"）——人們只接觸他們同意或願意接受的訊息來源和知識。而當右派高舉「沉默的大多數」的「無辜」，攻擊左翼或自由主義「知識精英」，為其反智政治鳴鑼開道時，左翼則把焦點放在邊緣社群的受壓迫經驗，吊詭地共同支撐了高揚主觀經驗、貶抑客觀知識的不經意效果。格羅斯堡也不同意資訊/知識爆炸能完全解釋「知識危機」的成因，因為人們面對太多資訊/知識而無所適從的情況存在已久，但以往並沒有出現像今天一樣的對知識的質疑甚至貶抑；而問題也不僅在於數量，更重要的是缺乏穩固的知識基礎，協助我們從眾多資訊來源中作出有根據的選擇。

因此，儘管格羅斯堡並不同意一般化地批評大學和媒體，但其批判的主要矛頭仍是指向這兩大知識生產和傳播的機構。他認為媒體傾向把知識商品化，追求即食及易消化的語詞、聲音及影像，政治立場先行、各打五十式的「觀點平衡」，不僅不利於需要時間研究、分析、整理、閱讀和吸收的知識生產和傳播，更由於其對知識（尤其是科學知識）的去脈絡（decontextualized）式簡化處理，例如把最極端的醜聞當作為學院知識生產的常態，其不經意的後果，往往是令民眾習慣戴上政治立場和經濟利益先行的眼鏡，徹底質疑所有知識的可信性，為反智推波助瀾。另一方面，面對愈來愈嚴重的管理主義壓力的大學教師和研究人員，包括左翼，也參與了「知識危機」的建構，生產大量與社會民眾生活脫節的論文書籍；不斷分化的知識派別，也導致了公說公有理的混亂準則，失卻了客觀判別知識的權威。更重要的是，不論接受哪一種政治立場，學院的知識分子也傾向選擇性地接收和發放與他們立場相近的資訊或知識；而康德的啟蒙批判遺產，以至流

行的「語言建構現實」論述，也令知識分子擁抱帶有很重的相對主義味道的多元知識觀，令確立一種能協助我們選擇較好的知識的準則，難以達致。

格羅斯堡視野下的當代社會脈絡，除了「知識危機」之外，另一個十分重要的領域是社會的情感結構。他比較上世紀60年代與今天社會的情感氛圍，指出主導1960年代的是一種以反文化（counter culture）形式呈現的樂觀主義（情感）組織（organization of optimism），但到了當代，逐漸被一種他稱之為「悲觀主義的（情感）組織」的社會脈絡所取代。「悲觀主義的（情感）組織」由四個社會情感氛圍的變化構成，第一是「多元差異」被「均一平等」取代，愈來愈視所有事情都同等重要（或不重要），使客觀的判斷失去依據，只剩下建基於個人情感投注的強度而作的抉擇，為上述的建基於相對主義的「知識危機」鋪平道路；第二是只容許極端的情感選項，把「什麼事情是重要的」這些本來存在重大差異的判斷，重整為一種齊常化（normalized）的絕對確定情感，或他稱之為情感的「基要主義」（affective fundamentalism），只容許兩種極端的情感政治選項——或是源自不容置疑的信念下產生的全知態度，或是植根於全然否定希望的犬儒退縮。更甚的是，這種情感的「基要主義」，不僅獨斷，而且還完全否定其對立項，甚至希望滅之而後快。引伸出來的對政治實踐的效果判斷，是只容許全勝或全敗，也就是如果不能畢其功於一役，就會被視為失敗，完全不能接受政治上的勝利往往並不會一蹴而及，也不會重視階段性的勝利可能顯示了社運確是走對了方向，並慢慢開出新的可能性。相反，情感的「基要主義」經常指向「失敗」，並視「失敗」為己方缺乏權力或敵人太壞太賤的明證；第三是一種無處不在、無始無終的焦慮感，這種視所有事情都處於危機狀態的焦慮感，往往伴隨着兩種截然的極端情感狀態：或是

過度活躍的行動主義，或是抑鬱難動。而對焦慮的反彈或回應，則往往是針對他人或社會的暴烈憤怒和報復，造成了當代愈演愈烈的日常生活中的暴力；第四是對時間或變化的無感，這種情感結構源自對線性進步觀的批判排拒，但卻未能找到新的時間觀有效地扣連過去、未來和現在的關係，剩下的是末日將至、永恆重複當下或未來全不能知的幾種選項，而這些選項都讓「現在」不用負擔「過去」或「未來」的責任，於是現代人滯留於（當下）時間之中（stuck in time），不知何時可逃，結果產生了一種失範或異化的情狀，就像陷於永遠無法償還的封閉債務循環之內。格羅斯堡認為，美國左翼不自覺地呈現了上述四方面的情感結構，並參與了當代「悲觀主義的（情感）組織」的建構[4]。

為此，格羅斯堡建議，左翼知識分子應嘗試重建判別更好的知識（或故事）的標準，一種既建基於政治關懷、又尊重實證工作、不斷自我反思和建立對話的知識生產過程。而左翼知識分子應放棄要求民眾像他們一樣擁有不滿資本主義、剝削歧視等邪惡之物的情感，而是探問在當代悲觀主義情感結構的社會脈絡中，民眾的真實感覺或需求，細緻聆聽和分析他們的憤怒、驚恐、不安、焦慮、希祈與欲望，並依此作為政治實踐的起點。

格羅斯堡富有啟發的觀點，聚焦於知識生產和政治組織這兩個領域，關注的主要是美國左翼置身的社會脈絡。因此，倘若我們想借用來探討當代香港相近的「知識危機」和「悲觀主義的（情感）組織」，以理解文研教學計劃所置身的社會脈絡和文化氛圍，以及文研教學與香港社運的關係，從而回應文首兩位畢業

---

4. 這些情感氛圍在雨傘運動後的香港（尤其傾向本土主義的青年當中）似乎也愈來愈普遍。

生的重要提問，我們有必要把格羅斯堡的分析伸延，補充教學法和課程設計這相關領域的討論，同時使之與當代的香港社會脈絡對話。

在格羅斯堡的建議中，特別強調知識生產的不確定性，同時又追求更好的故事（也就是更複雜細緻的分析），反對快速即食、斷言式的簡化結論，要求謙卑的不斷自省。這種要求，與他所分析的悲觀主義情感氛圍是格格不入的，因此他希望改造當代的情感脈絡，而要有效進行這文化政治計劃，首先必須學習聆聽民眾的情感與需要，認真處理以至改變「悲觀主義的（情感）組織」，尋找新的政治組織方式、文化與美學實踐，以建立超愈犬儒無力、暴力排他的情感結構。進一步的問題是，回到香港的具體社會脈絡，生產更好或更複雜細緻的故事，又是否或如何能有效針對當代的「悲觀主義的（情感）組織」，回應文首兩位畢業生的回饋中所顯示的情感結構？

為了回答這問題，我嘗試跟循格羅斯堡的建議，首先學習認真聆聽民眾的情感與需要，以反思香港文研的知識生產和社會運動的可能連繫，看看是否有助改造同樣瀰漫着悲觀主義情感結構的當代香港社會脈絡。我們這些在學院工作並關心社會運動和左翼政治出路的教師，最直接地面對的民眾自然是學生，因此下文將以香港嶺南大學文化研究的畢業生為例，透過觀察和訪談，希望能夠理解強調複雜性和細緻研究具體脈絡的文研知識生產和傳播過程，對學生所產生的各種（包括不經意的）效果，檢視文研和相近的批判教育計劃的成效，探討其出路。這樣，也能夠補充格羅斯堡的分析中有關知識與情感於大學傳播的缺席，而大學內的知識與情感的傳播，也就是有關廣義的教學法（pedagogy）的領域。我認為，討論知識與情感的傳播（教學

法），對於進一步思考格羅斯堡對知識生產的複雜性和尊重理解民眾情感的追求，與我們的畢業生對文研所使用的語言「抽離現實」、「虛無縹緲」、缺乏「下結論」的「魄力」、難以和民眾溝通這兩種觀點所突顯的矛盾和張力，或許有點幫助。

文研教學的不經意效果

本章嘗試透過觀察和訪談，希望聆聽嶺南大學文化研究系[5]學生，對於我們提供的教與學活動及引介的批判知識的回饋，以進一步理解他們所經歷的學習過程，以及當中呈現的情感與需要。本章引用的學生訪談資料，主要是於2016年5月中和6月初對第一屆四年學制剛畢業的學生[6]進行了四組（共五次）焦點訪談，每組二至六人，另於同期單獨訪問了四位較早期的畢業生，同時參考了嶺大文研十周年的畢業生訪談記錄，以及在日常教學中的觀察。

嶺大文化研究的課程設計和內容，主要集中於引介對既有的社會結構、動態和社會關係的文化知識與批判理論；技能方面，焦點放在閱讀、書寫及研究方法的教授上，此外，文研課

---

5. 香港嶺南大學的入學學生成績排名居八家政府資助的大學之末，相對於其他大學，嶺大新學生的自信心並不高。嶺南大學是香港最早（也是唯一）開辦文化研究系的大學，文研系的學生入學前大多不太了解文化研究是什麼。

6. 抽樣方法是以電郵發訊給全體應屆畢業生（32人），邀請他們進行訪談，最後有17人參與。選擇這屆畢業生作主要的訪問對象，原因除了方便聯繫和安排訪問外，也由於他們是第一屆的四年學制畢業生，也經歷了雨傘運動，亦是在香港社會近幾年悲觀主義瀰漫的情感結構中就讀文研的學生。

程中還包括實習（internship）和服務學習（service learning）[7]，為學生提供在大學課堂外的學習經歷。然而，課程除了希望就讀的學生能夠發展關心社會和介入公共事務的價值觀外，並沒有太系統地針對不同學生的不同需要和置身的情感脈絡（affective context），設計出相應的科目及學習活動。教學法方面，則主要是以教師為中心（teacher-centered）的講授、提問、討論和評估，從設定科目的具體內容、選擇教材書目，到課堂的討論形式和考評的設計，都由教師主導。教師大多會嘗試因應他們對學生能力、需求的理解來訂定課程內容和教學法，但這往往依賴教師自身過往的相關經驗，並非建基於對學生的系統研究，或師生就課程內容和教學法廣泛而深入的持續對話協商。

這樣的課程設計和教學方法，產生了一些課程預期的教育結果，但也導致了另一些不經意的成效（unintended consequences）。

不少受訪畢業生指出，文研課程對他們的影響是整體性的，很難分辨最終的影響是來自哪些個別科目或教學活動[8]。大多數受訪者認為，自經歷了幾年文研教育後，會更關注及願意思考社會時事，也克服了過去循單一角度思考問題的偏見（例如對性小眾、少數民族的標籤定型），更能夠接受新事物，也比以前自信，不再壓抑自己的想法，願意也敢於公開說出自己的觀點，甚至

---

7. 文研課程安排的實習和服務學習，主要的合作夥伴是較小型的機構，部分積極參與社會運動。

8. 從訪談得知的一個總體印象，是沒有多少畢業生記得他們曾經學習過的理論和實證知識，但他們不少都指出文研教育對他們的影響，與格羅斯堡所倡議的謙卑、反思與開放性不謀而合。例如畢業生G這樣說：「我覺得除了要發掘自己的想法之外，怎樣將自己的想法和外界傳遞、去溝通，反而是自己很少考慮的層面。拍攝的目的究竟是我們為他們發聲，還是在發掘我們不認識的一面呢？這個課程使我學會站在humble（謙卑）的位置去看待社會上發生的事。」

批評他人[9]。他們指出，以往面對現在覺得有問題的觀點或行為時，不願發聲，部分是因為沒有勇氣說出來，部分亦由於過去並不覺得這些觀點或行為有任何不妥[10]，因此估計這幾年自身的價值觀和自信心都比以前增強。以下是部分受訪者對他們自身的改變的描述：

（畢業生Y）：中學的時候我是一個乖寶寶來的，品學兼優，所以一直以來也是老師叫我做什麼就做，但到現在這個stage（階段）我是經常會想：你讓我們做這份功課合理嗎？你要我們做這些東西合理嗎？我相信這樣的想法三年前的我是絕對不會有的，一年級時是絕對不會有的，我會認為那科的工作量就是大，所以就要做。就算那是多麼不合理的事情我還是會做的，總之怎樣也得完成那份功課交給老師。但是現在，雖然我還是會完成那份功課，因為我還得合格和畢業，但我可能會嘗試跟老師bargain（商討），至少我會有一個想法是那個老師不應該要求我們做那樣的東西。我覺得這是我最大的改變。

（畢業生H）：例如我以前不太敢說粗口，可能你沒有幻想過會有這樣的情境，但我上了大學我還是只敢說「仆街」而已，即是在街上跌倒，最多只是這樣。但我現在會覺得這樣可以表達我的感情或者說出來會讓我舒服的。

（畢業生K）：以前不會思考，看新聞也只是為了通識考試取得好成績我才會留意新聞。但很多時候是有特定答案的，你知道怎樣回答才能取得高分，但其實你並不會思考。即使你想，這件事怎麼這麼

---

9. 他們會用「變得霸氣」、多了「自主性」、「學識多了」來形容這些轉變。

10. 畢業生K：「我覺得都我也是樂觀變悲觀了。以前我會想：既然我考進了大學，只是我努力，就能掙到很多錢、供養家人、結婚生子，道路多麼美好。中學的時候是這樣想的，覺得最好是這樣。我不太需要知道社會發生什麼事，就算知道也會覺得離自己太遠，尤其政府、醫療機構那些，都與自己無關。但進了大學，讀了很多文研的科目，慢慢看到了社會很多的改變，總覺得它很荒謬，因為以前都不會看。」

奇怪？你也不會敢於說出口，始終會覺得說了出來別人會覺得我很奇怪。但現在即使不說出口也好，我也不會屈服，有些事情我還是會挑戰的。例如我上教會時，以前會覺得有某些想法的自己一定是有問題了，不一定是宗教上的事情，有時是人與人之間相處的問題。例如教會之前要我們團契改名，我不想改，於是我就去跟傳道人理論，問他為何一定要改名，告訴他這個名字對我們來說真的很重要，即使不是從小亦已經過了很多年。但他的理由是教會要合一，所以團契得改以跟聖經有關的地名命名。但我覺得為何過了這麼多年才來改名，當然他是有權威的，但我心裏仍然會想：其實都不知道為何要改。我變得沒那麼輕易被說服。你可以嘗試說服我，但你得說服到我才行。以前即使有其他想法也會怕說出來別人會覺得我很奇怪，對自己的想法沒有自信。但尤其讀了很多文研的科目以後，被迫思考了很多。

（畢業生C）：我一年級時真的很乖巧，上課時正襟危坐，抄筆記，還有一招絕招是功課發回來以後還去找他討論一次，拿些印象分，這些都做好了才能拿A的。一年級時仍然保留着中學生的mentality（心態），依然是想拿高分、想拿A的，身邊的人也會這樣做，而那科真的是得了A的。但到了今個學期上同一個老師的課，我知道怎樣可以拿A的，就是做回那些事情，但我已經覺得不需要了，我又無法從那科學到什麼。他教business ethics（商業倫理）的，但他不斷說佔中的人沒有考慮過整體社會的利益，我感到深深不忿，很想反駁他。有一次他談到為何政府不聘請多點醫生和護士，護士有沒有資格派藥，這樣符合道德與否。於是我忍不住問他，為何不可以讓政府多花點錢聘請多點人手，減低他們的工作量呢？那老師只是點點頭。但為什麼只能是讓護士工作多點，或是醫生工作多點，為什麼不可以有其他想法呢？但至少我終於敢將我的想法告訴那位老師。

這些發生了的影響，雖然不一定完全來自就學文研的經歷，與最近幾年香港的社會脈絡和政治文化的轉變可能也有關係，但可以肯定的是，這些轉變與文研課程旨在孕育學生的批判思考，鼓勵他們關心社會和介入公共事務，似乎並沒有太大的偏離。

　　然而，受訪畢業生也同時指出，他們比以前出現更多的矛盾感覺，例如接觸了批判「景點式旅遊」的理論後，現在去旅行時不再想走訪主流的景點，但又不知該往何處，有點無所適從；又例如理論上知道不該作性別定型，或明白應積極參與公共事務或政治，又或認同需要批判消費主義，但卻在實際生活中難與理論一致；亦多了與家人或中學時的朋友爭論[11]，甚至自稱有點反社會的傾向。他們對這些轉變並不抗拒，部分甚至樂於接受這種轉變，但卻會用「痛苦」或「變得悲觀」來形容他們對這種轉變的感覺：

　　　　（畢業生Y）：我覺得（文研帶給我）這個改變其實是可以的，但有時又會覺得很痛苦。尤其我們看到了一些我們以前看不見的事情，那種眼不見為淨的狀態其實是幸福的。做隻豬永遠是最容易、最幸福的，你可以庸庸碌碌的就過了一生。但現在我們看得見這個社會，並不是看回歷史、以前的社會，我們仍然活在這個語境之中，但又好像什麼也做不了。

　　　　（畢業生H）：我覺得還有一種痛苦就是，例如我知道他做「港豬」很惹人厭，但又無法責罵他，因為我們文研就教了其實他可能是受了些東西影響所以才會變成這個樣子，他可能有其道理，或者他也不想如此，他也在受苦。這個世界不一定有絕對，人不一定要有理想、有正義，你看見一些很頹廢的人又難以開口責備，因為正就開口之際又會停下來想想，這樣的struggle（掙扎）無限發生在自己的生活中。但我還是覺得這樣較好，好過做隻豬。

11　例如以下兩位受訪者的説話：畢業生C：「會很容易和家人爭吵。例如家人會叫同志做「基」、「男人婆」之類的。我聽到便感到憤怒，叫他們不要這樣説同志。但他們不會明白為什麼我這樣想……」；畢業生K：「經常被人説我們將事情想像很理想，尤其我會被長輩，或是三十多歲在工作的人，他們覺得這個社會就是這樣，這樣的想法讓人難受，讓人不太想跟他們討論。」

另一方面，不少畢業生也發覺讀完了文研的課程後，比以前更難對特定的群體和/或行動，作出十分確定的價值與對錯判斷：

（畢業生W）：我發現很多東西是難為正邪定分界。我當時要拍（攝）水貨客，當初計劃拍得好像鏗鏘集那樣，說水貨客如何影響其他人生活，這樣就可以了。當拍攝過程中，我發掘他們也有很多無奈，我也不懂如何去定義他們是怎樣的人，他們也是為了謀生。我對他們的定義改變了。

（畢業生L）：（讀）post-modernism……使我很頹、很震驚……Lyotard、language game（語言遊戲）使我很動搖，不知道如何擁有信念，覺得堅信某些東西很容易困在自己的世界裏。不知道自己有什麼是比較客觀、可以穩穩紮根的信念。上這門課使我腦力大開。

（畢業生C）：我也有這個感覺。好像剛學完這個theory（理論），下一堂課教的東西卻是challenge（挑戰）這個theory。Concept（概念）剛建立好，下一堂課又被打散，然後又建立，之後再次被打散，直到無窮，感到很虛幻。自己不知道可以選擇什麼作為信念。雖說信念是自己建立出來的。身邊的discourse（論述），都是語言的遊戲，是人為建構出來的，有時感到很無力，覺得自己無論相信什麼，背後都有一種agenda（議程），一種power（權力）在運作……會對生活作出一些評論。覺得工作真的很奴隸。評論完然後就沒有了。覺得不好，可是對生活沒有什麼實際的改變。總不能說辭掉工作，即時辭掉也對business（業務）沒有影響……（文研的一些科目）對於我這個無知的中學畢業生來說，實在是大開眼界。

以上的回應，似乎印證了文首引用的「誠實話」對文研的批評，也呈現出格羅斯堡所指的「知識危機」的相對主義面貌。然而，值得留意的是，畢業生的說話所反映出來的情感，並不全然是「誠實話」所指的失去魄力、精神萎靡、傷春悲秋所能概括，亦非完全陷於「悲觀主義的（情感）組織」這社會脈絡無法自

拔。相反，這些學生大多認為不斷的批判顛覆，儘管令他們失卻客觀確定的知識基礎，感到無力，但也同時教會了他們體諒，同時令腦力或眼界大開，其情感的基調並不是完全悲觀退縮的；當我問他們是否滿意這種轉變時，絕大部分的受訪者表示，若可以從頭來過，也會選擇文研的課程，接受令他們「很頹」、「很震驚」、「痛苦」、「變得悲觀」但同時又「大開眼界」、「腦動很大」的學習經歷。

一位早期畢業生更道出了與「誠實話」截然不同的評價：

（畢業生F）：由於我一直在傳媒做與時事有關的工作，因此過去在文研課程中學到的一些知識，例如全球化、性別和媒體分析，都有助我更容易理解別人書寫的相關文章，以及更容易理解不同（持份）群體的立場和看法，因此對我的工作和作為公民的社會生活都有幫助……我認為文研畢業生與主流社會（包括文研畢業生的親朋好友）的價值觀格格不入，並非文研的問題，而是他人不理解的問題，我對文研的觀點和價值還是比較自信的。

另一位剛畢業的同學（H），亦發出了與「失去魄力、精神萎靡、傷春悲秋」完全相反的聲音：

最討厭人們説文化研究無用。現在不就是有用嗎？可以令一個人變成這樣的一個人——不斷自省……能動性、自主性、力量的……人……別人經常批評（challenge）文化研究不是一個專業，但我覺得我們這種思維就是一個專業……別人的專業可能能給他一個職業，但我們的專業是訓練一個人，一個很美好的人。試想想如果這個社會多點這樣的人，現在社會上就不會有那麼多失敗者，大家開開心心做廢青，多麼好。

再看看他們在回應雨傘運動之後是否產生了無力感和有關不斷顛覆、思前顧後的兩段對話：

Y: 我覺得很無力的。

H: 我覺得不是的。因為我想做老師的，我用我文化研究學到的教我的學生，他也無可奈何，也碰不了我的學生，我們這一代經歷過這樣的事情，怎樣也不會教出像現在那班局長那樣的學生出來。我的理念就是這麼強。這可能就是所謂的hope（希望）。

K: 我跟H相似的，覺得教育很重要，不能讓他教壞小孩子。

Y: ……想得太多的時候，去到某一刻你也只能跟自己說：「不要想太多，先做了吧。」但做的時候我又會不停去想自己是不是想得不夠周全。你要逼迫自己行動的同時又要逼迫自己反思，這是很困難的，但同時又很難捨棄現在這種思考模式。

H: 應該是因為我們暫時還沒厭倦這種自我反省，或者說還沒被磨滅。

K: 但我覺得這是人生中很重要的。

Y: 是很重要，但有時有種在鞭屍的感覺。其實已經在做，所以你也無法後悔了，但又會迫自己去想，想了又會讓自己後悔。

H: 可能出來工作以後，會累得再沒有多想一步的力量了。

K: 可能我還沒疲倦，所以我覺得這很有用。

Y: 是很有用的。

K: 我會想，既然我都迫自己做了，我當然不會想為何我不那樣做，我反而會想，既然都走了這一步，我之後可以走哪一步，我覺得在這方面是有用的。真的想做的時候不會理會別人太多。例如沒錢、沒前途這些，我覺得對這方面的說話的抵抗力好像高了。

這些回應，說明了帶點「相對主義」（畢業生P）味道的視野，並不一定令學生「虛無縹緲」、「精神萎靡」、「傷春悲

秋」，也可以讓他們的包容性提高，不致人執着於一些政治立場或價值觀，甚至可以接受自己和他人的不完美，卻沒有變得犬儒，仍然努力保持做事認真、不放棄盡力而為的態度^[12]。自然，在這種截然不同的情感之外，受訪者中有不少表露的是介乎（或超越）悲觀與樂觀之間（或之外）的情感狀態^[13]。

教學法與課程內容的反思

如果我們把格羅斯堡有關生產更好或更複雜的知識的建議，與他倡導必須仔細觀察和聆聽民眾的情感、分析以至改造他們所置身的社會與情感脈絡，放在香港的大學教育制度環境之中^[14]，那麼一個必不可少的扣連（articulation）就是對學生學習過程的細緻討論分析。或換另一種說法，在這種獨特的制度脈絡下的更好的知識，應建基於以學生為中心的學習（student-centered learning）的原則，也就是一種因應不同學生的「近側發展區」

---

12. 例如畢業生P都指出，完成文研課程後，愈來愈要求自己所寫盡量清楚小心，甚至會翻看幾次才發表。

13. 值得指出的是，由於訪談是完全基於自願的形式進行，因此我猜想願意主動接受訪問的畢業生，大多是比較投入文研的學生，這是分析或閱讀時需要小心留意的。甚至那些比較樂觀的畢業生，也會流露出一些悲觀的情緒，表示：「認識到社會其實很黑暗，不斷剝削你」（後畢業生Y）「立即不想出來工作。會覺得為何自己已經很努力但結果依然如此」（畢業生K）。

14. 正如上文指出，兩岸三地早期學院內的文研知識社群，在教學中面對的是人數有限的研究生，這些研究生的學術能力和習慣的對話溝通方式，與他們的導師相對接近，因此導師以「教師為中心」（teacher-centered）的原則來設定課程和教學法，不會產生太大的問題。然而，當文研於大學院校普及化後，面對與教師的差異愈來愈大的本科學生，提出以「學生為中心」的原則來反思教學法與課程設計，變得刻不容緩。

（Zone of Proximal Development）[15]，能與他們有效溝通的知識。循這教學法的視野回看，格羅斯堡所提出的知識複雜性，不應僅指向分析的工具、對象和兩者之間的關係和對話，而是包含對生產了的知識的接收（閱讀）對象的細緻的理解。

這當然不是一件容易做的工作，因為要教師了解每年的學生社群，以至每個獨特個體的「近側發展區」，需要的不是單向的一次性分析，而是持續不斷的在教學過程中的相互學習與對話，因此深入思考和檢視既有的教學法與課程的設計，是在這脈絡下生產更好的知識與嘗試超越「悲觀主義（情感）組織」的重要切入點。這自然也不是本章所能全面鋪開討論的。以下僅以受訪畢業生的回應，初步從嶺大文研教學法與課程設計所產生的一些不經意的效果出發，分析學生社群在學習過程中的不同情感與智性需要，以更深入地開展尋找界定不同學生的不同「近側發展區」的漫長對話過程，為針對大學師生作特定對象的文化政治計劃，包括知識生產和情感脈絡的改造，鋪奠一點基石。

文研教師設計的課程和提供的教學法，對不同的學生產生不同的教育效果。一些教師為鼓勵學生認真閱讀理論文章，除了不斷批判而深入地追問學生的課堂發言，也會嘗試設計不同的討

---

15. 「近側發展區」是20世紀初蘇聯的教育心理學者維果茨基（Lev Vygotsky）提出的概念，指兒童在有指導下能夠擁有的解難能力與完全獨自解決問題的能力之間的差距。例如一個10歲的兒童可以算出一般同齡學生也能算出的數學題，在數學能力較高的人的指導下，能夠算出一般十二三歲小孩才能解決的數學難題，這兩三年的差距，就是這學生的「近側發展區」。維果茨基認為，好的教學法，應設定在不同學生的「近側發展區」之內操作，也就是避免要求學生學習一些水平過低或過高的知識和技能。

論形式[16]，令學生在壓力下認真閱讀和準備報告（presentation）。對於一些願意投入文研的理論學習及容易合作的學生，這種教學法產生了一種「緊湊和互動式的學習」，令他們更深刻地認識曾閱讀的文章，一些學生對此印象深刻：「現在要我說回那五堂導修課所說過的，我大致上也能說出來」（畢業生H）[17]。然而，對於另一些同學來說，卻有時會產生像畢業生M所表述的情況：「我反而覺得是愈來愈怕、對功課感受到愈來愈大的壓力，不喜歡讀理論」。

透過在討論中不斷追問學生或迫使學生不能迴避仔細閱讀的教學法，造就了一個在壓力下學習的環境，儘管往往能有效地迫使學生學習，嘗試面對一些不容易理解（或陌生）的知識，但確實令學生十分害怕[18]，而能否在這樣的情感狀態下持續學習，又或在學習些什麼，不同的學生或有不同的狀況。

---

16 例如要求在導修課堂上的小組報告，用當場抽籤的方式要求小組內其中一兩位學生發言，改變過去由小組預先決定由哪一個人負責看需要報告的文章、作資料搜集、找例子做報告的形式。這迫使學生需要在報告前共同開會研討相關的文章。

17 她補充，這方法「將我們帶進了文研的知識體系裏面。我覺得是最入門的，迫你進入這個框架中一些很艱深很難明的理論。這個一個learn（學習）的過程。之後發展的unlearn（拋棄舊習）是後話了……讓我印象很深刻的是，在那一年裏迫你由一個中學生或是一年級生，變成一個可以用理論框架思考或perspective（視野）去看的一個過程，所以是一個開展來的。」

18 同學感到害怕的情感，可從下面的對話中反映出來：
K： 其實是的，有誰不曾被（老師）問到啞口無言？好像沒有。
Y： 好像沒有，大家都是那樣害怕。
K： 而且很緊張。
Y： 太害怕，不敢望（老師）。
H： 那個樣子都被大家見過了。因為發表的同學會在出面的電腦，然後其他同學圍圈，所以大家都會看到你和熒光幕。
K： 有種集體批鬥的感覺。

一位成績不錯，十分投入文研學習的畢業生K這樣形容在這種教學法下的學習經歷：

> ……自己一個要介紹一篇真的看不懂的文章，找了資料也讀不明白，但還是得走出去發表，然後（老師）還會不斷challenge（挑戰）你：「有沒有例子？返回上一頁。你知道自己在說什麼嗎？」我真的從沒試過顫抖得那麼厲害。因為我真的是獨自一人，我還記得很清楚是Stuart Hall的關於identity（身份）的。其實應該算是容易的，但當時真的還沒很系統地接觸過文研的知識，這些人物對我來說還是很新，所以就很怕，怕得直抖。然後老師又會問：「其他同學有什麼看法？」又不會有人作聲，因為大家都很怕……以前看不懂就不管了，但現在是即使看不懂也要找兩、三個論點出來，不然被人問起時會很怕，又怕講錯說話。

另一位畢業生C則因為「太多理論」，尤其是英文文章，令她「愈來愈不喜歡讀書」[19]，令她選擇以逃課的方式應對；也有學生因無法處理過量的閱讀材料而失卻課程安排下的學習動力[20]；而更多的學生則以沉默的方式面對這些課堂的壓力，部分甚至從中產生一種共同感，也就是下面一段對話所呈現的，應是課程目標以外的不經意教育效果：

---

19. 但她對以中文書寫的女性主義文章則十分喜歡，會主動找來閱讀。

20. 畢業生M：「因為看到身邊的人原來是很認真的，發現自己……原來是『墊底』的一群，發現原來別人是很仔細看一篇文，又或多篇文，不只一篇文，但我就連require reading（必須閱讀的材料）都未看完，只會看自己present（報告）的一篇（文章），甚至只是一part（部分），所以就會覺得一來跟不上別人的進度，而且又會覺得自己很不濟……reading（閱讀）……量比較多，一來可能自己英文比較差，所以看每份reading（閱讀材料）都很吃力，例如十多版都很吃力，可能每一行都會有一個字不懂，然後就死定了，可能一版間了數百個字，但如果想花時間查那數百個字你又覺得救命……一星期會有8至10份reading（閱讀材料），而且我又有少少懶，所以會看不完，然後就愈來愈放棄自己，就會覺得算，因為一直積累之後就會無心再pick up（重拾）那種幹勁，明明我都很想從第一星期開始看，然後跟著reading（閱讀材料）的進度，但當『甩』了一星期就會想放棄。」

K: 是啊。還有有時（老師）問了一個問題，可能有一個人回答了，但（老師）會追問下去，就會讓你覺得要拯救那個人。慢慢就會覺得不只是問那一個人，而是自己也有責任去回答，這樣漸漸便會有種親近了的感覺。有時即使是在問第二組，自己有什麼想法，儘管不是在直接回答問題，也可以說出來，感覺就像在拯救他一樣。

H: 我想說，我們在朋友面前丟臉……你明白嗎？就是大家都被老師 judge（質問）過，被問得啞口無言的樣子大家都被看過，大家都會看到你 struggle（掙扎）、尷尬的樣子，就會……

Y: 即是最丟臉的時候都被他們見過了。

H: 對，就不要緊了。

Y: 所以大家就是朋友了。

H: 嗯，所以我跟你分享我的私人經歷也可以。或是我在學習上的經驗，或是我對篇文章的了解，我會更加放開地跟你們說。

PK: 大家都是這樣？都有這樣的感覺？抑或丟臉以後會更加不敢……

Y: 因為不是自己丟臉，而是大家一起丟臉。

PK: 所以共同感是這樣建立的？

Y: 應該是，我覺得。……

Y: 我覺得會否是因為上（這樣）的課，大家好像戰友一樣。一起上過沙場。

H: 我也是這樣覺得！我也想這樣說！

Y: 一起上過沙場，大家都安全回來，所以就很互信了。

H: 留了條全屍……

　　另一種受訪者提及的教學法設計是實習課（internship）和到外地交流（exchange progamme）。文研實習課安排的夥伴，不少是

規模較小的NGO或民間組織，傾向關注社區發展和支持弱勢社群、環保生態。選擇這些夥伴機構的原因，與文研課程倡議的關心及站於弱勢社群的價值觀相關。部分學生確實透過這學習經驗，深化了他們對這些群體和相關議題的認識；然而，參與實習課的學生並不是都加深了他們對弱勢社群的關心或理解，反而增加了他們對本地NGO或民間組織的質疑，甚至對社會的失望。以下是部分畢業生在實習課後的反思：

（畢業生K）：……實習可以看到很多。你會看到一些小型的機構，聽講大機構也是，經常借實習之名欺騙一些免費勞工來，迫他們做些最辛苦和最悶的工作，不是大熱天出外派單張，就是資料輸入，就會開始想：什麼實習這件事這麼奇怪的？我覺得實習的風氣好像愈來愈大，但無論我們文研還是聽朋友做商業機構，要不就是沒事可做，要不就是要做些最悶的工作，例如執櫃，彷彿是因為反正請回來也不用錢，就請個回來幫自己執拾也不錯，會覺得怎麼這個社會這麼黑暗的？明明一個學生是想要學習才願意無償地去你的公司工作，情感上怎樣都希望能有一些回報。所以當發現沒有回報時，會對這個社會十分失望。

（畢業生Y）：……我之前是在一個社區裏實習……在那以前會覺得在社區裏做事一定很好，因為可以幫助他們，令他們團結起來，或者讓那個社區有更多 power（力量）。但反而是實習以後才發現，其實事情並不是那樣的。不是說他們沒有 heart（心）或是不想去幫助那個社區，而是他們本身並不屬於那個社區，他們根本不知道那個社區需要的是什麼……通常都是空降的。而且通常都是帶着一個心態：這個社區很悲慘，或這個社區很貧困，所以我在這個設立一個中心來幫助你們，幫你們自力更生或是自主獨立。但自己親自參與過以後就發現，很多時候都是空有樣子。甚至是農業也好、DIY（手作）也好，想製造一個自己種植、自己生產、自己消費的狀態，但到最後都只是一個gimmick（噱頭），然後淪為給其他社區的人過來體驗兩、三小時，可以帶些成品走，覺得自己好像 contribute（參與）了，可以自力更生

了。這也是讓我愈來愈失望，愈來愈 negative（負面）的。這件事本身應該是帶來一些好的改變的，但它除了吸引到一些外區的人，或是一些對手作或種植有興趣的人，來參與一個體驗班，而且有些東西造出來是無用的，已經是浪費了一些東西去造這個東西出來，還是加一些東西在上面去造一件垃圾出來……真正落手落腳做過一些事情，才發現原來這事情並不是那麼有作為，或是沒有什麼影響。到最後，那社區有變強嗎？有的，就只是經常到來的那五個人和中心裏的五個人。最後就只有那十個人覺得很團結，什麼都一起做很有力量似的，但無法 impact（影響）其他人。但他們本身想像的是一直擴散開去，最後整個社區都很有自主性的……而且看到內部也是很黑暗的。「這裏不夠錢？就從那裏調些資金去吧？若你這樣寫就能獲得多點資金。」但確實是不夠資金就得爭取，但見證着這件黑暗的事情誕生心裏又不太舒服。而且我實習時有幸參與一個比較多高層員工出席的會議，雖然本身也知道，但更加深刻體會到原來社福機構之間那場戰爭十分激烈……例如我服務的那個機構，在其傳統上和各種各樣議題下，一直跟另一間機構不和的，所以那個機構有時會過來「踩場」，而我們也會派些人去他們那邊「踩場」，去那邊帶些人回來。因為我們得上繳服務人次，因為我們本身在計劃書中有寫到會服務多少人的。若我們寫了會服務 1,000 人，但最後交不出這個數目，便會被刪減資金。所以爭人數是其中一個打仗的方法，或者是有什麼宣傳就去那邊宣傳，或者是他們那邊有什麼活動就去「贈興」。就是要搶人和令他們沒面子。因為他們要用來作 publish（宣傳），告訴別人他們做得有多好。（問：映照他們做得沒那麼好？）對，或是讓他們無法將那活動包裝得很好，例如出現在他們的照片中，或是讓參加者知道主辦單位無法控制人群，活動做得不夠好。其實有點像小朋友打架那樣的。以前想像社福機構一定是幫人的，首先得知到它並不一定能幫到什麼，還發現它並非一個那麼光明、那麼好的圈子。只是你被欺騙了而已。

於是，這兩位受訪學生得出了一個悲觀的結論，「認識到社會其實很黑暗，不斷剝削你」，甚至「立即不想出來工作。會覺得為何自己已經很努力但結果依然如此」。這些學習經歷，顯然

與文研設計的實習課程的目標南轅北轍。不過，這並不代表所有
參與實習課的學生經歷，有關這方面的更系統的研究，可參閱本
書的第十章。

結語

　　無力、沮喪確是不少香港學生當下的情緒，因為在後雨傘運
動的社會脈絡下（有關雨傘運動前後的社會脈絡分析，可參閱許
寶強 2015a 和 Hui & Lau 2015），青年學生大多看不到清的前路。
然而，細緻地分析文研畢業生的悲觀感覺，可以發現這些悲觀的
情感結構沒有完全主宰學生的情緒，文研畢業生的悲觀也往往
挾雜着帶點樂觀的自信，而在相對主義影響下無所適從的同時，
也沒有失卻開放的視野和在不確定中繼續前行的意願。而在畢業
後踏入社會工作一段時間後，儘管一些畢業生愈來愈離棄文研
課程倡議的知識和價值，但也有另一些仍然保持信念。然而，不
論是否定或質疑文研者，又或是擁抱支持者，都從相反的方向提
出一個相同的問題：是否能夠或如何才可能在現實社會中把文研
所鼓勵的知識和價值實踐出來。

　　當被訪者被問到對嶺大的文研課程和教學法有什麼建議
時，其中一位提出，是否能夠開設一些教導學生「如何 practise
（實踐）文化研究」的科目；另一位被訪者則「希望老師可以分
享」他們「在體制中的沮喪」，以至向我們提問，「會不會發現一
些 utopian possibilities（烏托邦的可能性）」，與學生分享。這些提問
和建議，反映了在批判反思、「大開眼界」之後，如何往前走下去
的焦慮與追求。

　　關注社運和左翼政治出路的大學教師，要有效地回應畢業生（民眾）這些提問和建議，處理他們的情感與需要，除了可依循格羅斯堡倡導的、生產能夠扣連當代的情感結構的更好的知識外，還可以嘗試尋找與發展各種脈絡化的以學生為中心的教學法。後者的重要性體現在其於大學內扮演了中介「批判性的知識生產」及「扣連民眾的情感與需求的社會運動」的角色。

　　在當代香港社會以至嶺南大學的獨特脈絡之中，作為這文化中介的課程發展和教學法，需要對教學及教材的語言十分敏感，一刀切的英語教學及知識生產，明顯無法有效地創造以學生為中心的學習環境[21]，因此文研的教育工作者需要盡力爭取更具彈性的大學語言政策（更詳盡的分析見Hui 2015及許寶強 2015b第六章第二節），以至生產更多用中文書寫的、適合不同學生程度的文研知識；另一方面，因應急促的社會變化，學生置身的情感政治脈絡與前兩三年已大為不同，面對普遍抗拒中國、容易採取極端立場、理性溝通困難的環境，一位早年畢業的舊生（Y）建議，文研課程「或可考慮加入多一些直接討論與當前的政治議題相關的科目，而在中港矛盾之年代，也可考慮增加像過去一樣的到中國探訪活動，以助學生更能從多元的角度了解中國」。這些具體建議的前提，是一個能夠讓師生有空間和時間思考及發展更適合轉化了的社會脈絡的課程和教學法。

　　要獲得這些空間和時間，在目前兩岸三地管理主義肆虐大學的情況下，並不容易。亞際文化研究圈（InterAsia Cultural Studies circle）在不同地區的不同學院的「學術行動主義」（academic

---

21. 從這次的訪談和以往的觀察研究，不少嶺大學生對用英語學習都有保留，畢業生P更指出：「……用英文寫文真的很痛苦……簡直是人生的折磨。」

activism）試驗（Morris & Hjort 2012），為我們提供了如何在學院內爭取發展批判知識和結連社會運動空間的寶貴經驗，但可惜在相關的教學法與課程設計等議題上，仍然着墨不多。為教師和研究人員尋找和擴大學院體制的生存空間，對旨在生產格羅斯堡意義下的「更好的知識／故事」的計劃（project）來說，自然十分重要，但與此同時，我們也必須同時協助人數愈來愈多、背景程度差異愈來愈大的學生社群創造空間和時間，讓他們也能夠積極地參與生產「更好的知識／故事」的過程，一個以學生的學習為中心、需要師生持續對話溝通的過程。

爭取空間和時間是為了建立一個課程發展與教學設計的流程，透過與學生持續不斷的對話協商，系統地聆聽和分析學生在教學過程中的情感狀態和學習需求，並把這些狀態和需求與知識生產的工作扣連，希望最終能創造一種能夠與身處不同社會和情感脈絡下的學生（民眾）有效溝通的知識，或格羅斯堡意義下的更好的故事。

參考書目

王光榮（2009）。《文化的詮釋——維果茨基學派心理學》。濟南：山東教育出版社。62—96頁。

許寶強（2015a）。《常識革命——否想「雨傘運動」的三宗罪》。香港：進一步出版社。

許寶強（2015b）。《缺學無思——香港教育的文化研究》。香港：牛津大學出版社。

許寶強（2015c）。〈香港本土主義的政治經濟根源〉，《人間思想》。2015年冬季號，11期。

維果茨基（Lev Vygotsky）（2004）。《維果茨基教育論著選》，余震球選譯。北京：中國人民教育出版社。

Grossberg, Lawrence (2015). *We All Want to Change the World—The Paradox of the U.S. Left: A Polemic*. (http://www.academia.edu/13048909/We_all_want_to_change_the_world_The_paradox_of_the_U.S._left_A_polemic).

Hui, Po-keung & Lau Kin Chi (2015). "'Living in truth' versus realpolitik: Limitations and potentials of the Umbrella Movement," *Inter-Asia Cultural Studies*, 16(3): 348–366.

Hui, Po-keung (2015). "Boredom and fear in the undergraduate classroom: The medium of instruction controversy in Hong Kong," *Inter-Asia Cultural Studies*, 16(2): 253–262.

Morris, Meaghan & Mette Hjort (2012). *Creativity and Academic Activism: Instituting Cultural Studies*. HK: Hong Kong University Press.